'비포 앤드 애프터' 광고, 그때도 있었다

오늘날 화장품 회사나 성형외과 등에서 제품을 사용한 전후 혹은 시술을 받은 전후의 모습을 비교해 보여주며 효능을 선전하는 '비포 앤드 애프터Before&After' 광고를 많이 한다. 이러한 광고들이 1920년대의 신문광고에도 있었다. 여성용 화장품이나 병원 광고에서 이런 방법을 사용했다는 점까지 놀랍도록 닮았다. 사진 인쇄술이 발달하지 않았기에 당시의 비포 앤드 애프터 광고는 사용 전후의 모습을 그림으로 그렸다.

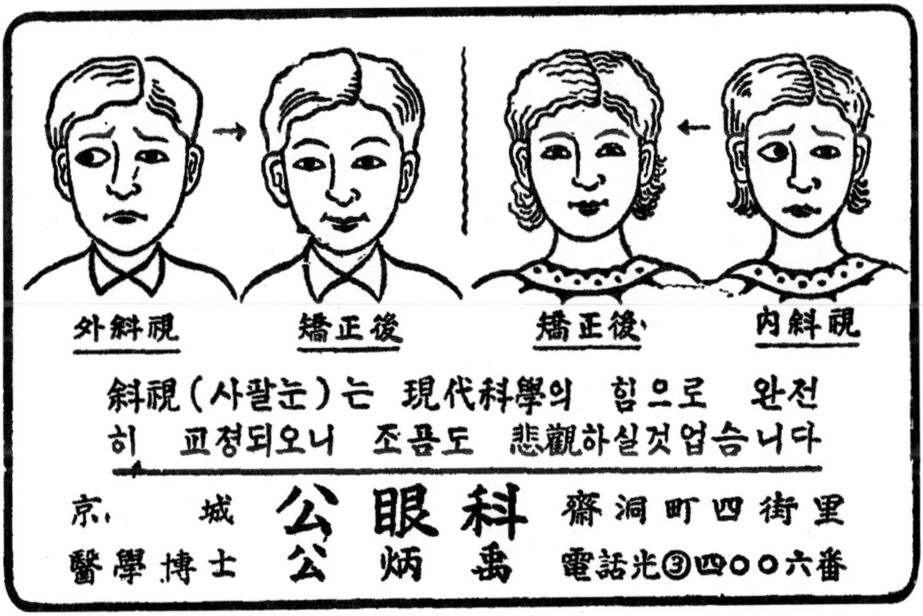

공병우 박사의 '공 안과' 광고는 '비포 앤드 애프터'를 보여주는 그림을 곁들였다. 공 안과에서 사시(사팔눈) 교정을 하면 얼굴의 눈 부분이 어떻게 보기 좋아지는지를 남자와 여자의 경우로 각각 그렸다. 교정 전의 남녀는 한결같이 입 모양부터 언짢고 심기가 불편해 보이는 어두운 표정이지만, 교정 후의 남녀는 웃는 입으로 바뀌었다.(조선일보, 1940. 8. 2)

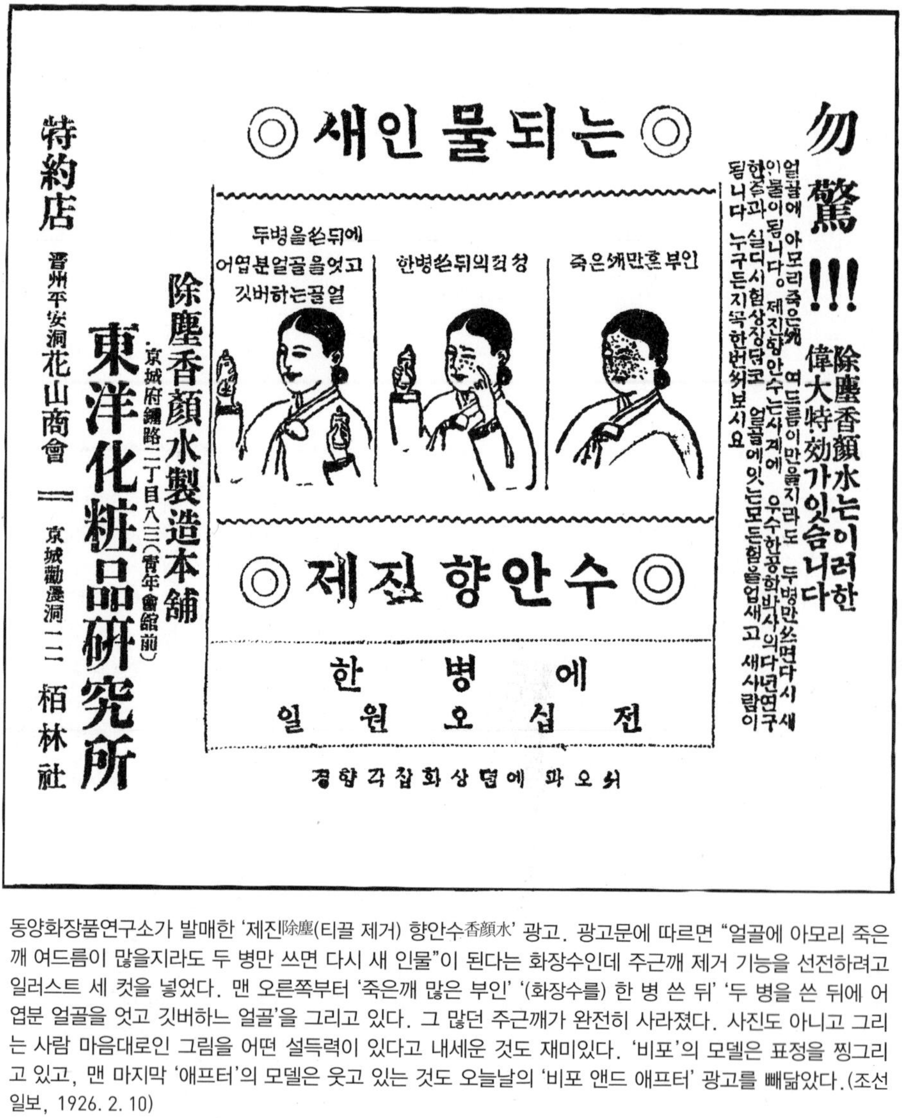

동양화장품연구소가 발매한 '제진除塵(티끌 제거) 향안수香顔水' 광고. 광고문에 따르면 "얼골에 아모리 죽은깨 여드름이 많을지라도 두 병만 쓰면 다시 새 인물"이 된다는 화장수인데 주근깨 제거 기능을 선전하려고 일러스트 세 컷을 넣었다. 맨 오른쪽부터 '죽은깨 많은 부인' '(화장수를) 한 병 쓴 뒤' '두 병을 쓴 뒤에 어엽분 얼골을 엇고 깃버하느 얼골'을 그리고 있다. 그 많던 주근깨가 완전히 사라졌다. 사진도 아니고 그리는 사람 마음대로인 그림을 어떤 설득력이 있다고 내세운 것도 재미있다. '비포'의 모델은 표정을 찡그리고 있고, 맨 마지막 '애프터'의 모델은 웃고 있는 것도 오늘날의 '비포 앤드 애프터' 광고를 빼닮았다.(조선일보, 1926. 2. 10)

청량음료 칼피스 광고의 늘씬한 미녀

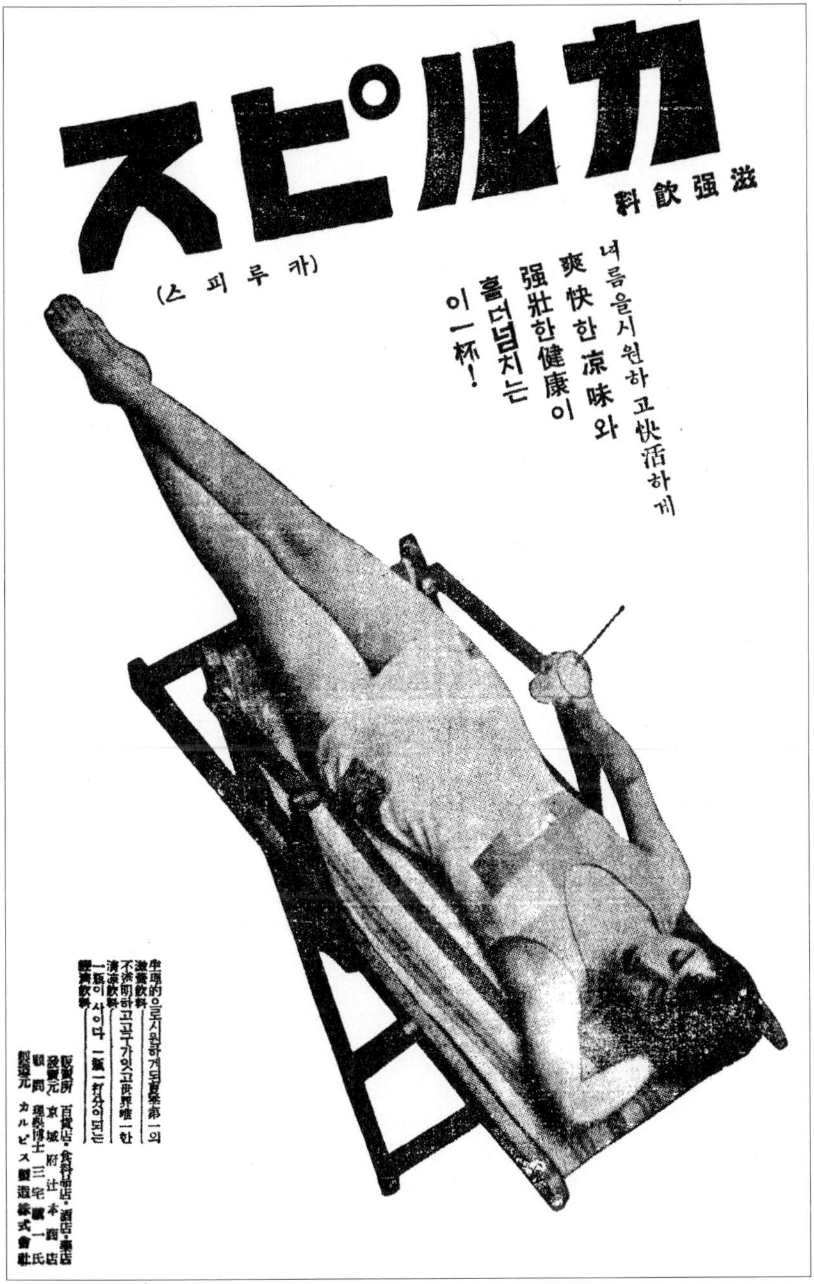

오늘의 미니원피스와 같은 옷을 입은 젊은 여성이 음료수 한 컵을 들고 안락의자에 누워 있는 사진을 '대담'하게 곁들인 음료 칼피스 광고. 오늘의 기준으로 보면 평범한 여성 모델이지만 1930년대에 이 정도로 몸매와 피부를 드러낸 여성 사진을 싣는 것은 파격이었다. 광고는 "녀름을 시원하고 쾌활하게 / 상쾌한 양미凉味와 강장强壯한 건강이 / 흘러넘치는 /이 일배一杯!"라고 시원함을 강조했다.(조선일보, 1935. 8. 9)

1937년 칼피스 광고는 반바지 차림의 '미녀' 사진을 세로로 큼지막하게 파격적으로 실었다. "6월에 부는 바람처럼 청상淸爽한 맛"이라며 상쾌한 청량감을 강조하는 데 여성 모델의 과감한 포즈를 활용한 광고다.(조선일보, 1937. 6. 14)

돌려 말하지 않는다! '직설화법' 일러스트

1920~1930년대 광고의 화법은 오늘에 비해 훨씬 직설적이다. 특히 이 시대 광고 속 일러스트들은 대부분 조금도 우회하거나 완곡하게 표현하지 않았다. '말하고 싶은 그대로' 그려내 유치하게까지 느껴지는 투박한 삽화를 곁들이는 게 유행이었다. 옛 광고의 직설적인 그림들은 신문광고라는 형식 자체가 새롭고 낯설었던 시기에 대중들과 가장 쉽게 소통하려는 방법으로 보인다.

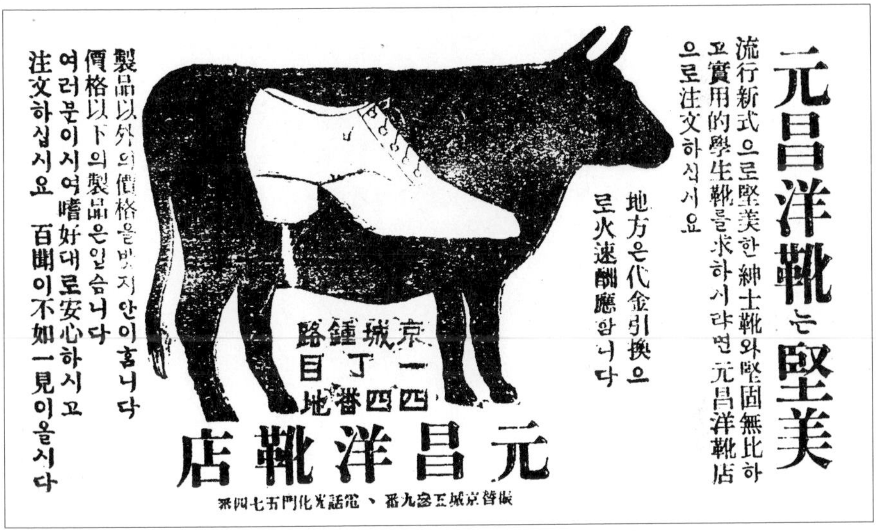

경성 종로 어느 양화점의 광고. 소가죽으로 구두를 만들어 '견고무비堅固無比'하고 '실용적'이라는 것을 강조하기 위해 황소 그림 한가운데에 구두 한 짝을 그렸다. 요즘 감각으로는 웃음이 나올 만큼 투박하지만 전달하고자 하는 메시지는 선명하게 부각되었다.(조선일보, 1923. 10. 7)

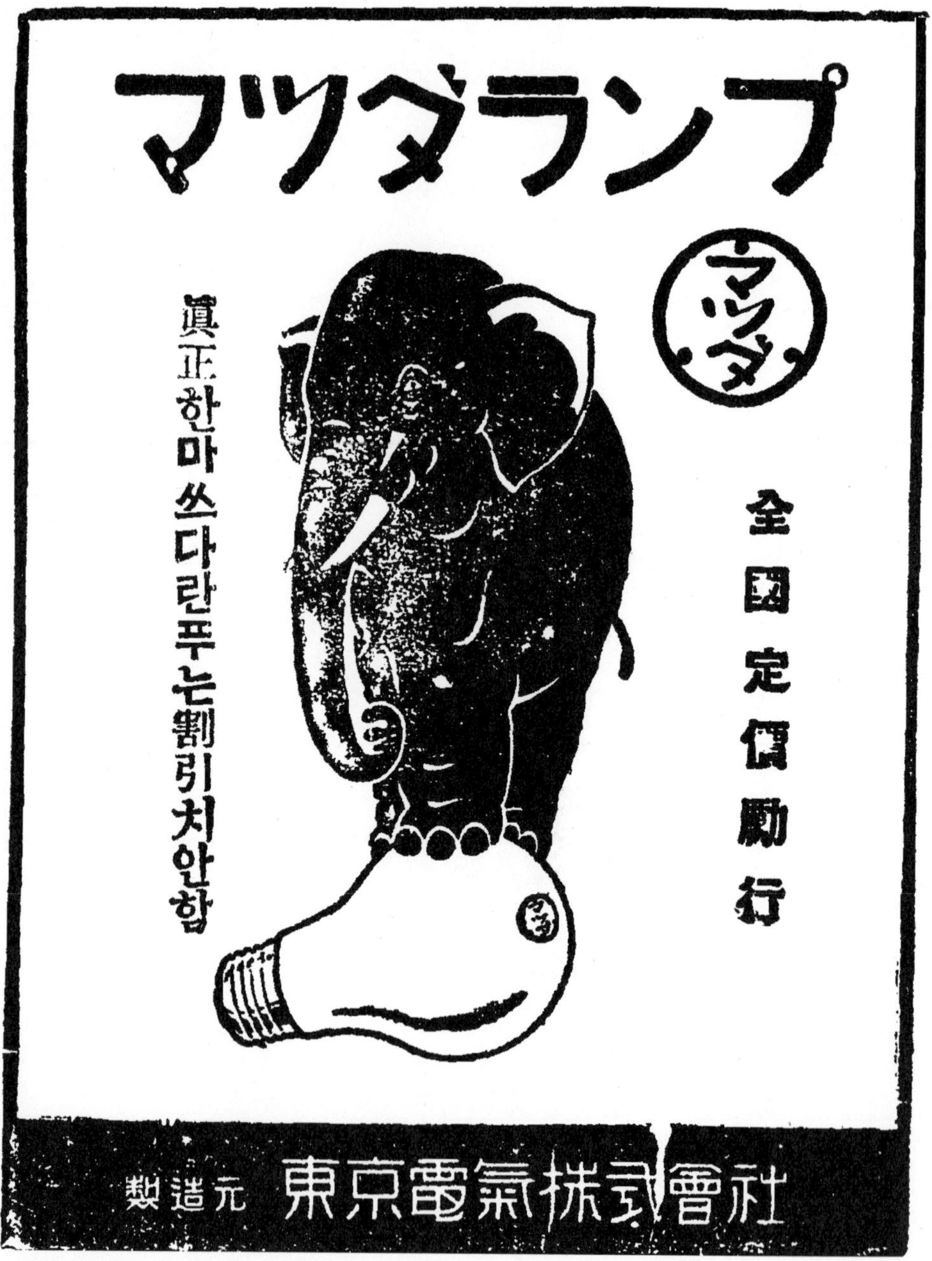

동경 전기주식회사의 '마쓰다 란푸(램프)' 광고. 코끼리가 전구를 밟고 있는 그림을 넣었다. 전구가 쉽게 깨지지 않고 견고하다는 것을 과시하기 위해 이처럼 과장된 그림을 넣은 것이다. "진정한 마쓰다 란푸는 할인하지 않음"이라는 문구도 보인다.(조선일보, 1935. 4. 6)

구충제 '마구닌' 광고는 '회충을 죽인다'는 내용을 표현하기 위해 조선시대 사형장의 망나니를 닮은 인물이 도마 위에 회충을 올려놓고 큼지막한 칼로 내리치려는 과격한 모습을 그려넣었다. '회충을 죽인다'는 것을 마치 상형문자처럼 고스란히 표현한 직설적 그림의 극치다. 광고 카피도 "회충 사형! / 마구닌 먹는 날이 회충의 사형밧는 날입니다"이다. 이보다 더 자극적이고 '화끈'할 수 없다. 이 시대 약 광고들은 효능을 강조하기 위해 직설적인 그림을 자주 동원했다.(조선일보, 1934. 6. 28)

일본제 모리나가 분유 광고는 '우리 제품 먹이면 아기가 살찐다'는 메시지를 표현하기 위해 체중계도 아닌 접시저울 위에 아기를 올려놓고 저울 바늘이 돌아가는 일러스트를 선보였다.(조선일보, 1925. 5. 8)

'콜럼비아 레코드'의 광고. '히트 음반'이라는 광고문을 표현하기 위해 야구선수가 공을 '히트'하는 장면을 그려넣었다.(조선일보, 1935. 7. 21)

단순 명쾌 소박한 어휘 구사

옛 광고들 속에는 어려운 한자어도 많았지만, 동시에 오늘보다 훨씬 쉽고 직설적인 표현들도 많았다.

'구라부 미신美身 크림' 광고. 효능을 설명하는 카피는 "벳헤 걸지 안케 하는"(볕에 그을지 않게 하는)이다. 햇빛을 차단하는 크림으로 오늘날의 선크림 같은 효능도 있다는 설명이다. 광고 속 설명을 보면 화장 순서는 비누와 세분洗粉으로 씻은 뒤에 이 구라부 크림을 바르고 이어 백분白粉을 바르면 "백분의 부착을 양호케" 한다고 했다. 광고는 이 크림이 황후 궁직 어용품皇后宮職御用品이라고도 자랑했다.(조선일보, 1926. 8. 9)

라이브 CF의 탄생

텔레비전이 없던 시절, 영상매체를 통해 율동을 곁들여 상품을 알리는 일은 불가능했지만 공연으로는 가능했다. 일종의 라이브 CF다.

화장품을 홍보하기 위해 경성 미쓰코시 백화점(오늘의 '신세계 백화점')에서 여성 댄서가 춤과 촌극을 공연하는 행사를 벌인다고 알리는 광고. 행사의 이름은 '화장과 향기의 모임'이다. "가장 새로운 화장법의 공개와 재미나는 촌극, 굉장한 스텝"이 어울린다는 것을 강조하고 있다. 마케팅 이벤트이자 광고 공연, 홍보 공연인 셈이다.(조선일보, 1936. 7. 28)

단발령 그후… 바리캉 광고

단발령 이후 바리캉 광고들이 신문에 많이 실리며 이발기구를 사서 가정에서 직접 머리를 자르라고 권유했다. 특히 서양에서 들어온 바리캉은 '이발계의 대혁명'이라 불렸다.

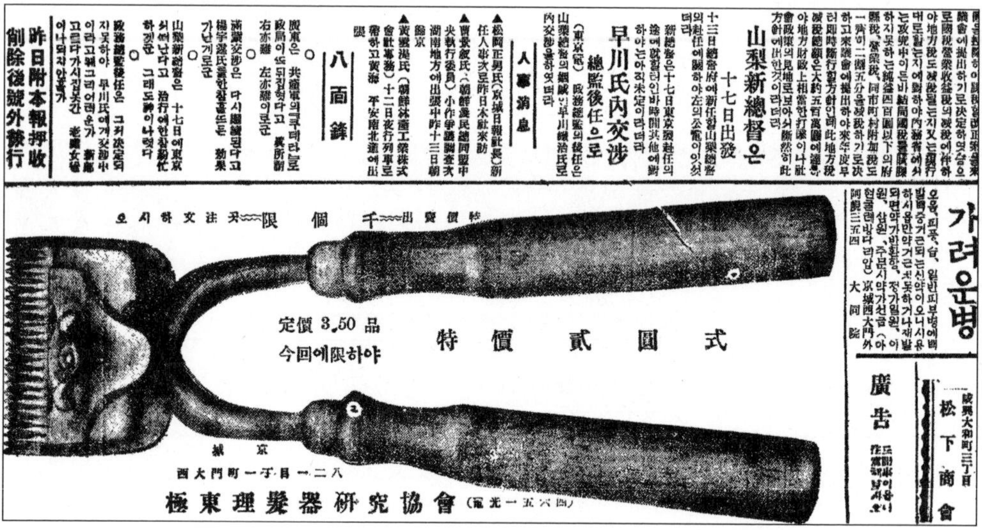

신문 1면 하단에 이발기구인 바리캉의 사진이 실물보다 커 보이는 우람한 크기로 실렸다. '극동 이발기 연구협회'가 낸 이발기구 광고.(조선일보, 1927. 12. 14)

남자 '몸짱'의 노출

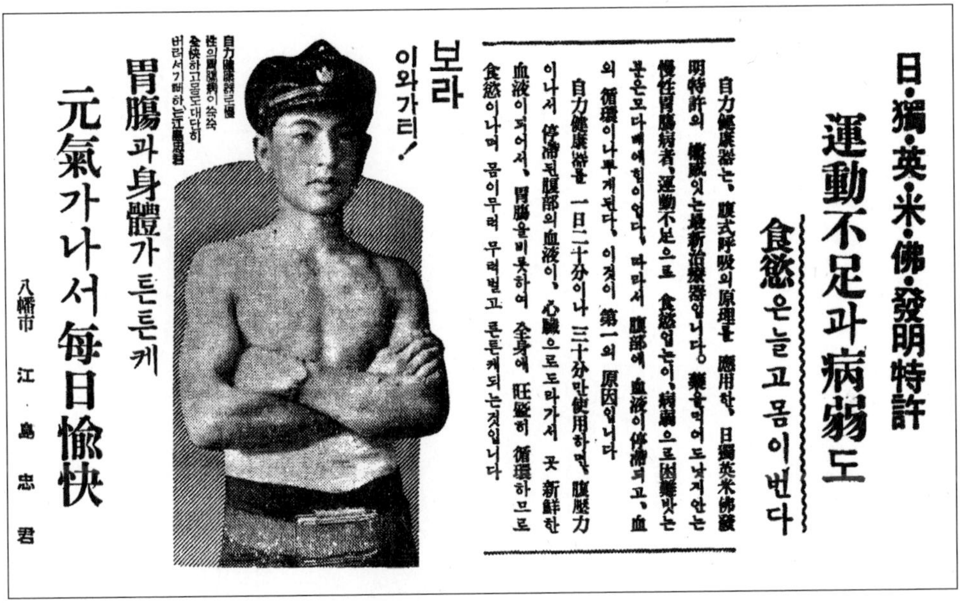

1940년 남자 '몸짱' 사진이 신문 1면 광고에 등장했다. 벨트처럼 배에 두르고 사용하면 위장과 신체가 튼튼해진다는 건강기구 '자력건강기自力健康器' 광고에서 단연 눈길을 끄는 것은 상의를 훌렁 벗고 팔짱을 낀 청년의 사진이다. 오늘의 기준으로는 평범하게 보일 수도 있지만 당시에는 이 정도의 노출, 특히 남자의 몸을 드러낸 사진이 광고에 실리는 일은 극히 드물었다. 사진 속 모델은 그저 벗고 있기 민망했던지 팔짱을 껴서 가슴 부위를 슬쩍 가리고 있으며 머리에는 다소 생뚱맞게 학생모자를 달랑 얹었다. 옷 벗은 청년 사진에는 "보라 이와 같이! 자력건강기로 만성의 위장병이 쑥쑥 낫고 몸도 대단히 튼튼해져서 기뻐하는 강도충江島忠군"이라고 설명을 달았다.(조선일보, 1940. 1. 26)

영화와 화장품의 합동 마케팅

전혀 다른 두 영역의 상품이 함께 마케팅을 하여 시너지 효과를 내는 기법이 1930년대에도 시도됐다. 마스타 화장품은 물백분水白粉과 크림 광고에 쇼치쿠松竹 사의 영화 〈오고토와 사스케〉의 주연 여배우 다나카 기누요를 모델로 내세우고, 이 영화에 관한 좌담 기사의 일부도 삽입해 영화와 함께 홍보하고 있다. 광고 속에 소개된 인터뷰에서 여배우는 "마스타 백분을 발랐더니 참으로 오래갑니다"라고 말하고 있다.(조선일보, 1935. 6. 17)

유명 인기스타의 팬사인회는 1937년에도 있었다. 모리나가 초콜릿을 판매하는 일본 모리나가 제과회사가 1937년 4월 25일 종로 화신 백화점 6층 홀에서 개최한 여배우 '문예봉文藝峯 싸인데이'의 광고. 문예봉의 사진을 크게 싣고는 "명치좌明治座에서 상연중인 명화 〈나그네〉에 주연 / 신진 인기 여우"라고 설명을 달았다. 그녀는 당시 20세로 한국 영화의 여명기인 1930~1940년대 당대 최고의 스타였다. 1932년 나운규와 함께 출연한 <임자 없는 나룻배>에서 열연해 스타덤에 올랐고, 1935년 한국 최초의 유성영화 <춘향전>에서 주연하며 한창 인기를 구가하던 때였다. 물론 이 사인회는 판촉행사다. 광고는 "모리나가 밀크 초코레트 20전어치를 구매하신 분에게 브로마이드에 싸인하여 드립니다"라고 했다. 문화를 끌어들이는 마케팅에 능했던 모리나가다운 행사다.(조선일보, 1937. 4. 25)

색다르게 보이려는 영어 카피 광고 등장

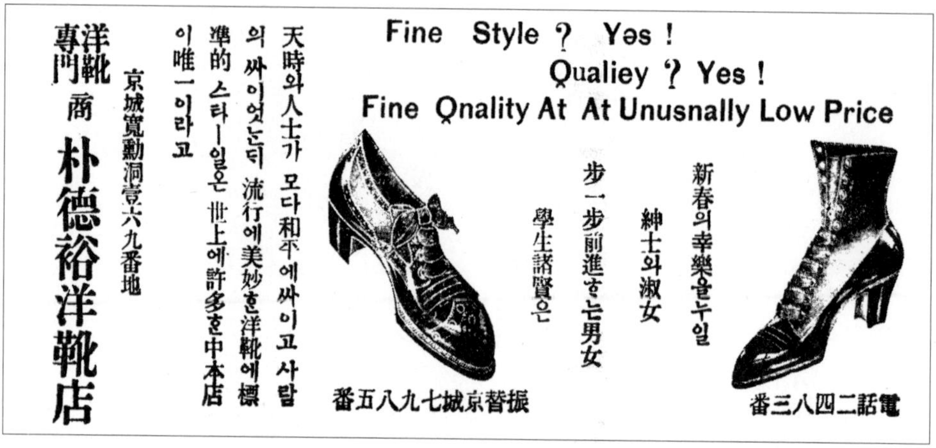

영어로 카피를 쓴 광고가 1921년에 등장했다. 경성 '박덕유朴德裕 양화점'이 낸 구두 광고다. "유행에 미묘한 양화洋靴에 표준적 스타일은 세상에 허다한 중 본점이 유일"이라는 국한문 광고문과 함께 위쪽에 영문 카피를 올렸다.
"Fine Style? Yes!(빼어난 스타일이요? 네 물론이죠!) / Quality? Yes!(품질이요? 네 물론이죠!) / Fine Quality At Unusually Low Price(빼어난 품질의 제품을 비상하게 낮은 가격으로)"
미국을 비난하면서도 세계적 대세인 영어는 무시할 수 없었던 당시의 분위기를 보여준다. 영어를 쓰는 데 익숙지 않아서인지 'Yes'의 'e'를 거꾸로 쓰고, 'Quality'를 'Qualiey'와 'Qnality'로, 'Unusually'를 'Unusnally'로 오기하고, 'At'를 두 번 반복해 쓴 부분들이 보인다.(조선일보, 1921. 4. 24)

퍼즐·퀴즈를 출제해 시선을 끌어보려는 광고들

일본 풍문각 서원에서 낸 광고는 "누구던지 되는 자미잇는 아러내기 답안 모집"이라는 카피를 붙였다. 엽전 여러 개를 가로세로로 배치해놓고 숫자를 맞추는 문제이다.(조선일보, 1934. 1. 10)

글 대신 그림으로만 채운 화신상회 광고

한국인이 세운 최초의 백화점인 서울 종로의 화신상회가 1928년에 낸 광고에는 글자보다 그림이 더 많다. 화장대부터 넥타이, 시계, 우산, 안경, 장구, 주전자, 찻잔, 화로, 담뱃대, 지팡이 등 50여 가지 상품의 그림을 빼곡하게 채워넣었다. 오른쪽 아래의 글씨처럼 '백화百貨'를 판매하는 백화점의 분위기를 생생히 보여주고 있다.(조선일보, 1928. 4. 4)

광고면에 불어닥친 축구 붐

1921년부터 전조선 축구대회가 열림으로써 이 땅에 축구 열기가 뜨거웠다. 1924년 제3회 대회 당시 축구공을 비롯해 각종 운동용품을 파는 '조선 프레불 상회'가 낸 광고. 전쟁에 쓸 물자를 조달하는 것에 빗대어 '전조선 축구대전에 만천하 명장은 필히 군수품을 본 상회로' 주문하라고 쓴 광고문이 이채롭다.(조선일보, 1924. 10. 12)

미녀를 바라보는 1927년 어느 남자의 표정

미녀에게 눈길을 빼앗긴 남자의 표정은 시대를 넘어 똑같은 것일까. 여드름과 주근깨 등 얼굴의 트러블을 없애는 치료법을 개발했다는 어느 전문가의 강의 내용을 담은 책 광고다. 예쁜 여자를 보고 넋이 나간 듯 입을 벌리고 있는 사내의 얼굴을 크고도 익살맞게 그려넣고는 '예쁜 얼굴의 매력'이라고 제목을 붙였다. 이 책이 전해주는 비법대로 얼굴을 가꿔 예쁜 여성이 되면 이렇게 남자들이 바라본다는 뜻이다. 사내의 두 안경알에 예쁜 여성의 얼굴이 비친 모습을 그려넣었다.(조선일보, 1927. 4. 25)

"어머, 재밌어" 구어체 탄성을 카피로 쓴 살충제 광고

더위가 시작되는 초여름, 신문 1면에 크게 실린 파리-모기용 살충제 '아스'의 광고. 독수리보다도 크게 그려진 파리를 향해 분무기로 약을 뿌리는 여성 사진과 함께 "어머 재밌어!まあ 面白い!"라는 탄성을 말풍선처럼 적어 놓았다.(조선일보 1937. 5. 28)

모던
씨크
명랑

모던 씨크 명랑

근대 광고로 읽는 조선인의 꿈과 욕망

김명환 지음

문학동네

책머리에

'모던'한 조선인들의 일상과 꿈, 그리고 한 시대의 은밀한 욕망을 읽다

4년 전의 일이다. 빛바랜 1920년대 신문 지면들을 훑어보다가 뜻밖의 자료 하나를 건졌다. 1927년 2월 조선일보에 실린 '미쓰와 비누' 광고문의 한 대목이다. 일단 웃음부터 나왔다. "모발을 세洗함, 위생상으로나 미용상으로나 남자는 3일에 1회, 부인들은 10일에 1회는 꼭 필요함." 말하자면 사람들에게 '최소한 10일에 한 번은 머리를 감자'고 권하는 내용이다. 위생적으로 살자며 제시한 권장기준이 이 정도니, 대체 그 시절엔 며칠에 한 번씩 머리를 감았을까. 1925년 신문기사를 검색하니 답이 있었다. '조선 여자들은 일 년에 한두 번밖에 머리를 감지 않으려 한다'는 표현이 나온다. 목욕 문화가 발달하지 않았던 조선시대의 습관이 근대의 아침에도 관성처럼 버티고 있었던 것이다. 포드 모델 T 자동차가 남대문 앞을 달리고 하이칼라 머리의 '모던 뽀이'들이 남촌 카페에서 '모던 껄'들과 '아이스 고히(커피)'를 마시던 시대에도 몇 달씩 머리를 감지 않는 사람들이 꽤 많았다는, 낯설고도 놀라운 사실을 확인한 것이다. 신문기자식으로 말하면 '특종' 한 건을 올린 느낌이었다. 특종의 실마리는 빛바랜 광고였다.

이후로 나는 일제강점기 신문광고들을 '탐험'하기 시작했다. '모던 광고'의 숲을 헤매는 나의 시간여행은 그렇게 시작됐다. 1920년 3월부터 민족 신문이 총독부에 의해 강제폐간된 1940년 8월까지를 대상으로 삼았다. 20여 년간 발행된 신문 6천여 부의 광고면들을 뒤지는 작업에는 1년이 넘는 시간이 걸렸다. 우리를 웃기는 광고, 새로운 사실을 알려주는 광고, 신기한 광고들을 모두 체크하며 근대 초기 이 땅의 풍경들을 광고에서 읽어냈다.

우리 민족에게 1920~1930년대란 두 얼굴의 시기였다. 나라 잃은 암울함과 서양 문명 상륙의 경이감이 공존하고 있었다. 자동차에서 라디오, 향수까지 삶을 송두리째 바꿔놓은 현대적 문물의 거대한 물결 앞에서 놀라고 흥분하고 가슴 설렜던 한 시대의 디테일들이 신문광고에 있다. "이 약만 먹으면 살찔 수 있다"는 '비만제' 광고들은 제대로 못 먹고 살았던 가난한 시절의 힘겨움을 백 마디 말보다 더 생생하게 전해주며, 엉뚱하게 '전기電氣'를 갖다붙인 '전기활명액'이라는 소화제 이름은 전깃불이 대표한 당대 과학문명의 경이로움이 얼마나 컸는지를 가늠하게 한다. 1925년 3월 신문에서 발견한 의외의 껌 광고는 '껌이 한국전쟁 때 미군에 의해 한국 땅에 처음 전해졌다'는 이야기가 사실이 아님을 알게 한다.

뭔가를 공부하기 위해 그 많은 광고들을 뒤지는 작업을 한 것은 아니었다. 고백하자면, 단조로운 작업을 계속했던 가장 큰 이유는 광고들이 재미있었기 때문이다. '향수란 상대를 흥분시키기 위한 것'이라는 식의 카피들 앞에서 나는 무장해제되어 낄낄 웃지 않을 도리가 없었다. 투박해 보이지만 빙빙 돌려 말하지 않고 솔직하게 뱉어낸 표현들이 정곡을 찌르고 있었다. '명랑한데 좀 에로틱해요'라고 간드러진 말투로 관객을 꾀는 영화 광고문, '이 해 박는 집'이라는 '100퍼센트 우리말'의 치과 간판들도 참을 수 없는 미소를 유발시켰다.

광고에 담긴 '모던'한 조선인들의 욕망과 꿈, 한 시대의 스타일을 읽는 것도 흥미로웠다. 점잔 빼는 기사면에서는 좀처럼 만날 수 없던 대중들의 은밀한 사생활과 일상의 민낯도 광고는 종종 적나라하게 드러냈다. '튼튼하고 육감적'이라며 뻔질나게 게재된 삭구(콘돔) 광고, '꽃같은 미인이 아주 빨가버슨 대진품'이라고 허풍을 떤 여자 나체 사진집 광고는 오늘날에도 허용하기 쉽지 않은 수위의 노골적 표현을 서슴지 않으며 당대 조선인들의 성적 상상력을 전해준다. 어느 여배우 사진집 광고의 카피는 아직도 내 머릿속에 맴돈다. "이 겨울 길고 긴 밤에 속히 보십시오. 참으로 한밤의 꿈과 같이 즐겁습니다."

1920~1930년대의 이 땅은 경성 거리에 자동차보다 우마차가 더 많이 굴러다니고 광화문 앞에서는 갓 쓴 노인들이 곰방대를 빨던 공간이었다. 하지만 그 시절 조선인들이 케케묵은 구식 인간들이 아닐까 여겼던 나의 예상은 빗나갔다. 나는 옛 광고들의 투박한 표현 속에 담긴 재치와 상상력, 영악함이 오늘과 별반 다르지 않다는 사실을 알게 됐다. 이 책에 묶어낸 광고 속의 상품들은 의식주에서 성생활까지, 그 시대

대중이 소비했던 사물들을 망라한다. '모던함'과 '구식'이 뒤섞이고 충돌하며 현대 문명이 이 땅에 뿌리내리던 역동적 시기의 삶의 단면들이 드러나 있다. 그 단면들 하나하나가 산발적 파편에 그치지 않고 점묘화點描畵처럼 근대 초기의 풍경을 그려내 보여준다. 오늘 우리가 누리는 현대적 생활양식들이 어떻게 첫걸음을 내딛었는지 이 책에서 읽을 수 있을 것이다.

옛 광고를 연구한 작업들이 종전에 있긴 했으나, 1920~1930년대의 신문광고 전체를 저인망식으로 훑은 작업이 있다는 이야기를 못 들었기에 황무지를 개척하는 마음으로 작업했다. 탐구의 결과는 '모던 광고 파노라마'라는 제목으로 조선일보에 1년간 연재했다. 내가 찾아낸 재미있고 의미 있는 사실들을 혼자만 알고 있기 아깝다는 생각에서였다. 그 생각이 통했는지 다행히도 독자들의 큰 성원을 받았다.

신문 연재 때 지면 제약으로 생략할 수밖에 없었던 여러 내용을 이번 책에 추가하고 보완해 충분한 깊이와 폭을 갖도록 했다. 원고 분량은 신문 연재 때의 3배 이상으로 늘었다. 광고 이미지도 130여 개를 추가해 총 190여 개를 수록했다. 20년간 신문에 실렸던 수만 개의 광고 중에서 추리고 추려낸 중요 광고들인 셈이다. 광고 이미지들은 이 책에서 글의 보조 수단이 아니라 핵심 콘텐츠다. 많은 원본 광고들을 수록함으로써 한 시대의 풍속과 일상에 관한 책에 그치지 않고 신문광고의 역사를 보여주는 작은 자료집의 역할도 겸할 수 있지 않을까 생각한다.

책을 꼼꼼하게 마무리해주신 문학동네 편집진 여러분에게 큰 감사를 올린다. 아울러 방대한 옛 신문 지면들을 스캐닝해 집대성한 디지털

아카이브 시스템에 대해 고마움을 표하지 않을 수 없다. 종이 지면 하나하나를 손으로 넘겨야 했다면 이런 작업은 애초에 가능하지 않았을 것이다.

2016년 4월

김명환

차 례

2부 환락의 경성 근대의 에로티시즘

3부 명랑하다! 오리지나루 팻숀과 발명품

4부 고통의 세상 만병통치약의 꿈

5부 흰옷 입은 민족의 슬프고 기발한 시, 모던 광고 파노라마

1부

놀나지 마시라, 모던한 이 맛!

"씹는 과자이니 잡숫지 말고 한두 시간 씹으시오"

껌

껌은 한국전쟁 때 미군이 우리나라에 전해준 것으로 알려져 있다. 하지만 1920년대 중반, 일제강점기의 조선땅에서 이미 껌 판매가 개시됐음을 확인할 수 있다. 1925년 3월 '리구레의 췌잉껌' 광고가 조선일보에 첫선을 보였다. 껌의 원조로 꼽히는 미국 리글리Wrigley의 껌 광고였다. '식후에 드시면 과연 여하히 청쾌清快함을 느끼는지 한번 써보시라'는 문구와 함께 '스피어민트'와 '주시 프루트'를 비롯한 네 종류 껌의 판매를 알렸다. 값은 한 포包에 10전(약 2천 원)이었다. 달콤쌉싸름한 '쵸코레트'와 함께, 껌은 단맛의 신세계를 경험하게 한 '서양과자'였다.

포도주나 은단이 그랬듯, 껌도 1920년대에는 만병통치약처럼 광고했다. "담배맛을 좋게 해주며 끽연 후에는 입안을 청량하게" 하고 "목

조선일보 지면에서 처음 발견되는 껌 광고. '리구레의 쵀잉껌'이라고 제목을 달았다. 껌의 원조로 꼽히는 미국 리글리의 껌이다. 식후와 흡연 후에 '복용'하면 입안이 상쾌해진다고 강조했다.(조선일보, 1925. 3. 19)

이 말으다든지 피로할 염려는 도모지 업고 (…) 치齒를 백白케" 하며 "식욕을 증진하고 소화를 조장助長"한다고 했다. 심지어 "음성을 화和하게 하는 고로, 소리를 하시는 분이나 연설을 하시는 분에게는 가장 적당"하다고 광고하기도 했다.

껌을 기능식품처럼 광고한 까닭은 무엇일까. 서민들이 끼니를 거르며 궁핍하게 살던 시절이었기에 혀끝의 즐거움부터 강조했다가는 많은 소비자들에게 거부감을 일으킬 수도 있었기 때문이 아닌가 여겨진다.

물론 옛 껌 광고는 입냄새를 없애준다는 껌의 기본적 효능도 강조했다. 리글리 추잉껌 광고는 남녀가 몸을 밀착하고 볼룸댄스를 추는 삽화와 함께 "불쾌한 구취는 여러분의 대적大敵"이라며 "리구레의 쵸잉껌을 항상 씹으시면 호흡을 상쾌케 하고 구취로 인하야 걱정하실 것은 업습니다"라고 했다.

1890년대 초반, 리글리가 본격적으로 껌을 생산하기 시작할 때 광고에서 가장 신경쓴 부분은 '껌이란 무엇인가'라는 사실을 사람들에게 알리는 것이었다. 질겅질겅 씹다가 단물이 빠지면 뱉어내야 하는 껌은 과자나 사탕과 달리 지극히 생소한 장르의 주전부리였기 때문이다. 1920년대 이 땅의 껌 광고 역시 껌의 특성과 즐기는 방법을 설명하는 데 주력했다. 껌 광고마다 제품 이름 앞에 '씹는 과자'라는 글자를 얹었었다. 어떤 광고는 정색을 하고 '껌 즐기는 법'을 자세히 안내했다. "보통 과자를 잡숫는 것과 가티 잡숫지 마시고, 1개를 적어도 1, 2시간을 씹으셔야 합니다"라는 '주의사항'이 광고문에 첨가됐다.

'먹지 마세요'라고 특별히 당부한 것으로 보아 일부 소비자가 껌을

가까이 몸을 밀착하고 볼룸댄스를 추는 남녀의 그림과 함께 '껌이 입냄새를 없애준다'는 점을 강조한 광고.(조선일보, 1926. 3. 10)

껌은 '소화를 돕고 입안을 청정하게' 해 줌으로써 나쁜 병을 막는 데 도움을 준다고도 광고했다. 이 껌 광고는 '악역惡疫(나쁜 전염병)을 막는 파수꾼'이라고 카피를 쓰고 이에 맞춰 리글리 껌을 상징하는 캐릭터가 소총을 들고 있는 그림을 넣었다.(조선일보, 1925. 6. 12)

삼키는 일이 있었던 것으로 보인다. 실제로 1931년 조선일보는 '가정면'에 "아이들에게 과자와 껌을 삼가서 사주십시요"라는 기사를 싣고, '씹다가 생명이 위험해질 수도 있다'며 껌을 공포스러운 존재로 설명했다.

최근에 생겨난 것으로 츄잉껌이라는 것이 잇다 합니다. (설탕이 많이 들어가) 니빨이 썩어버리기 쉬우며, 딸하서 회충이나 긔생충 등의 번식을 이르키는 수가 적지 안함으로 될 수 잇스면 과자 가튼 군것질을 식히지 안는 것이 조흡니다. (…) 그리고 껌은 더욱히 주지 말 것입니다. 웨 그러냐 하면 달콤한 맛에 깨물다가 얼핏하면 목구멍으로 넘어가기가 쉬워서 대단히 위험합니다. 그리하야 고민하게 되고 심하면 생명이 위험합니다.[1]

1927년부터 껌은 3포에 10전(약 2천 원)으로 가격을 3분의 1로 낮췄다. 그러나 '삼키지 않는' 서양과자, 그래서 아무리 씹어도 배를 조금도 채워주지 않는 껌이 1920년대 식민지 조선땅에서 대중화되기에는 어려움이 있었던 듯하다. 1930년 이후로는 껌 광고나 기사가 거의 눈에 띄지 않는다.

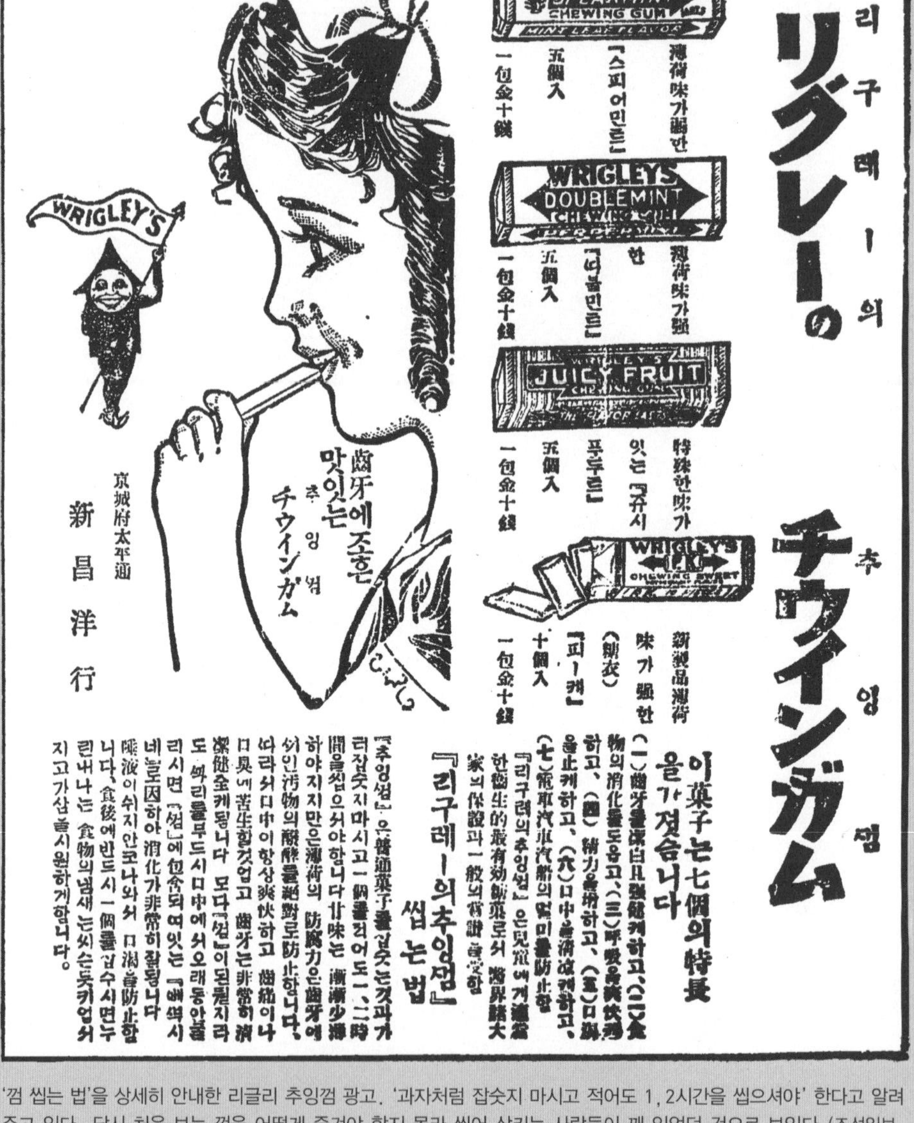

'껌 씹는 법'을 상세히 안내한 리글리 추잉껌 광고. '과자처럼 잡숫지 마시고 적어도 1, 2시간을 씹으셔야' 한다고 알려주고 있다. 당시 처음 보는 껌을 어떻게 즐겨야 할지 몰라 씹어 삼키는 사람들이 꽤 있었던 것으로 보인다.(조선일보, 1925. 6. 18)

"슬쩍 치면 꿀맛 됩니다"
요리 하수들의 구세주 '아지노모도'

화학조미료

1925년 3월, 이 땅에서 이제껏 아무도 맛보지 못했던 '양념가루'가 신문광고를 시작했다. 일본제 화학조미료 '아지노모도味の素'였다. 도쿄, 오사카, 나고야, 상하이 등에 지점을 둔 일본 스즈키 상점鈴木商店이 광고를 냈다.

초기의 아지노모도 광고에는 제품 그림도 없다. 출근 시간에 전차를 타는 회사원들의 모습만 그려져 있다. 직장생활로 바쁜 '근대인'들을 겨냥해 '시간을 절약시켜준다' '간편하다'는 제품의 콘셉트를 세일즈 포인트로 삼은 것이다. 광고 카피를 이렇게 썼다. "밧분 세상 / 일 분 일 초를 다투는 밧분 중에 이것은 우又(또한) 편리 지극한 만인의 조미료 / 아지노모도 / 시간과 비용이 들지 안이하는 아지노모도". 이제 세상살이가 바빠졌는데 언제 국물 우리느라 한두 시간씩 불 옆을 지키느냐며

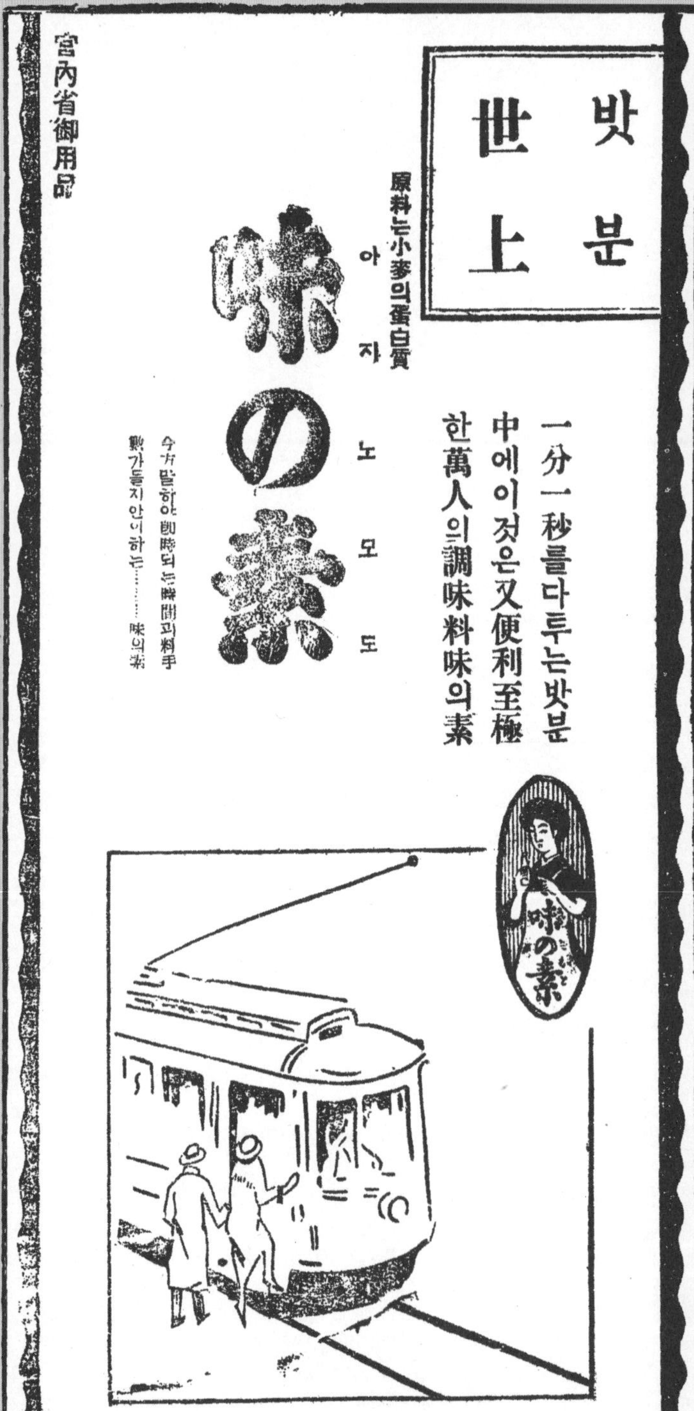

1925년 신문에 실린 일본제 화학조미료 '아지노모도'의 초기 광고. 출근 시간에 회사원들이 전차를 타는 모습과 함께 '1분 1초를 다투는 바쁜 가운데 이 제품은 지극히 편리한 만인의 조미료'라며 '간편하게 금방 국물을 낼 수 있다'는 점을 내세웠다.(조선일보, 1925. 3.15)

'이 흰 가루 조금 넣으면 그걸로 끝'이라는 식이다. 일본 황실의 '궁내성 어용품宮內省御用品'이라는 점도 내세웠다.

아지노모도는 1907년 일본 도쿄대 이케다 기쿠나에 교수의 L-글루타민산나트륨MSG 개발에 따라 1908년부터 일본에서 생산·판매가 개시됐다. 생산 초기부터 조선땅에도 개인 무역상을 통해 소량씩 들어오기 시작한 것으로 알려져 있다. 신문광고가 1925년부터 보이는 것으로 미루어보건대, 이 무렵에 본격적으로 국내 판매가 개시된 듯하다.

1920년대 광고에 표시된 아지노모도의 값은 한 갑에 약 80전(약 1만 6천 원)으로, 처음에는 부유층들이나 쓸 수 있었다. 서민 가정에 보급된 것은 1930년대 중반 무렵이었다.

감칠맛을 돋우는 이 흰 가루는 간장·고추장·된장만을 조미료로 알던 조선인들의 혀를 놀라게 했다. 아지노모도는 신문광고로 물량공세를 벌이며 아무 라이벌이 없는 '블루오션'을 개척하기 시작했다. 광고 기법과 스타일에서도 동시대의 다른 광고들에 비해 세련된 솜씨가 엿보인다. 광고마다 시선을 머물게 하는 아기자기한 삽화를 곁들여 친밀감을 안기고, 거의 매번 새로운 테마와 카피를 내걸었다. 가령 1926년 2월에서 6월까지 5개월간 아지노모도 광고의 제목들을 훑어보면 이렇다.

—인기 집중… 세계적 조미료

—배추 등 채소와 우수한 조미료가 있으면 요리는 부족할 것이 없습니다

—육류에 아지노모도

—이 한 수깔이야말로… 극소량으로 잘되는 조미료

—신시대의 요리법… 아지노모도

—국수장국에 아지노모도…

—라이스 카레, 숩프 등 서양 요리에 아지노모도를

한마디로 하면, 쌀밥만 빼놓고 모든 음식에 이 화학조미료를 쳐도 좋다는 식이다. 1920년대 후반의 아지노모도 광고는 한국 가정요리의 대표적인 메뉴들을 하나씩 시리즈처럼 열거하기 시작한다. 봄에는 배추 등 채소 요리에 넣으라고 하더니, 여름엔 신선로, 지짐이에도 필수 양념이라고 했다. 김장철에는 "대발견! 모든 김치 국물에 아지노모도를 치면 맛이 천하일품됩니다!"라고 유혹했다.

초창기부터 이 화학조미료는 '요리 하수下手'들의 서툰 솜씨를 감춰주는 구세주인 것처럼 광고했다. "무슨 음식이든지 맛잇게 한다고 층찬(칭찬)밧난 큰애기는 별 수단이 안이요, 음식 맨들 때에 아지노모도를 치는 까닭입니다"라거나 "우리집 어머니는 요리 선수지요. 아지노모도를 슬적 치고 이럭저럭하면 음식맛이 꿀맛이 되지요"라고 광고문을 썼다. 오늘의 TV 예능 프로그램에서 요리하던 출연자가 음

"손님에게 아지노모도로 양념한 음식을 내어놓을 때에는 음식맛에 대해서 조금도 걱정이 없지요"라고 광고했다. (조선일보, 1937. 11. 17)

'아지노모도'의 광고는 아기자기한 삽화와 다양한 캐치프레이즈로 음식점에서 가정집까지, 한마디로 이 땅의 모든 부엌을 전방위적으로 공략했다. 식당 주인들은 '아지노모도'를 써야 단골을 잡으며(조선일보, 1932. 5. 14), 가정집에서 아지노모도를 쓰는 주부는 아들로부터 '요리선수'라는 이야기를 들으니, 모든 음식에 "슬적 치고 이럭저럭하면 꿀맛이" 된다고 했다(조선일보, 1934. 3. 10). 김치 담글 때도 아지노모도를 치면 국물맛이 천하일품이 된다고 허풍도 떨었다(조선일보, 1933. 1. 5).

식맛이 안 날 때 '마법의 가루'라며 몰래 뿌리는 '라면 수프' 같은 '해결사적' 역할은 화학조미료에 태생적으로 부여됐다.

1930년대에 이미 아지노모도는 일본 회사의 상표를 넘어 화학조미료를 뜻하는 일반명사가 되었다. 한 요리 전문가는 '햄 라이스' 만드는 법을 신문에 기고하면서 '소금과 후춧가루와 아지노모도'를 넣으라고 했다.[2] 신문 가정면에 실린 중국식 게 요리법 기사에도 기자는 대놓고 '아지노모도를 치라'고 썼다.[3]

화학조미료가 판매 초기부터 가정집 못지않게 신경쓴 시장은 음식점이었다. 냉면집, 설렁탕집, 국숫집 등 국물 음식을 파는 음식점들을 주요 타깃으로 삼아 열심히 공략했다. 1920년대에 냉면집이 유행하자 1927년 아지노모도는 평양 대동문 근처에 아예 냉면집을 열어 직접 운영했다. 화학조미료로 육수맛을 돋운 '조미료 냉면'의 역사가 이때부터 시작된 것이다.

1939년 터진 '아지노모도 매점매석 사건'은 화학조미료가 식당 주방에 얼마나 깊숙이 침투했는지를 잘 보여준다. 이른바 '전시체제戰時體制'가 선포돼 아지노모도가 귀해지고 가격이 오르자 1939년 11월 경성의 일부 악덕 상인이 아지노모도를 싹쓸이한 것이다. 설렁탕집 등 숱한 음식점들이 영업을 하지 못해 큰 타격을 받게 됐다고 신문에서는 대서특필했다.[4] 악덕 상인들이 매점매석할 대상으로 하고많은 생필품 중 하필 아지노모도를 선택한 사실이 흥미롭다. 그만큼 화학조미료는 당시 대중음식점 운영에 첫번째 필수품으로 자리잡았던 것이다. 한반도 사람들의 혀가 일찌감치 '조미료 맛'에 길들여지고 있었다.

“자양조미료 ‘도마도 게짭’, 모든 료리에 쳐 드시오”

토마토케첩

새콤달콤한 토마토케첩이 한국 가정집 부엌의 상비 소스로 자리잡게 된 건 대략 1970년대 초부터다. 1971년 8월 오뚜기식품이 국내 생산을 개시하면서 토마토케첩이 이른바 ‘국민 소스’로 보급되기 시작했다. 그러나 이보다 훨씬 앞선 1930년대 후반에 일본제 토마토케첩이 일찌감치 이 땅에 상륙했다.

가장 먼저 눈에 띄는 토마토케첩 광고는 1938년 봄 신문에 실려 있다. 일본 최대의 토마토 가공업체인 ‘아이치愛知 토마토 주식회사’가 제조한 ‘가고메 도마도 게짭’이 판촉을 시작했다. “결국 맛난다!라는 한 말뿐입니다 (…) 도마도의 과즙으로 정제한 경편輕便 귀중한 미미美味 자양滋養의 조미료”라고 광고했다.[5]

1930년대 후반은 온갖 이국적인 맛들이 식민지 조선땅에 한창 밀려

일본제 '가고메 게짭'은 오늘날의 용도와 달리 '화식和食(일식) 양식 모든 요리'에 처서 먹으라고 광고했다.(조선일보, 1938. 3. 26)

들어온 때다. 온갖 서양식 소스·일본식 소스와 가공식품 광고가 신문에 줄을 이었다. 이 무렵 신문광고란에 가장 많이 등장하는 서양식 소스가 토마토케첩이었다. 간장의 경우에는 기코만キッコーマン을 비롯한 서너 개 브랜드가 각축을 벌였지만, 토마토케첩 광고는 '가고메 게짭' 한 가지만 보인다. 상당 기간 시장에서 독보적 지위를 지킨 것으로 추측된다.

토마토의 풍미를 감싼 새콤달콤 짭짤 오묘한 케첩의 맛이란 오늘의 제품과 크게 다르지 않았을 것이다. 일종의 양념일 뿐인데도 초기의 광고에서는 '자양이 풍부한 토마토의 조미료'라고 강조하며 영양식품처럼 선전했다. 과자나 사탕까지도 영양을 강조했던 것이 그 시대의 트렌드이니 이해할 수 있지만, 고개를 갸우뚱하게 만드는 건 광고에서 밝힌 토마토케첩의 용도다. 튀김이나 달걀 프라이 등에 곁들이는 오늘과 달리 "화식(일식) 양식 모든 요리에 처서 맛잇게 잡수시요!"라고 권했다. '가고메 게짭' 광고는 닭고기, 양파, 밥에 케첩을 뿌려 볶은 '치킨라이스' 레시피까지 소개하며 케첩의 다양한 활용을 강조했다.

'모든 음식에 케첩을 쳐도 좋다'는 광고는 케첩 시장을 늘려보려는 상술이겠지만, 1920~1930년대에는 이국적인 맛에 대한 호기심 때문인지 서양식 소스를 이 음식 저 음식에 마구 곁들이는 이들도 꽤 있었던 듯하다. '서양 소스를 아무데나 마구 쳐서 먹지 말라'고 주의를 당부하는 기사가 신문에 실릴 정도였다. 1939년 여름 〈양요리洋料理에 필요한 소스 사용법〉이란 기사는 여러 음식과 소스의 궁합을 설명하면서 아무 음식에 아무 소스나 뿌려 먹지 말라며 이렇게 계몽하고 있다.

> 소스를 처 먹는 것은 특별한 주의가 필요합니다 (…) 간장·고추장을 모든 한식에 넣어 먹듯 (서양 소스를) 서양 간장으로 알고 아무 음식에 처 먹는 것 (…) 료리 먹는 법을 모를 뿐 아니라, 료리 맨든 사람을 모욕하는 것.[6]

아무 음식에나 케첩을 뿌려 먹는 사람이 오늘날에도 없지는 않은 모양이다. 2011년 5월 TV프로그램 〈화성인 바이러스〉에는 하루에 토마토케첩을 5통씩 먹는다는 괴짜 청년이 출연했다. 쌀밥, 삼계탕, 커피 등 모든 음식에 무조건 케첩을 쳐서 먹는다는 이 청년의 입맛은 케첩맛에 놀랐던 1930년대의 입맛과 통하는 듯하다.

❁ "여자는 뼉다구 들고 뜨더 먹지 마시오" 1920년대의 양식 문화

양식당은 구한말 직후 이 땅에 상륙했다. 상류층을 상대로 비프스테이크 등을 팔았다. 그렇다면 우리 가정집 식탁에 서양풍의 음식이 끼어든 것은 언제부터일까. 옛 신문을 훑어보면 1920년대 말에서 1930년대 초 지면에 서양식 음식을 만드는 법에 관한 안내 기사들이 집중적으로 실리기 시작한다. 이 무렵 이 땅의 식탁에 서양 음식의 바람이 불기 시작했다고 추측된다. 물론 대다수의 가난한 백성들은 새로운 미각을 추구하기는커녕 끼니를 거르며 영양조차 충분히 섭취하지 못하던 고달픈 시절이었다. 미각의 호사는 일부 부유층에 국한된 일이었다.

◇京城女高生徒料理實習會＝이십팔구량일오후령시삼십분부터학교의관계자수십명을초대하야사학년생도의실습한료리를 제공하고비평을밧기로 하엿다는바부인만을청한데일일에 참석한이는 그학교 교상부인미세스합스 김미리사신알뻿러경성유치원장 진명학교료리선생 민영휘씨며님·민형식씨부인 윤치호씨부인 안상호씨부인 한상룡씨부인 리유문씨부인 리현경최은희제씨 이엇다하며 압흐로 는이회를년중행사의하나로 하야매규모뎍으로하게 될모양이라한다 (사진은료리실습광경)

1927년 11월 경성여자고등보통학교 학생들이 귀빈들을 초대해 '서양 료리'를 만들어 선보인 공개행사를 보도한 신문기사. 서양 요리라야 '산도위치' 같은 간단한 것들이지만, 극소수 상류층이나 맛보던 양식을 여학교 가사 시간에 만든 것은 처음이었다.(조선일보 1927. 11. 30)

당시 신문 가정면에 '덩어리째 구운 소고리 료리'(비프스테이크) '취-킨 라이쓰'(치킨라이스) 등을 집에서 만들어 먹자는 기사가 보인다.[7] 이보다 앞서 1927년 11월 28~29일 경성여자고등보통학교(현 경기여고)에서는 각계 귀빈들을 초대한 가운데 여학생들이 '산도위치'(샌드위치) 같은 '서양 료리'를 만들어 선보이는 '생도生徒의 료리 실습회'가 공개행사로 열렸다. 소수의 상류층이나 맛보던 양식을 여학교 가사 시간에 만들어 공개한 것은 처음이었다. 양식이 점차 가정집 식탁에 올라가는 시대를 알리는 신호탄 같은 행사였다. 이 서양 요리 실습회에 대해 우리나라 최초의 여기자 최은희는 "조선의 특색을 일허버렷다고 생각할 수도 있겟지마는 (…) 달리 생각하면 조선 음식을 개량하는 도정途程으로 볼 수도 잇슬 것"이라고 평가했다.[8] 1930년에는 경성서양부인회가 이 땅에서 최초로 서양 요리책을 발간했다. 몇 해 뒤 우리나라 최초의 사회복지기관인 인사동의 '태화녀자관'은 처음으로 '양료리 강습회'를 개설하기도 했다.

물론 '조선인'들에게 양식 식사는 쉽지 않은 일이었다. 포크·나이프를 쓰는 것부터가 여간 낯설지 않았다. 1930년대 어느 백화점 양식당의 여종업원은 "여페 손님의 본을 바더, 양식 가튼 것을 주문해 노코는 먹을 줄 몰라 쩔쩔매는" 손님도 있고, 테이블 위의 "각사탕을 그냥 뽀직근뽀직근 깨여 먹는" 이들도 있다고 전했다.[9] 어느 유명 영화사 사장이 테이블 위 핑거볼의 손 씻는 물을 마셨다가 놀림당한 사건도 매스컴을 탔다.

그러자 1930년대 후반의 신문에서는 서양식 식사예절을 알려주는 기사를 가끔 실었다. 전문가들의 의견을 반영한 '서양 음식 먹는 절차'는 여성을 차별하고 있어 눈길을 끈다. 양식 먹는 법을 몰라 실수했을 때도 "남자들끼리는 한번 웃어 치우면 그만이라고나 하지만, 묘령의 숙녀가 (…) 실수하게 되면 상대자에게 나쁜 인상을 줄 뿐 아니라 창피스럽기"까지 하다고 했다. 또 "남자 가트면 뼉다구에 부튼 살을 그냥 들고서 뜨더 먹어도 상관업스나, 여자는 절대로 이러한 짓은 할 수 업습니다"라고 했다.[10] 양식의 유입은 '문화의 개량'으로 평가됐으나, 초기의 서양식 식사예절에는 명백한 남녀 불평등적 요소가 있었다.

와인은 정력의 저장고, '지극히 조흔 것'

포도주

1920~1930년대의 주류 광고들은 종종 술이 마치 보약이나 정력제 혹은 만병통치약이나 되는 것처럼 허풍을 떨었다. 포도주가 특히 그랬다. 1923년 3월 포도주로는 처음으로 조선일보에 광고를 낸 '호시 포도주'는 아예 일본의 '호시 제약주식회사'가 만든 것이었다. 인삼을 섞었다는 이 포도주는 "맛이 좋은 데 그치지 안코 정력을 강하게, 뇌의 힘을 왕성하게 하며, 보혈·소화 작용도 돕는다"고 효능을 나열했다.[11]

1933년의 광고에서 '적옥赤玉 포도와인'은 "병에 대한 저항력, 반발력을 편달 강화하여 (…) 드디어 그 병의 뿌리를 구축驅逐"한다고 했다. 또한 "변변치 못한 약보다 세상이 잘 아는 적옥에게 당신의 건강을 맡기십시오"라고 큰소리치기도 했다.[12]

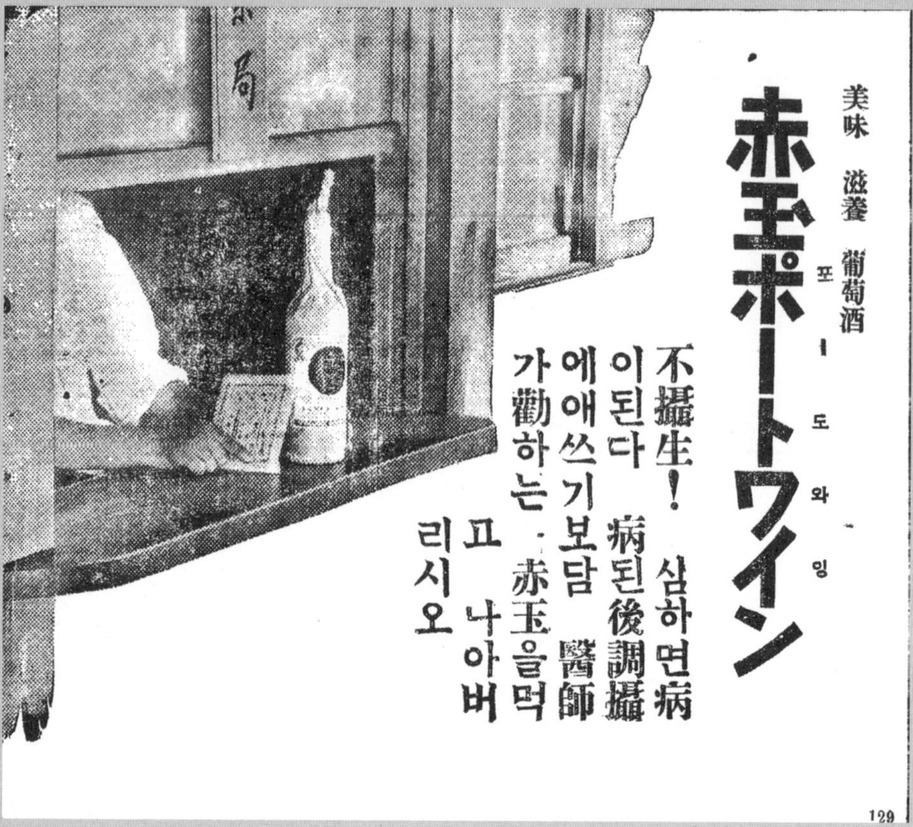

1930년 적옥 와인의 광고. 약국 창구에서 약봉지와 함께 한 병의 포도주를 내미는 사진을 곁들였다. "의사가 권하는 적옥(포도주)"이라는 글귀도 보인다. 포도주로 건강을 지킬 수 있다는 강력한 메시지다.(조선일보, 1930. 10. 7)

1938년 '미쓰와 포도주'는 '술이 아니라 자양료滋養料'라면서 이 포도주를 '복용'해서 다스릴 수 있는 증상을 22가지나 나열했다. 빈혈, 영양부족, 안색 창백, 허약, 설사는 물론 폐결핵 환자나 산후 조리를 하는 산모에게도 포도주를 마시라고 권했다.[13] 어떤 포도주 광고는 신경쇠약이나 불면증까지도 다스린다고 했다. 포도주가 만병통치약이라도 되는 것처럼 허풍을 떤 것이다. '불란서의 메독구 와인과 특약'했다는 호시 포트와인은 한 걸음 더 나아가 "식탁용으로 부인, 소아에게도 적합하고, 노인의 음료로도 지극히 조흔 것이올시다"라며 공공연하게 아동 음주까지 권했다.[14]

술 광고가 옆길로 샌 까닭은 무얼까. 우선 당시의 사회 분위기와 연관지어 생각해볼 수 있다. 식민지 경제체제 속에서 대다수의 사람들이 궁핍하게 살았고, 1920년대 중반부터 가뭄·기근이 심해지면서 경제는 더 악화돼 근검절약을 강조하던 시절이었다. 세상의 눈총을 받을지 모르는 상황에서 술 광고가 '부어라 마셔라… 취해서 즐기라' 할 수는 없었을 것이다. 같은 시기에 캐러멜이나 과자들의 광고도 맛보다는 영양을 내세웠다. 술이야 두말할 필요가 없었기에 효능을 강조하는 마케팅을 할 수밖에 없었을 것이다.

게다가 1920년대에는 술에 대한 거부감이 확산되고 있었다. 기독교 단체들의 주도로 전국적인 금주 운동이 벌어지고, 각 지역마다 금주동맹도 숱하게 만들어졌다. 함경남도 영흥군 고령면 연동리의 청년들은 1926년 금주동맹을 창립하면서 만든 선언문에서 "술은 인간 사회에 일대 해독을 산출하는 악마"라며 "인간 사멸의 항港에 유혹하는 술을 절대 불음不飮하기를 맹서하자"라고 결의했다.[15] 평양의 금

약 광고를 닮은 적옥 포도주 광고들. "한 잔 두 잔에 영양이 되고 보혈補血이" 된다고 했으며(조선일보, 1925. 2. 3) "조석朝夕의 한 잔, 백약百藥보다 낫다"고도 주장했다.(조선일보, 1925. 8. 31)

주-단연斷煙 동맹은 작부酌婦 때문에 술이 팔린다며 주점의 작부 폐지 운동을 일으키기로 결의하기도 했다.[16] 신문광고에서 '한잔합시다!'라는 말을 잘못 꺼냈다가는 여론의 집중포화를 받을 수 있는 분위기였다. 1920~1930년대 포도주 회사들의 약 광고식 마케팅은 술에 대한 부정적 시선을 의식해 소비자들의 거부감을 줄이려는 불가피한 선택이었을 것이다.

신문도 종종 포도주를 약처럼 설명하는 기사를 실었다. '불란서의 유명한 의사 에이로 박사'의 연구라며 폐렴·유행성 감기 등 호흡기질환 환자가 포도주를 먹으면 당장에 낫고, 초기 복막염에도 포도주를 마시고 효험을 본 서양 사람들이 있다는 이야기를 전했다.[17]

와인이 약처럼 광고된 건 이 술이 '비인기' 주류였다는 사정과도 무관하지 않다. 구한말 서양 선교사들을 통해 미사 성찬주로 상륙했다는 포도주는 상류층을 중심으로 조금씩 보급되고 있었지만 '모던 뽀이의 술'로 자리잡은 맥주에 비하면 소비량은 많지 않았다. 총독부가 집계한 1934년 한 해 술 소비량을 보면 조선술(막걸리)이 130만 석으로 가장 많고, 소주(48만 석), 약주(11만 석), 청주(8만 5천 석), 맥주(4만 석) 등의 순이지만, 포도주는 아예 이 순위 안에 없다.[18]

포도주는 왜 이렇게 인기가 없었을까. 1920년대 어느 와인 광고가 그 근본 원인을 분석했다. '일본의 기후와 풍토가 포도 재배에 적합하지 않아 일본인들에게 포도주를 즐기는 문화가 없었고, 포도주의 독특한 향미도 일본인들이 그다지 좋아하지 않았기 때문'에 보급이 덜 됐다는 것이다.[19] 소수만이 즐기게 된 포도주가 다른 술과 차별화하려고 애쓰다 결국 약리 작용을 강조하는 방향을 택했다고 볼 수도 있다.

1937년 일제가 중일전쟁을 도발한 후 전시체제가 선포된 시기에 군국주의가 강조한 강건과 용맹 같은 가치까지 광고에 끼어들어 포도주 광고는 더욱 이상해진다. 이 무렵의 괴상한 포도주 광고 중에는 1929년 9월에 등장한 적옥 포도주 광고가 단연 압권이다. 광고 속 사진에는 일본군처럼 삭발하고 웃통을 벗은 '비호감'의 사내가 와인잔을 들고 있다. '전쟁광이 들이켜는 건강음료' 같은 인상을 풍긴다. 몸에 좋은 술임을 지나치게 강조하다 정력제 광고처럼 되어버린 것이다. 광고 카피도 '정력의 저장'이다. 포도주 앞에서 정력 타령이라니. 촛불 켜고 음미하는 우아한 와인과는 180도 다른 지점으로 떨어져 우악스러운 포도주가 되어버렸다. 캐러멜조차도 '맛나다'는 표현 대신 "감기 안 들고 튼튼한 아이가 되는 데는 모리나가 갸라멜"이라거나 "캐러멜도 싸우고 있다"고 광고하던 때였으니 그럴 만하다.

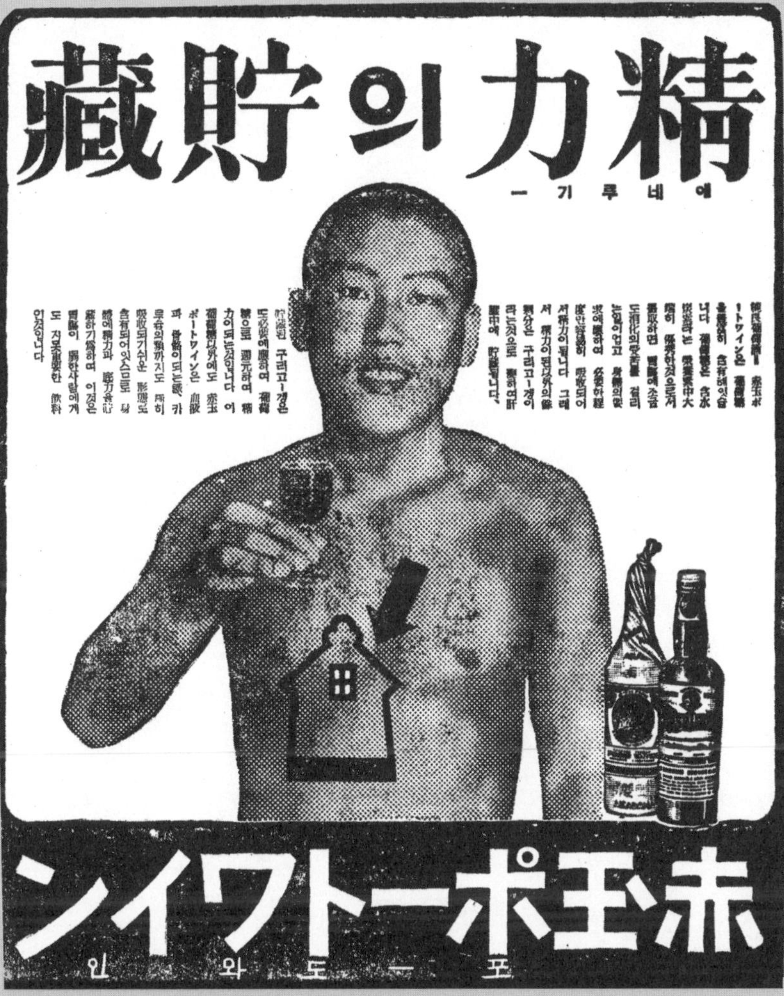

'몸에 좋은 술'이라는 점을 지나치게 강조하다 '정력제' 광고처럼 되어버린 포도주 광고. 카피도 '정력의 저장'이다. 웃통을 벗어젖히고 삭발을 한 '비호감'의 사내가 잔을 들고 권하는 포도주의 이미지는 촛불 켠 레스토랑에서 음미하는 오늘의 우아한 와인의 느낌과 180도 다르다.(조선일보, 1939. 9. 27)

술의 신천지,
너무 잘 팔린 '모던 뽀이의 술'

맥주

1921년 5월 15일자 신문에 실린 '삽뽀로 맥주' 광고는 세로 5단이나 되는 크기인데도 맥주 한 병 그림과 제품 이름, 회사 이름만 달랑 들어가 있다. 음주 욕구를 자극하는 캐치프레이즈도, 제품 특징에 대한 설명도 없다. 이 시기의 삿포로 맥주 광고가 대부분 이런 식이다. 맥주 광고가 점잖다못해 무미건조했던 것은 무슨 이유일까. 음주를 곱지 않게 보던 당시의 금욕적인 분위기에도 영향을 받았겠지만 맥주의 인기가 너무 높았기 때문이기도 했을 것이다. 불티나게 판매되고 있으니 제품을 새삼 자랑할 필요도 없고, 그저 제품의 존재만 알리면 되었을 것이다.

1920년대 이 땅에서 소비된 외제 주류 중에서도 가장 많이 팔린 술이 맥주였다. 막걸리나 소주를 마시던 이 땅에서 맥주는 술의 신천지였고, '모던 뽀이'의 상징이었다. 알코올 도수가 낮아 금주 운동의 화살을 덜 맞았던 것도 보급에 한몫하지 않았나 여겨진다. 맥주를 좋아하는 주당들은 '삐루당beer黨'이라 불렸다.

사실 1920년대의 일본산 맥주는 값이 만만치 않았다. 1924년 5월 7일자 기사에 나온 맥주 판매량과 가격을 통해 계산해보면 한 병당 오늘의 화폐 가치로 약 7500원. 요즘보다 3배 이상 비싸다. 맥주는 어느 정도 경제적으로 여유 있는 계층이 주로 음식점이나 술집 등 집 바깥에서 마시는 술이었다. 간혹 집에서 손님을 대접할 때 잘 모르는 주부들이 청주처럼 따끈하게 데워서 내기도 했다고 한다. 1930년 말 조선일보에 게재된 '기린 맥주' 광고는 병맥주 그림을 싣고는 '연말연시에 주고받을 선물로 최적'이라는 카피를 썼다.

1920년대 초반부터 일본산 수입 맥주의 소비량은 해가 갈수록 급증했다. 1923년에는 약 112만 8천 병을 마셨는데, 1928년에는 696만 병, 1933년에는 1254만 병으로 격증했다. 1933년 대일본맥주주식회사가 '조선맥주'를, 기린맥주주식회사가 '소화기린맥주'를 이 땅에 설립하여 국내 생산을 개시하자 맥주는 더욱 대중화됐다.

많은 동포가 가난에 허덕이던 식민지 시절이었기에 조선일보는 "목 말은데 목 축기는 돈이 이가치 만히 들어가는데 모두 일본 물건"이라고 탄식하며 맥주 소비의 증가를 강하게 비판했다. 신문은 건강·의학 관련 지면에도 "(맥주는) 항상 애용하게 되면 신체가 뚱뚱하여지는 것"이라며 "과음하면 생명에 위험"하다는 기사까지 썼다.[20] 그래도 맥주의 인기는 식지 않았다.

가뭄이 심했던 1939년에는 "초여름 무렵부터 맥주가 무섭게 나가기

이 땅에 맥주 공장이 생기기 이전부터 수입 판매된 일본제 '삿포로 맥주'의 광고. 제품에 대한 어떠한 설명이나 구매를 유도하려는 광고 문구도 없이 '삿보로 맥쥬'라는 이름과 맥주병 그림 하나만 달랑 넣었다. 음주에 대한 사회적 비판을 의식했기 때문인지 1920년대의 맥주 광고들은 이렇게 최소한의 내용만 담았다.(조선일보, 1924. 5. 4)

기린 맥주가 1930년 말에 낸 광고. '연말연시 선물로 최적'이라고 했다. 연말 선물로 맥주를 보내는 일은 오늘의 상식과 거리가 있지만, 당시 맥주는 요즘 물가로 한 병에 7천~8천 원에 이를 만큼 비싼 주류였기에 선물용이 될 수 있었다.(조선일보, 1930. 12. 11)

시작하여 8월달에 들어서면서부터는 (맥주 회사들의) 스톡(재고)이 거의 동이 날 지경"이 되었다. "카페나 빠에서는 하는 수 업시 한 병 두 병씩 사환을 시켜서 잡화상 기타 골목 가게를 순례하여 거더 오는" 일까지 일어났다.[21] 가정용 맥주를 유흥업소에서 사들여 판매하는 변칙이 이미 1940년대에 시작된 것이다. 경찰은 불법 판매를 엄벌하겠다고 경고했지만 탈법은 일소되지 않았다. 지나치게 높았던 맥주의 인기, 그리고 '술 권하는' 일제강점기의 세상이 문제였다.

‘첨단적 돈벌이 대왕’ 곡물팽창기를 아시나요?

뻥튀기 기계

“다섯 홉(약 0.9리터)의 쌀이 다섯 되(약 9리터)가 됩니다!” 쌀을 무려 열 배로 부풀려준다는 꿈같은 기계의 광고가 1932년 4월 18일자 신문에 등장했다. 일본 오사카의 한 철공소가 만들어 판매한 이 기계의 이름은 ‘곡물팽창기穀物膨脹機’다. 오늘날까지도 많은 이들이 즐겨 먹는 이른바 국민 간식 ‘강냉이’와 ‘튀밥’을 만들어내는 뻥튀기 기계의 등장이었다.

80여 년 전 광고 속 뻥튀기 기계는 오늘날보다 덩치가 훨씬 크다. 호리병 모양의 몸통은 요즘과 똑같으나 그 몸체를 스탠드가 높이 받치고 있다. 공장용이나 업소용 기계였던 곡물팽창기의 광고는 일반 가정을 겨냥한 것이 아니라, 기계를 사다가 뻥튀기 장사할 사람들에게 손짓하는 것이었다. 광고문도 “첨단적 돈버리 대왕” “과자상菓子商의 필수품/자미滋味스럽게 돈 모는 기계" 등이었다.

뻥튀기 기계가 점차 개량된 것인지 성능까지 뻥튀기한 것인지는 몰라도, 1932년 첫 광고에서 '다섯 홉이 다섯 되가 되게 튀겨준다'고 했던 곡물팽창기의 성능이 2년 뒤에는 '다섯 홉의 쌀이 여덟 되의 쌀과자가 된다'로 바뀌었다.[22]

서민들이 먹고살기 힘들었던 식민지 경제 사정 속에서, 옥수수 알갱이를 포도알만한 강냉이로 만들어주는 '팽창기'란 그야말로 환상적인 발명품이었을 것이다. 곡물팽창기 광고는 1930년대 후반까지 두어 달에 한 번꼴로 꾸준히 실렸다. 뻥튀기 장수가 계속 늘어난 것으로 보인다. 1938년에는 신문의 독자질의란에 '곡물팽창기를 사고 싶은데 판매회사가 어디냐'는 문의가 실리기도 했다. 신문 편집자는 일본 오사카에 있는 회사 이름을 알려줬다.[23]

곡물팽창기가 달콤고소한 즐거움만 안겨준 것은 아니었다. 초기에는 기계의 안정성이 떨어졌는지 가끔 가열장치가 폭발하는 사고가 일어났다. 그럴 때마다 애꿎은 피해를 입은 건 주로 어린아이들이었다. 지금이나 그때나 뻥튀기 기계가 돌아가는 모습을 구경하는 이들은 대개 동네 아이들이기 때문이다.

1932년 평안남도 덕천군 어느 마을에서는 옥수수를 튀기던 곡물팽창기가 폭발해 뻥튀기 장수인 24세 남성이 즉사하고, 구경하던 7세 소년이 큰 화상을 입었다.[24] 1938년에는 팽창기 주인이 잠시 자리를 비운 사이 어린아이들이 돌아가는 기계를 건드렸다가 불이 번져 9세 소녀 2명이 사망하고 소녀 1명이 중화상을 입는 참사가 일어나 사회면에 크게 보도됐다.[25] 요즘도 지방 중소도시의 오일장이나 도시 변두리에서 달콤고소한 간식을 만들어주는 뻥튀기 기계의 역사에는 이런 아픔도 있었다.

뻥튀기 기계를 발명한 것은 일본인으로 알려져 있다. 하지만 오늘날 뻥튀기 기계와 강냉이의 맛을 탄자니아를 비롯한 아프리카 대륙에까지 전해준 것은 한국인 선교사들이다. 포만飽滿의 꿈이 담긴 뻥튀기 기계는 1930년대 조선땅의 아이들처럼 궁핍하게 살지 모르는 그곳 아이들의 허기를 지금도 채워주고 있을 것이다.

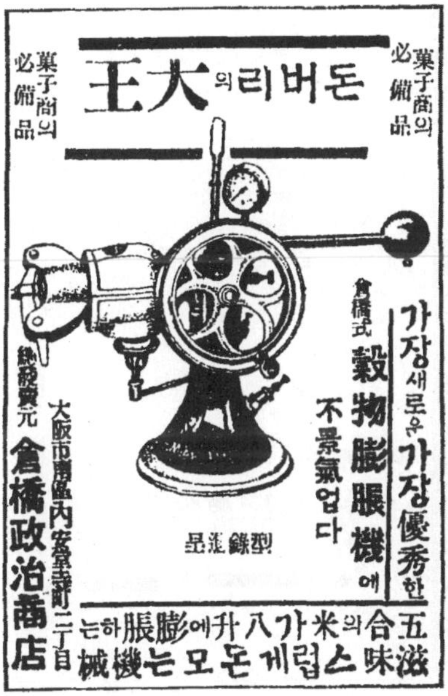

초기의 '곡물팽창기'(뻥튀기 기계) 광고. '5홉의 쌀이 8되로 팽창한다'며 부피를 16배나 키워준다고 주장하고 있다. 광고는 이 기계를 '돈버리의 대왕'이라 이름 붙여 자영업을 시작할 사람들에게 손짓하고 있다.(조선일보, 1932. 4. 18)
게이오식ケーオー式 곡물팽창기 광고. '제과용'으로 쓸 뿐 아니라 '상식용常食用'(늘 먹을 음식을 만드는 데 쓰임)도 되고, 닭에게 먹이는 사료도 만들 수 있다고 설명하고 있다.(조선일보, 1935. 2. 2)

“여름 한철 장사로 1억 원 버시오”

아이스케이크 제조기

한여름 더위를 쫓기 위해 얼음을 갈아 빙수나 만들어 먹던 근대 초기 한국인들이 ‘아이스케이크’를 얼려 먹기 시작한 건 1930년대 초반부터다. 당시 신문에는 ‘아이스케이크가 1933년에 등장했으며, 1935년 여름 경성 시내에서는 아이스케이크 장수가 1500명가량으로 갑자기 늘어나 크게 돈벌이를 했다’는 내용이 보도됐다.[26] 이보다 앞서 아이스크림도 나왔는데 웬일인지 신문 기사나 광고에는 아이스케이크가 더 많이 보인다. 1930년대 이 땅에서는 아이스케이크가 더 대중화된 듯하다.

옛 아이스케이크는 행상이 팔기도 했고, 주문을 받아 배달해주기도 했다. 대개 한밤에 먹었다. 당시 신문에 아이스케이크 광고는 별로 없지만, 아이스케이크 제조기 광고는 보인다. 한겨울 추위가 매서웠던

1932년의 아이스크림 제조기 광고. 일부가 옛 빙수 기계를 닮았다.(조선일보, 1932. 4. 19)

1938년 1월 중순부터 봄까지 아이스케이크 기계를 판다는 광고가 꾸준히 등장했다. 네댓 군데 업체들은 전기냉동장치로 아이스케이크를 대량 생산할 수 있는 기계를 선보이며 '한밑천 잡아보라'고 자영업자들을 유혹했다.

하필이면 왜 1938년 초에 아이스케이크 제조기 광고가 갑자기 늘어났을까. 그럴 만한 이유가 있었다. 당시 신문의 사회면을 뒤져보니 전년인 1937년 여름에 기록적인 폭염이 덮쳤다. "금년은 례년에 보지 못하든 더위가 오래 동안 계속하야, 어름 장사들이 두둑히 한목" 보았으며 "그중에서도 가장 고객의 수효를 만히 가진 아이스케익 장사들 중에는 백 개 혹은 이백 개식 도매로 사서 자전거 행상을 하는 소매업자에게 팔기"도 했다는 보도가 있다.[27] 그러자 이듬해인 1938년 초부터 지난여름 같은 히트를 기대하며 아이스케이크 기계들이 시장에 쏟아져나온 것이다.

냉동기 업체들은 아이스케이크 제조기가 황금알을 낳는 거위라도 되는 것처럼 허풍을 떨었다. 광고마다 '돈버리의 왕'이라는 제목이 붙었다. '곡물팽창기'(뻥튀기 기계) 광고와 똑같은 캐치프레이즈다.

아이스케이크 한철 장사로 벌 수 있다는 돈의 액수는 광고가 계속될수록 점점 올라갔다. 1938년 2월에는 '한여름 500원 번다'고 하더니, 1938년 2월 23일자 국익냉동기國益冷凍機 광고는 아이스케이크 장사로 '일하一夏(한여름) 순익 3천 원(약 6천만 원)'을 올릴 수 있다며 예비창업자들을 유혹했다. 1939년 여름의 광고에서는 '이익 5천 원(약 1억 원)'으로 한 단계 더 올라간다.

하지만 빙과 장사가 그리 순탄한 건 아니었다. 비위생적 제품들이 식

바람 쌀쌀하던 2월에 등장한 아이스케이크 제조기 광고. 붐비는 아이스케이크 가게의 풍경을 그려놓고 큰 글씨로 '여름 한철 장사로 순수익 3천 원'이라 제목을 붙였다.(조선일보, 1938. 2. 23)

중독 사고를 일으켜 종종 당국의 철퇴를 맞았다. 우리 역사에서 아이스케이크는 불량식품의 원조 격이라고 할 수 있다. 1935년 여름, 전염병으로 입원한 67명을 조사해보니 감염 경로 1위가 '어름과자'였다. 경성부 위생과에서 시내 10개 업체의 아이스케이크를 수거해 조사한 결과, 1밀리리터에 최대 730만여 마리의 세균이 검출돼 "청계천 물보다 더 더럽다"는 평가를 받았다.[28] 마침내 당국은 1935년 아이스케이크의 행상과 노점을 금지했다. 하지만 업자들은 단속의 눈을 피해 장사를 계속했다. 단속하려는 경찰과 이를 피하려는 아이스케이크 행상들 간의 숨바꼭질이 여름마다 반복됐다. 1937년에는 더위도 오기 전에 4월부터 빙과 행상이 골목에 나타나 장사를 하자, 경찰이 엄중 단속에 나섰다. 빙과 제조업자와 영세 행상들은 비명을 질렀다. 인천의 업자들은 빙과 제조 동업조합을 결성하고 위생을 자율적으로 관리하겠다며 경찰에 단속 완화를 요구했다.

이렇게 말 많고 탈 많던 아이스케이크가 1940년 무렵부터는 자취를 감춘다. 당국의 금지 때문이 아니었다. 전시戰時의 설탕 부족으로 더이상 제조를 할 수 없었기 때문이다.

한강 얼음을 보관했다 여름에 먹어… 70년대까지 이어진 '천연빙'

전기로 얼음을 얼리는 냉동기나 아이스케이크 제조기가 나오기 이전에도 사람들은 한여름에 얼음을 먹었다. 어떻게 그게 가능했을까. 겨울에 강물의 얼음을 채취해 짚으로 덮어 서늘한 빙고氷庫 안에 저장했다가 여름에 꺼내 쓴 것이다. 물론 보관하는 중에 상당량이 녹아내리기는 했다. 그래도 겨울 얼음을 넣어두면 여름에 거의 절반 남짓한 분량을 썼다고 한다.

한강 얼음을 채취해 사용한 건 조선시대부터였다. 1930년대에 냉동기가 보급된 뒤에도 냉동기로 제빙한 얼음과 한강 얼음을 함께 썼다. 냉동기로 얼린 얼음은 '인조빙人造氷', 한강 얼음은 '천연빙天然氷'이라 했다.

한강 얼음 채취는 아무나 하도록 허락되지 않았다. 조선시대에는 나라에서 얼음을 채취해 빙고에 저장해놓았다가 임금이 신하들에게 나눠줬지만, 1920년대에는 기업들이 한강 얼음을 따냈다. 그것도 관청의 허가를 받은 회사만 할 수 있었다. 1920년대 경성에서는 조선천연빙·경성천연빙 양대 회사가 봉이 김선달식 '한강 얼음' 판매로 큰돈을 벌었다. 경성의 천연빙 판매를 독점한 업자들의 폭리에 대해 비난이 일자, 경의선을 통해 안동현安東縣(지금의 중국 단둥 시)으로부터 두만강 얼음이 경성으로 들어와 얼음값이 하락하기도 했다.

'한여름 동안 더위로 목마른 경성 시민의 입에서 녹아버리는 어름'은 1930년대 경기도 위생과의 조사에 의하면 약 2만 3천 톤이나 됐다. 이 얼음 수요 중 1만여 톤은 겨울철 얼어붙은 강에서 채취해 저장해둔 '천연빙'으로, 나머지 1만 3천 톤은 3개 제빙회사에서 생산한 '인조빙'으로 조달했다. 1만 톤의 천연 얼음을 여름에 쓰려면 한겨울 꽁꽁 얼어붙은 한강·대동강 얼음을 톱으로 썰어가며 1만 9천 톤 정도를 채취해야 했다. 보관중에 녹기 때문이다.

천연빙 공급량에 따라 얼음값이 들쭉날쭉했기에 신문은 겨울마다 '얼음 수확' 상황을 벼농사 풍년·흉년 챙기듯 취재해 보도했다. 1935년 경성에는 '얼음 공황'으로 비상이 걸렸다. 겨울 날씨가 너무 포근한 '변태적 괴후乖候'가 지속되는 바람에 한강 얼음을 많이 채취해놓지 못했기 때문이다.[29] 경기도 위생과는 긴급 대책으로 새로운 '합동빙合同氷회사'를 창립시켰다.

한강 얼음을 썰어내는 일은 광복 후에도 한동안 그치지 않았다. 한국전쟁중이던 1953년 1월 19일에 발간된 조선일보에도 '한강의 채빙' 사진이 실렸다.

[옛 파다를 잃는 漢江의 採氷]

한강한복판에서 본격적인채빙이 전개되고있다 작년만해도 단 한피상에서 그것도 보잘것이없었는데 올해는 세곳자에서 제 큰규모로 채빙작업을계속하고있다 밤섬앞의채빙은 오전세시부터 정오까지 四백여명이 약八천장내지 만장을떠낸다고…길다란톱으로 서걱 서걱…금년의 강이렀만 채빙만은 옛모습이없다

1953년 1월, 한겨울 추위로 꽁꽁 얼어붙은 한강 한복판에서 인부들이 톱으로 얼음을 썰어내고 있다. 한강 얼음을 겨울에 채취했다가 여름에 쓰는 일은 광복 이후에도 상당 기간 계속됐다.(조선일보, 1953. 1. 19)

'사랑한다면 선물하라' 연인에게 주는 초코레토

초콜릿

1927년 봄에 실린 모리나가森永 초콜릿 광고는 맛도 영양도 자랑하지 않는다. 광고 제목은 '사랑한다 하면'. 발그레해진 듯한 얼굴의 사내가 누군가에게 편지를 쓰고 있는 삽화를 중심에 넣었다. 초콜릿이란 사랑하는 이에게 선물할 만한 맛이라는 메시지를 담은 것이다. 오늘의 '밸런타인데이 마케팅'이나 '정情'을 강조한 초코파이 광고와 똑같은 기법의 마케팅이 초창기 초콜릿 광고에서 이미 시작되었다.

조선일보 지면에서 최초로 보이는 초콜릿 광고인 1926년의 '모리나가 미루꾸 찌요코렛트' 광고만 해도 그저 "한일寒日(추운 날)의 영양에 찌요코렛트 잡수시면 칩지도 안코 곤困치도 안코 (…) 사무의 능률을 고高케 함"이라며 효능을 강조하는 무척 단순한 방식이었다.[30]

초창기의 모리나가 초콜릿 광고. "사랑한다 하면"이라는 카피와 함께 초콜릿이 연인에게 주는 사랑의 선물임을 이미 내세우고 있다.(조선일보, 1927. 3. 17)

그랬던 초콜릿 광고는 1년 만에 '연인에게 마음을 전하는 선물'이라는 세련된 콘셉트를 내세웠다. "사랑한다 하면/신체가 점점/건장하게……/마음은 어데까지든지/상쾌하게……" 해주는 초콜릿을 선물하라고 했으며, 남자와 여자와 초콜릿을 그려놓고 '행복의 3중주'라고 표현하기도 했다. 메이지 초콜릿도 여성이 우아한 포즈를 취하고 있는 그림만으로 분위기 있는 광고를 이어갔다.

'시식試食 감상문'을 현상모집한 초콜릿의 '첨단적 선전술'

'신이 내린 선물'이라고 불렸다는 초콜릿은 구한말 이 땅에 들어올 때부터 조선인들에게 경이적인 달콤쌉싸름함을 전해주었을 것이다. 얼마나 맛있었는지 1920년대의 여성 스타 이애리수는 조선일보와의 신년 인터뷰에서 "과자 중에 제일 조흔 것은 초코레트"라고 했다.[31] 초콜릿맛에 빠진 애호가들을 지칭하는 '초코레읻당chocolate黨'이라는 신조어까지 등장했다. 초콜릿을 비롯한 서양과자 맛에 감탄한 어떤 이는 신문에 기고한 글에서 "조선의 과자는 빙사과, 밥풀강정, 백년을 가야 그 타령인 고사떡뿐"이라며 우리 과자도 발전시켜 맛을 새롭게 해야 한다고 목청을 높였다.[32] 이런 놀라운 초콜릿맛을 1930년 "모리나가의 밀크 초코레-토는 근대인의 미각에 전혀 합合하는" 맛이라 표현했다.[33]

초콜릿 마케팅에는 근대적인 기법들이 도입됐다. 문화·예술까지 동원해가며 제품의 이미지를 빚어내고 전파시켰다. 1927년 일본 모리나가 제과는 최고상 상금으로 100원(오늘의 약 200만 원)을 걸고 동요를 현상모집했다. 초콜릿을 주로 소비하는 어린이들을 겨냥한 감성 마케

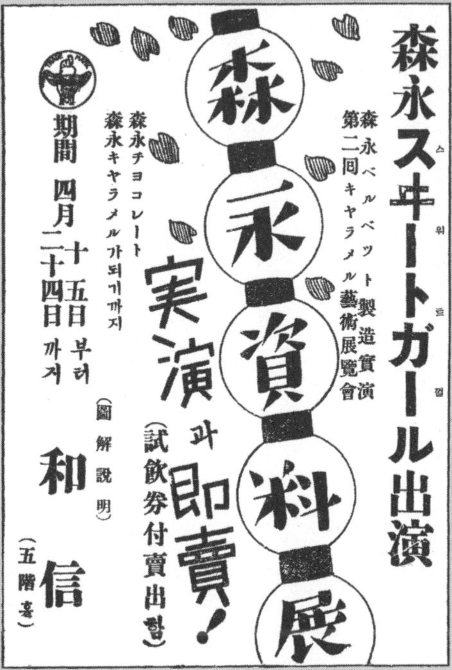

초콜릿 회사 모리나가는 마케팅에서도 다채로운 방법을 동원했다. 백화점 홀에서 초콜릿과 캐러멜을 제조하는 과정을 실연하고, 소비자들은 즉석에서 초콜릿을 시식해보고 사갈 수도 있는 행사를 알리는 광고.(조선일보, 1934. 4. 15)

초콜릿을 일정량 구매하면 사은품을 준다고 알린 메이지 초콜릿 광고. 우아한 느낌의 젊은 여성을 그려넣어 '사랑을 담아 선물하는 과자'라는 느낌을 부각시켰다.(조선일보, 1936. 10. 17)

팅이었다.[34]

모리나가는 1931년 현상모집 광고에서 회사의 본심을 더 노골적으로 드러낸다. 자사의 초콜릿을 먹고 난 '시식 감상문'을 공모한 것이다. 대상은 전국의 여학생들이었다. 초콜릿 한입 먹을 때의 '미각의 실감實感'을 24자 이내의 매우 짧은 분량으로 표현해달라고 했다. 당시에는 좀처럼 보지 못했던 방식의 모리나가 마케팅은 '첨단적인 신新선전술'이라며 신문 사회면에 보도됐다.[35]

1934년 모리나가는 초콜릿 판촉을 위한 전시회와 이벤트도 선보였다. 경성 화신 백화점에서 초콜릿과 캐러멜 제조 과정을 실연實演하고 제품을 판매한 것이다. 행사는 열흘이나 계속됐다. 모리나가는 '스위트 걸'이라고 이름 붙인 여성 도우미까지 동원했으며, '캬라멜 예술전람회'도 열었다. '모리나가의 모임'이라는 무용과 노래 공연을 벌이기도 했다. 예술을 마케팅에 접목시켜 브랜드의 품격을 높이고 판매촉진에 힘을 보태는 '아트 마케팅'의 역사가 일찌감치 진행되고 있었다.

어른·아이 함께 먹던 영양식 '가루젖'

분유

"모유에 대용代用 / 우유보다 우월!"

1924년 5월 조선일보에 '구라기소Glaxo'(글락소) 상표의 '분말 미루쿠'(분말 밀크)가 광고를 시작했다. 이 분유는 '이태리, 서반아 황실 어용품'이라고 광고했다. 조선일보 지면에서 처음 발견되는 분유 광고다.[36]

이 영국산 분유가 제법 인기를 끌었는지 일본의 제약·제과회사들까지 너도나도 분유를 출시했다. 소화제와 감기약 등을 만들던 호시 제약은 '고나粉 미루쿠'(가루 밀크)를 출시했고, 모리나가는 'ドライ 도라이 미루쿠'(드라이 밀크)로 분유 시장에 뛰어들었다. 분유는 '모유 대용품'이라면서도 '우유보다 우량'하다는 식으로 광고했다.

초기의 분유는 젖먹이용으로만 소비된 게 아니었다. 일본제 '고나 미루쿠'는 광고에서 "모유 대용품으로 아해兒孩들이 좋아할 뿐 아니라 홍

ホシコナミルク
호시가루우유
裝의體裁가優美
함으로、四時의
贈答用으로도好
評을밧습니다
四
호시 粉乳는、母乳代用
品으로兒孩들이조아
함뿐아니라、紅茶、珈
琲、菓子等을잡수시는
데使用하시면理想的
調味料가됩니다、
定價一圓
藥株式會社

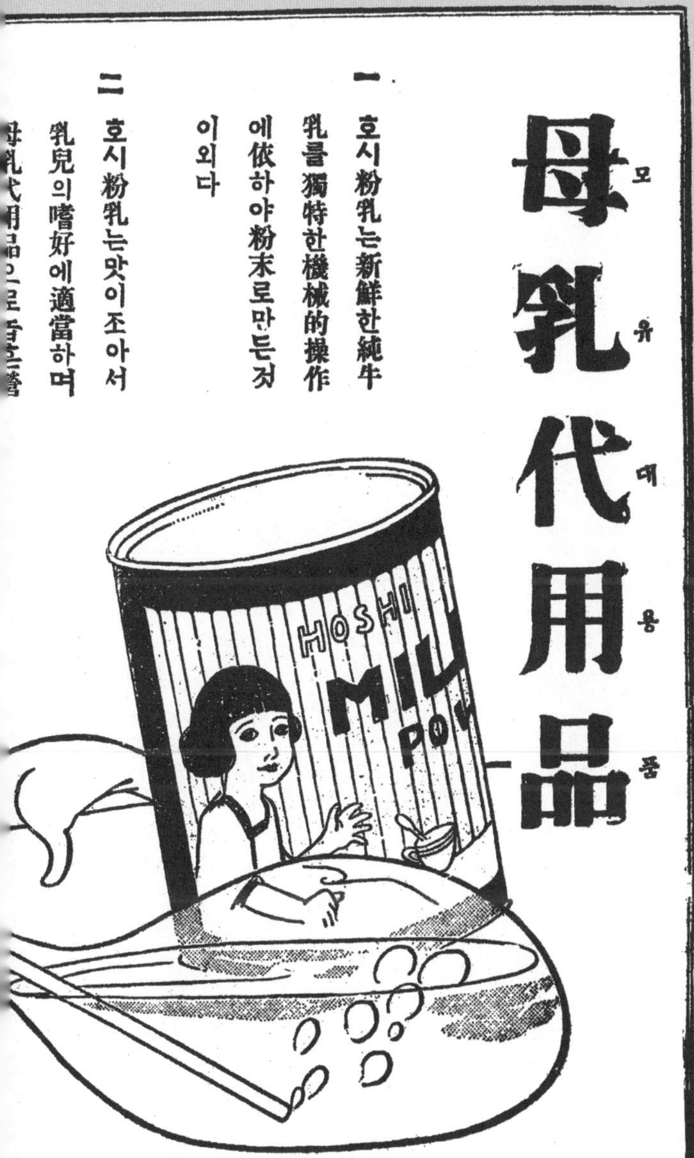

1925년의 일본제 분유 '호시 고나 미루쿠' 광고. 젖먹이에게 모유 대용품으로 먹일 뿐 아니라 '홍차, 커피 등을 마실 때 첨가해도 이상적인 조미료가 된다'고 설명하고 있다.(조선일보, 1925. 1. 21)

차, 가배(커피), 과자 등을 잡수시는 데 사용하시면 이상적 조미료가 됩니다"라고 했다. 오늘의 '커피 프림'이나 홍차에 넣는 우유 대용으로 써보라고 권한 것이다. 분유가 사계절 선물용으로도 호평을 받고 있다고 했다.

오스트레일리아 원산의 분유 '라구도겐Lactogen'(락토겐)은 한술 더 떠 '분말 순유純乳'라는 캐치프레이즈 아래, 분유의 용도를 여섯 가지나 나열했다. 즉 젖먹이나 허약아, 임산부의 영양 보충용, 이유기 아기용으로 쓸 뿐 아니라, 멀쩡한 성인 남녀들에게도 분유를 물에 타서 '보건용 음료'로 마시자고 제안했다. 영양 보충용 식품으로 광고한 것이다.

이미 그 시대에도 신선한 우유가 판매되고 있었는데 굳이 어른·아이에게 모두 분유를 먹자고 했던 까닭은 무엇일까. 냉장고가 별로 보급되지 않았던 시절에 분유는 상온에서 부패를 염려하지 않고 두고 먹을 수 있는 우유의 역할도 했기 때문이다.

목장 우유를 가정집에 배달해주는 우유배달업은 1920년대에 이미 뿌리를 내리고 있었다. 경성 사람들이 1925년 한 해에 마신 우유는 926석(약 16만 6680리터)이었다. 당시 경성의 인구가 약 35만, 가구 수가 약 7만이었으니 한 가구당 1년에 약 2380밀리리터, 즉 200밀리리터 팩으로 12개를 먹은 셈이다. 오늘날에 비해 한참 적은 양이기는 하지만 당시 우유는 중상류층 가정에서 대개 먹고 있는 영양식품의 반열에 올라 있었다. 1937년이 되자 우유 보급은 더 늘어 생활필수품이 됐다.

그러나 상하거나 오염된 우유 때문에 식중독 같은 사고도 잦았다. 1928년 봄, 전국에서 700여 명이 쓰러지고 56명 이상이 사망한 장티푸스 창궐 때도 경성의 보건당국은 전염 경로로 가장 먼저 우유를 지

목하고, 동소문 밖의 평산목장 등 "서울 시민들이 먹는 십여 처의 목장에 일일이 출동하야 우유를 엄밀하게 검사"하기부터 했다.[37] 여름철이면 신문에서는 "냉장고가 없을 땐 우유병을 찬 우물물에 매달아두라"고 조언했다. 이런 상황에서 분유는 우유의 부패 문제를 해결하는 대안이 될 수 있었다. 분유 '라구도겐'은 이렇게 광고문을 썼다.

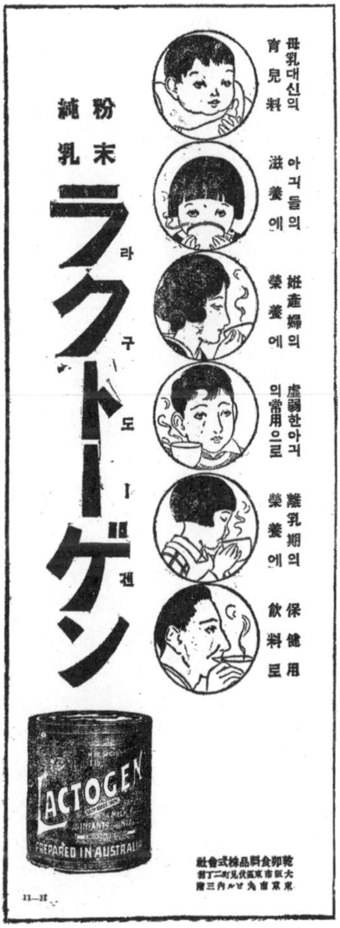

분유 '라구도겐' 역시 용도가 여섯 가지나 된다고 광고했다. '모유 대용'일 뿐 아니라 아기, 임산부, 허약한 아이와 이유기 아기의 영양 공급용으로 좋으며, 어른들에게는 '보건용 음료'로 물에 타 마시라고 권하고 있다.(조선일보, 1927. 11. 21)

> 아침에 배달된 우유가 낫까지 완전하게 둘 수 잇는가 업는가 하는 걱정이 여름이 되면 어떤 가정에서던지 경험하는 일 (…) 완전한 설비하에 제조된 분유를 쓴다는 것은 세균의 위험을 면하는 제일의 방법입니다.[38]

이 시절 분유는 모유 대용품일 뿐 아니라, 부패 걱정 없이 두고 먹을 수 있는 우유의 역할도 했던 것이다. 신선한 우유가 냉장 유통되는 오늘날에는 어른들이 굳이 분유를 물에 타 먹을 이유가 없다. 하지만 불과 30여 년 전만 해도 영양 보충을 한다며 어른들이 분유를 타 마셨던 것을 필자는 기억한다.

보도에 따르면 북한이 한국의 민간단체로부터 지원받은 유아용 분유의 일부를 영양실조에 걸린 군인들에게 먹이기 위해 군부대에 공급했는데, 이마저도 군인들에게 모두 가지 않고 일부가 북한군 관계자들에 의해 빼돌려져 장마당에 유통되었다고 한다.[39] 먹는 것이 부실해 어른도 분유를 물에 타 마셨던 1930년대 이 땅의 역사가 북쪽에서 되풀이되고 있는 느낌이다.

2부

환락의 경성
근대의 에로티시즘

“꽃 같은 미인이 아주 빨가버슨 대진품 사진!”

나체 사진집

“꽃 같은 미인이 몸에 실 한 오리 걸치지 않고 아주 빨가버슨 정말 사진! 참 얻기 어려운 대진품大珍品 특대형!”

뒷골목에 뿌려진 전단지 문구가 아니다. 1930년 초 어느 날 조간신문에 실린 광고가 이렇게 자극적인 카피를 올렸다. 일본 도쿄의 소문당서점昭文堂書店이 내건 『미인 나체 사진』이라는 사진집의 광고다. 광고는 상반신을 훤히 내놓은 여성의 누드 그림을 조그맣게 곁들여 독자들을 유혹하고 있다. 여성의 한쪽 유두까지 살짝 드러낸 이 그림은 지금 보기에도 민망할 정도이니 당시로서는 파격적으로 외설스러운 광고다.

이 사진집은 며칠 뒤 또 광고를 실으면서 이런 표현을 추가했다. “엽서만한데, 남녀가 그야말로 바라고 바라는 사진…” 40장을 묶은 사진집의 가격이 1원(약 2만 원)이다.

미인의 나체 사진을 판다며 한껏 유혹하는 광고들은 1920~1930년대 신문에서 숱하게 발견된다. 가장 이른 것으로 보이는 1924년의 나체 사진집 광고들은 제목부터 요란하다. '나체 미인 사진 / 일견一見하면 전권에 표유漂遊한 방향芳香에 취함' '절세의 미인!! 나체 진珍사진'. 광고에는 사람들의 호기심을 한껏 자극해보려는 표현들로 가득하다. "이러한 여자가 세상에 잇슬가 하고 의심하리만한 아름다운 육체적 미인의 나체를 촬영한 우미優美 고상高尙한 진화珍畵"라며 "젊은이는 물론 노인이라도 한 번 보면 형언할 수 없는 정열을 발동시키고 말지라"라고 했다.[1]

오늘날에는 일간신문에 '빨간 책' 광고가 실리지 않지만, 1920~1930년대만 해도 벌거벗은 여자 사진을 판다고 신문에 버젓이 광고를 해댔다. 유교적 인습에서 벗어나 모던한 자유연애가 성행하며 욕망의 해방구가 열리기 시작하던 근대의 첫머리다운 풍경이다.

여성 나체 사진집들은 대부분 우편을 통해 도쿄에서 조선땅으로 발송하는 통신판매 형태로 팔았다. "구입 희망자는 10전 우표 7매나 3전 우표 24매만 보내라"라고 썼다. 요즘 물가로 약 1만 4천 원쯤 된다. 다른 사람이 알면 민망할까 그랬는지 발송할 땐 '엄봉嚴封한다'고 특히 강조했다. 판매자들은 엽서로 주문을 받았는데, 책이 책이니만큼 주문 엽서에 '라타ラタ' 같은 일본어 암호를 적어달라고 요청하는 경우가 많았다. 스파이들의 교신을 연상시킨다.

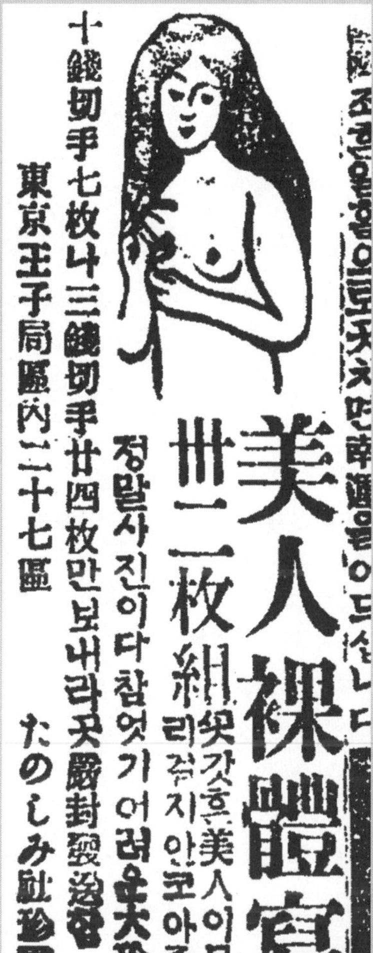

여성의 나체 사진을 판매한다는 일본 출판사의 신문광고들. 여성의 누드 그림을 곁들였다. "꼿 갓흔 미인이 몸에 실 한 오리 걸지 안코 아주 빨가버슨 정말 사진이다"(조선일보, 1930. 1. 12) 혹은 "일견一見하면 전권에 표유漂遊한 방향芳香에 취함" "처녀와 여如한 미인이 대담하게 적라赤裸를 현출現出한 육체의 곡선미"(조선일보, 1924. 11. 3) 같은 자극적인 문구를 동원해 소비자를 유혹하고 있다.

'여자 나체 사진'이라 광고하고는
'장정들이 벗고 일하는 사진' 보내

그러나 당시의 나체 사진집 광고들이란 대부분 속임수였다. 업자들이 보내온 것은 광고와 전혀 달랐다. '아주 빨가버슨 사진'도 아니고 '남녀가 바라고 바라던 사진'도 아니었다. 엉뚱하게도 소포 안에는 기생이나 여배우가 수영복을 입고 해변에서 헤엄치는 장면 같은 사진이 들어 있는 경우가 대부분이었다. 심지어 여자가 아닌 장정들이 벌거벗고 땀흘리며 일하는 사진을 보내오는 일까지 있었다.[2] 한껏 기대를 하고서 사진집을 기다려온 구매자들은 호되게 뒤통수를 맞았다.

사실 일제강점기에 업자가 여성의 노골적인 나체 사진을 판매한다는 것은 거의 불가능했다. 총독부가 음란한 사진이나 그림을 그렇게 마구 사고팔도록 놔두지 않았다. 1923년 경성 경복궁에서 '조선 부업품 공진회朝鮮副業品共進會'가 열렸을 때 일경日警은 각 여관이며 도로를 다니면서 춘화도春畫圖를 판매하던 30여 명의 일당을 검거했다.[3]

1926년 '조선박람회' 때도 여인의 나체 그림을 봉투에 넣어 행인들에게 20전(약 4천 원)에 팔던 25세의 일본인이 경찰에 체포됐다.[4] '빨가버슨' 미인 사진을 우편으로 마음껏 사고팔 수 있는 분위기가 아니었다. 나체 사진집 광고는 1930년대 이후에는 거의 사라져 신문에서 찾아보기 어렵다. 사기라는 사실이 널리 알려지면서 '낚이는' 사람이 격감했기 때문인 듯하다.

"성교는 인생의 기초…
인생 최대 쾌락이로다"

섹스 이론서

1920~1930년대 신문광고에 등장한 성인용 서적들은 나체 사진집뿐만이 아니다. 다양한 성적 소재를 다룬 '19금 서적'들의 광고도 무척 많았다. 대표적인 것이 섹스와 임신, 출산에 관한 지식을 담았다는 성性 이론서들이다.

우선 성교·임신·출산에 관한 지식을 다룬 책들이 있다. 일종의 성교육 도서로 볼 수도 있겠으나 광고문들은 말초적인 성적 호기심을 채워주는 흥미 위주의 책들과 별로 다를 바 없었다. 이 방면의 '전문' 출판사로는 일본의 정문사正文社를 첫손에 꼽을 수 있다. 이 출판사가 펴낸 『남녀 성욕 급及 성교의 신新연구』의 광고를 보자. "성감性感은 인류의 본능이며 성교는 인생의 기초, 천天의 사명이로다. 뿐만 아니라 인생의 최대 쾌락이로다"라며 '성교와 성감' '생식기' '여자의 성감' '성교의 방

법' '결혼 초야의 주의' '성교의 연령, 도수度數, 장소' 등을 소개한 책이라고 선전했다.[5]

이 출판사의 또다른 이론서는 『도입圖入 처녀 급及 처妻의 성적 생활』이라는 책이다. 광고에서 이 책은 은밀한 호기심을 채워주는 재미있는 책으로 포장됐다. "여女의 육체의 변화, 내면적 성욕 충동, 본능적 발작 등을 심리적 및 육체적인 부분으로 나눠 남자는 물론 여자도 알지 못할 미묘한 점까지 그림을 넣어 해부 연구"했다는 것이다. 광고에 소개된 목차를 보면 "여女의 ○○○ 도해圖解" "처녀의 유방과 ○부" "처녀와 비처녀를 간이簡易 견별見別하는 법" "처녀의 수○과 성감" "처녀○의 파열" 등이 눈에 띈다('생식기' '음부' '수음' '처녀막' 같은 표현을 쓰기가 민망했는지 몇 글자씩 숨겨놓았다).[6] 광고는 책의 특징을 "취미와 실익實益

"공전空前의 비서秘書 (…) 지금까지 타인에게 무를 수도 아리킬 수도 업셧든 남녀 생식기 구조로 기능, 생리의 전반 급及(및) 임신 피임의 실제 연구를 밀화密畵"로 그려 설명했다고 밝히며 성에 관한 호기심을 한껏 자극하고 있다. 즐거움을 위한 책에 가깝다는 느낌을 준다.(조선일보, 1924. 11. 18)

의 심대深大"라 표현했다. 재미로도 읽을 만하고 유익한 정보도 된다는 이야기다.

『남녀 생식기 상해詳解』는 생식기에 관한 의학적 지식과 자위행위에 관한 지식 등을 엮었다. 이 책의 광고는 '일상 성생활에 필요한 일은 무엇이든지 도해로 안다'며 그림을 많이 실었음을 특별히 강조했다.

남녀의 변태 성행위 장면을 책 광고에 그려넣기도

생식기나 임신, 출산 등에 관한 지식을 담은 책들은 성교육 서적이라는 그럴듯한 포장이라도 하고 있었다. 하지만 다른 한편에는 말초적 흥미를 겨냥한 섹스 이야기임을 버젓이 광고한 책들도 있었다. 이런 책들은 사디즘·마조히즘 등의 변태 성욕부터 매춘부의 세계 등에 이르기까지 성에 관한 자극적인 소재라면 뭐든지 다뤘다.

그중 일본인이 썼다는 변태 성욕에 관한 서적 『아귀도』는 당대의 히트작으로 꼽힌다. 이 책의 광고는 "발행 즉일 3천 부 매진된 근래 대평판의 서書"라며 20판을 찍었다고 자랑하고 있다. "인생의 이면에 있는 천박하고 잔인한 성의 행위 (…) 음탕한 향락적 야수적인 색아귀도의 이면을 대담히 묘사"해 "몸의 털을 오싹케" 한다고 했다. 『아귀도』의 광고에는 정작 책의 내용이나 목차가 나와 있지 않다. 광고는 "목차의 발표는 넘우 노골, 적나라하기 때문에 그 방면의 주의도 잇고 하여 여기에 생략"하니 "양해하여줍시오"라고 했다. 호기심을 더욱 자극하려는 잔꾀다. 『아귀도』는 신문광고에 변태 성행위를 구체적으로 묘사한 그림을 넣기도 했다. 밧줄에 손이 묶인 알몸의 남성이 여성에게 채

성에 관해 말초적 흥미를 자극하는 내용들로 꾸며져 크게 히트를 기록한 책 『아귀도』의 광고. "발행 즉일 3천 부 매진된 근래 대평판의 서書"라며 "인생의 이면에는 여하히 천박하고 잔인한 성의 행위가 잠겨 잇는가…… 본서는 기등其等의 음탕한 향락적 야수적의 색色아귀도의 이면을 대담히 묘사한 (…) 몸의 털을 옷삭케 하는 실화? 창작? 괴괴기기怪怪奇奇" 라고 광고문을 썼다.(조선일보, 1929. 4. 20)

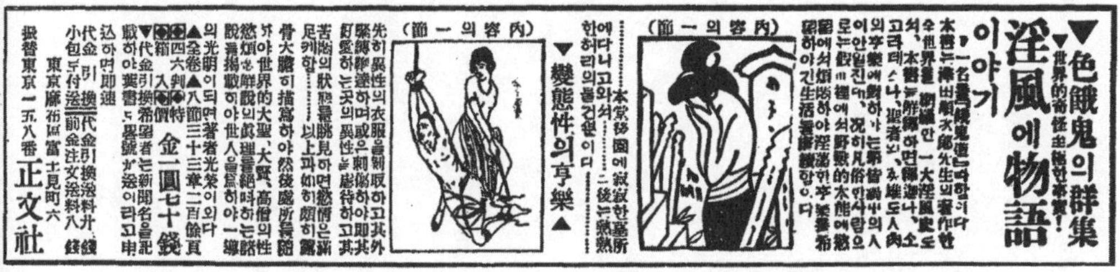

어떤 광고에는 남자의 옷을 벗겨 묶어놓고 여성이 채찍으로 때리는 변태 성행위인 '사디즘-마조히즘' 장면도 넣었다.(조선일보, 1924. 10. 8)

찍질을 당하는 장면이다. 사디즘-마조히즘 행위중인 남녀를 그린 것이다. 설명은 이렇게 붙였다. "먼저 이성의 의복을 벗기고 묶어놓은 후 채찍질하거나 혹은 날카로운 물건으로 상처를 준다. 즉 좋아하는 이성을 학대하고 그 고민의 상태를 보면서 욕정은 만족케 함."

매춘부에 관한 연구서로 포장한 책도 있다. 정문사가 낸 『취체取締 읍는 매소부賣笑婦 연구』가 대표적이다. '매음의 근원, 매소부의 발생과 종류, 역사, 매소부의 성욕, 성기, 성감' 등을 다뤘다. 광고에서는 "재판소이면 방청 금지가 될 듯한 간통, 강간 등의 사실을 성학적性學的으로 연구 발표한, 취미가 심深한 공전空前의 진서珍書"라고 했다.[7]

성 관련 서적들은 출판 검열 과정에서 본문의 글자가 일부 삭제되기도 했던 것으로 보인다. 『백 퍼센트 첨단적 음탕사, 규방 정사』라는 책은 광고에서 "본서의 가치 (…) 일 복자一伏字 없다(감춘 글자가 한 글자도 없다)"고 강조하고 있는 것이 그 반증이다.[8] 당시의 일부 19금 서적에는 삭제된 글자들이 있었다는 이야기다. 성과 관련해 지나치게 노골적인 글자를 '○○○' 식으로 숨겨 복자 처리를 한 것으로 보인다. 감춘 글자가 없다는 자랑은 영상 시대인 오늘의 표현으로 바꾸면 '이 야동은

"백 퍼-센트 첨단적 음탕사淫蕩史"라는 수식어를 붙인 책 『강호江戶 대오大奧 규방정사閨房情史』(안방에서 일어난 남녀의 일을 기술한 책)의 광고. "궁녀이(가) 비단 이불 속에 감치운 승僧과의 은근한 사랑" "애첩과 아릿다운 소년과의 비화" "남성에 주린 여자 동지同志의 소위 동정애" 등을 다뤘다며 "최후의 일항(페이지)까지 다만 황홀히 기괴한 환락경歡樂境에 도취식힌다"고 광고했다. 특히 광고에서는 '동정애의 OO한 OO의 만족'이라는 식으로 글자를 감추고 있으면서도 책 내용에는 "복자伏字 업다"고 강조하고 있다.(조선일보, 1930. 10. 9)

노모(노 모자이크)'라고 자랑하는 것과 같다.

옛 섹스 서적들이 모두 말초적이고 자극적인 내용으로 일관했는지는 단정하기 어렵다. 하지만 당대의 광고문들을 읽어보면 성 이론서를 빙자해 은밀한 성적 호기심을 채워주는 흥미 위주의 오락 서적으로 많이 소비된 것으로 보인다. 한 서적상은 『인기 여우 색色 사진』 『생식기도해』 『성의 위생』 등 성 관련 서적 10종을 묶어 광고하면서 이런 문구를 넣었다. "이 겨울 길고 긴 밤에 속히 보십시오. 참으로 한밤의 꿈과 같이 즐겁습니다."[9] 19금 성 이론서들이 궁극적으로 추구한 것이 실은 '꿈과 같은 즐거움'임을 밝히고 있다.

오늘날 대중매체에서는 광고하지 않는 섹스 서적들이 1920~1930년대에는 신문에 열심히 광고되고 판매됐다. 에로틱한 성인용 콘텐츠의 수요가 근대 초기부터 얼마나 많았는지 실감하게 한다. 이 같은 책들을 출판하고 판매한 회사들이 대부분 일본 회사였으며, 저자 중에도 일본인이 많았다는 사실에 주목할 필요가 있다. 성적 콘텐츠를 상품화하는 데 뛰어난 일본인의 기질과 능력이 그때부터 발휘되고 있었던 셈이다.

일본인들은 우리나라의 전통적 성 문화와 거리가 있는 일본식 사창가를 이 땅에 도입하고, 음란 서적도 만들어 보급시키며 식민지 조선인의 말초신경을 자극했다. 일제는 식민지 통치수단의 하나로 외설적인 콘텐츠의 유통을 어느 선까지는 묵인, 방조했다고도 볼 수 있다.

성 이론서나 나체 미인 사진집 등 성인용 책 중에서 '썩 조흔 것만' 골랐다며 10종을 묶어 선보인 판촉 광고. 이 책들이 '남에게 말 못할 낙樂'이라며 "이 겨울 길고 긴 밤에 속히 보십시요. 유절쾌절愉絕快絕(더할 나위 없이 유쾌함) 참으로 한밤의 꿈과 가티 즐겁습니다"라고 카피를 썼다.(조선일보 1928. 2. 3)

"튼튼하고 육감적인 삭구"

콘돔

오늘날 대중매체에서 남성용 피임기구인 콘돔의 광고는 거의 찾아볼 수 없지만 1920년대의 일간신문에서는 줄기차게 광고했다. 가장 오래된 콘돔 광고는 1925년쯤에 보인다. '삼광사三光社 고무제품부'가 발매한 제품이다. 이 콘돔 광고에는 별난 구석이 많다. 새롭게 등장한 물건인데도 무엇에 어떻게 쓰는 물건인지에 관한 설명이 거의 없다.

'방독 / ○○ / 최신 삭구'라고 제목을 붙인 광고에는 뜬금없이 젊은 여성의 얼굴 그림 하나가 삽입되어 있고, 등급별 콘돔의 종류와 가격만 빼곡히 나열해놓았다. 최고급품인 특제特製가 12개에 80전(약 1만 6천 원), 상제上製가 12개에 60전이다. '삭구'는 콘돔의 옛 이름이다. 당시의 잡지에 '곤도무'라는 용어도 보이나, 신문광고에서는 '삭구' '사쿠' 혹은 '삿구'로 표기했다. 이는 자루를 뜻하는 영어 '색sack'의 일본식 발음이다. 콘돔 광고는 잦을 땐 일주일에 한 번꼴로 실렸고, 신문의 얼굴인 1면에도 자주 나왔다. '여성용 삭구'라는 '자궁 삭구', 성기능 장애가 있는 사람을 위한 '변형 삭구' 등 자매품들까지 등장해 판매됐다.

오늘날 콘돔은 '남성용 피임기구'로 불리지만, 1920년대의 콘돔 광고 어디에도 '피임'이라는 용도는 눈에 띄지 않는다. 피임보다는 '방독防毒', 즉 성병 예방용 상품임을 첫번째로 내세운 게 특징이다. "심신을 강장強壯케 하고 절대로 병독病毒의 침입을 방지함"이라는 광고문도 보인다. 당시는 신문에 매독·임질약 광고가 일주일에 서너 번씩 실릴 만큼 성병

옛 콘돔 광고들은 대체로 빼곡한 광고문에 간단한 삽화 하나만 넣기 일쑤였지만 '센키메 삭구' 광고는 이례적으로 남녀가 키스하려는 듯한 사진을 넣어 화려하게 꾸몄다. 제품 이름도 검은 바탕에 흰색으로 도안해 눈에 띄게 했다. '튼튼하고 육감적'이라는 캐치프레이즈가 웃음을 짓게 한다.(조선일보, 1932. 4. 29)

제2차세계대전 당시 일본군이 사용했던 군용 콘돔. 콘돔은 밴드 부분만 남았고 포장지에는 '돌격1번突擊一番'(돌격이 제일)이라는 글자가 적혀 있다. 이 콘돔의 사진은 2006년 공개됐다.[10] 우리 정부가 각종 자료와 피해자 증언 등을 토대로 작성하여 1992년 7월 31일 발표한 『일제하 군대 위안부 실태조사 보고서』는 "일본군은 위안소에 들어가는 사병에게 성병 예방을 위해 '돌격1번'이라고 적힌 콘돔을 지급했다"고 밝혔다.

이 만연한 시절이었으니 그럴 만하다.

콘돔 광고들은 흔히 "세상에 상용常用(흔히 사용)한 조악품粗惡品과는 다른 폐弊 공장의 특제 양품良品"임을 강조했다. 조악품은 잘 찢어지는 불량 콘돔으로, 뒤집어 말하면 당시 잘 찢어지는 불량 콘돔이 많았다는 이야기다. 그래서인지 도쿄 천희당千姬堂의 콘돔 광고는 '튼튼하고 육감적인 센키메Senkime 삭구'라고 제목을 달았다.

콘돔 값은 1타打(다스)에 60전(1만 2천 원)이니 적지 않은 가격이다. 박래품舶來品(수입품)은 더 비싸 1타에 1원 30전(2만 5천 원)까지 했다. 삭구는 주로 일본 도쿄에 주소를 둔 회사들이 주문을 받고 우편으로 판매했다. 나체 사진집 광고와 마찬가지로 콘돔 판매사들은 남이 무슨 물건인지 모르게 잘 포장해서 보내겠다는 점을 빠뜨리지 않았다. 도쿄 성미당性美堂은 '엄봉하여 밀송密送(비밀 배송)'한다고 밝혔다. 정자당은 한발 더 나아가 '(회사 명의가 아닌) 개인 명의로 밀송함'이라는 문구도 덧붙였다.

'삭구' 광고는 검열이라도 당한 듯 일부 글자들이 삭제돼 복자로 처리된 경우가 꽤 많았다. 처음 등장한 광고에도 여섯 군데에 걸쳐 스물네 글자가 삭제돼 있다. 제품의 2대 특징은 "방독/○○"으로, 효능 설명은 "○○을 증增하는(늘리는)" "사용하면 ○○○○○○○○○○"으로, 여성용 피임기구 사용법에는 "○○○○○하고"로 표기돼 있다.

흥미롭게도 2년 뒤 똑같은 형식으로 실린 광고에서는 삭제됐던 글자들의 일부가 '해금'되었다. 새 광고를 보면 삭제됐던 콘돔의 특징은 '미감美感'(좋은 느낌)이었다. 효능 설명에서 감춰져 있던 아홉 글자는 새 광고에서도 "長○間 ○感을 覺하고"로 여전히 두 글자가 지워져 있지만 '장시간 쾌감을 느끼고'라는 표현임을 알아차리기는 어렵지 않다. "○○을 증하는"은 "쾌감을 증하는"으로 드러났다. 여성용 콘돔 사용법은 "○부에 삽입"이다. "음부에 삽입"이라고 볼 수 있다. 은밀한 욕망을 채우기 위한 도구를 판매하면서도 성욕 및 성기를 지칭하는 노골적인 단어들은 차마 그대로 쓰지 못했던 게 그 시절의 기준이었다.

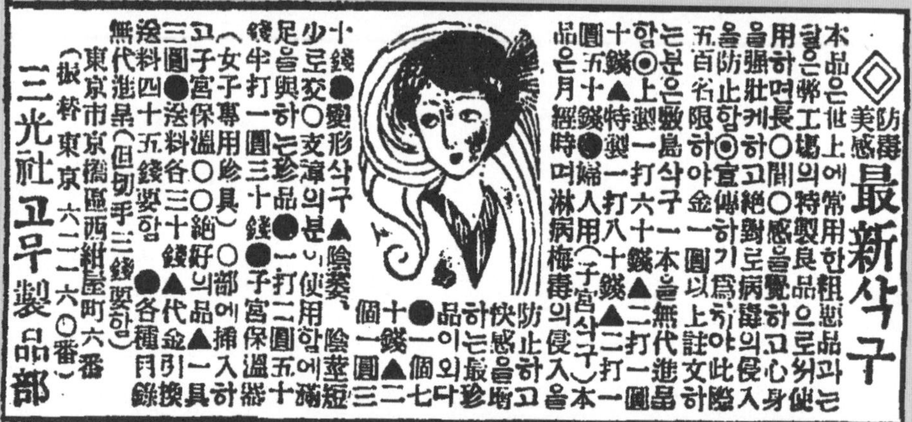

초창기 콘돔의 광고들. 1925년 조선일보 광고란에 처음 등장한 삭구 광고(위)는 이렇다 할 상품 설명도 없이 제품 종류별로 가격만 빼곡히 적어놓았다. 제품의 효용 설명에는 방독, 즉 성병을 예방한다는 구절은 있지만 '피임'은 보이지 않는다. 광고문 중 일부 성에 관한 노골적 표현으로 보이는 글자들은 'OOO' 등으로 감춰져 있다.(조선일보, 1925. 5. 4) 1927년의 콘돔 광고(아래)는 초기 광고의 거의 같은 내용과 디자인이지만 1925년 광고에서 감춰졌던 글자들이 상당 부분 '해금'됐다. 지워졌던 단어들은 '미감美感' '쾌감' '삽입' 같은 단어들이었다.(조선일보, 1927. 6. 13)

여성 유두까지 드러낸 삽화 "참 야릇한 광고법일세"

여성 모델 벗기기

벗은 몸을 앞세워 소비자들의 눈길을 붙들려는 '섹스어필 마케팅sex appeal marketing'은 이 땅에서 언제쯤 시작됐을까. 뜻밖에도 조선시대와 근대가 뒤섞여 있던 1920년대의 신문에서 여성의 누드를 내세워 호기심을 자극하는 광고들이 많이 발견된다. 여성의 몸을 사진이 아닌 일러스트레이션으로 표현하기는 했지만, 어떤 면에서는 노출의 '수위'가 오늘날보다 더 높다. 경성 거리에 소달구지와 갓 쓴 어른들이 돌아다니던 시대의 광고가 맞는지 의문이 들 정도다. 화장품에서부터 소화제, 피부약에 이르기까지 다양한 상품들의 광고에서 여성들을 벗겼다.

1925년 초여름의 어느 날 조선일보 가정·부인면 하단에 실린 여드름 치료제 '하루나'의 광고는 놀랍다. 그림 속 여성은 가슴을 훤히 드

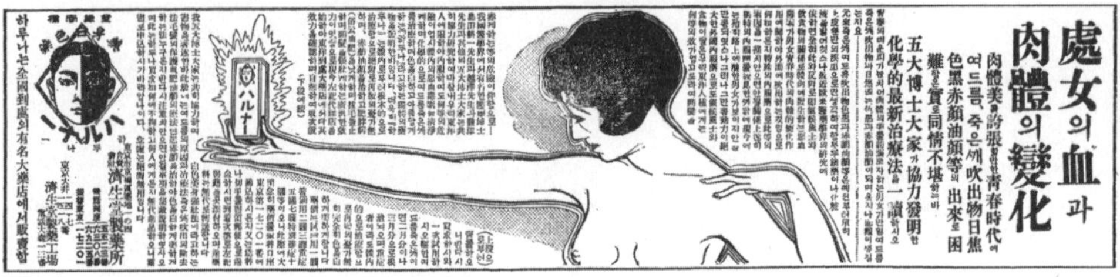

여성의 상반신 누드 그림을 과감하게 넣은 여드름·주근깨 치료제 '하루나'의 광고. 신문의 가정·부인면 하단에 크기가 37×8㎝나 되는 크기로 크게 실렸다. 한쪽 유두까지 살짝 그려넣는 등 노출 수위가 높다.(조선일보, 1925. 5. 15)

러낸 채 오른팔을 쭉 뻗고 몸의 매력을 한껏 뽐내고 있다. 한쪽 유두까지 살짝 노출돼 있다. 오늘의 신문에서도 소화하기 쉽지 않을 만큼 적나라하다. 피부병 약임을 빙자해 여성의 피부를 노출시킨 것이다. 광고가 2단통 사이즈(가로 약 37센티미터, 세로 약 8센티미터)나 되니 더욱 자극적이다. '활동사진에 가슴팩이만 내여 노아도 잘리는' 시대였던 1920~1930년대에 이 정도의 그림이라면 독자들의 눈이 휘둥그레졌을 것이다.

이 무렵 반라의 미녀 그림을 곁들인 광고들은 갈수록 늘어났다. 화장품, 비누, 치약 등은 물론 수많은 약 광고들까지 앞다퉈 여성을 벗겼다. 그림이기는 하지만 가슴 노출은 기본이었다. 주근깨를 막아준다는 화장품 '네오에페린' 광고는 상반신에 아무것도 걸치지 않은 여인이 화장대 거울 앞에 앉아 자신의 몸을 응시하는 그림을 곁들였다. '구라부 백분白粉' 화장품 광고는 수영복의 한쪽 어깨끈을 살짝 내린 야한 분위기의 여성 그림을 크게 넣었다.

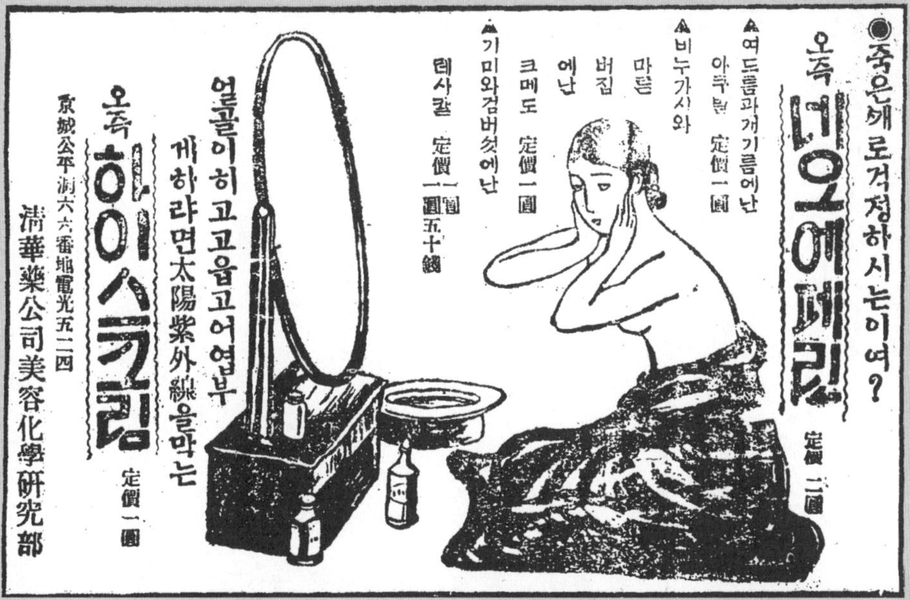

피부 관련 약품들이 '피부'를 핑계 삼아 여성의 몸을 노출한 그림을 광고에 많이 넣었다. 여드름·주근깨 등을 다스린다는 '네오에페린'과 자외선을 막는 '하이스크림'의 광고는 상반신을 훌렁 벗은 여성이 화장대 앞에 앉아 있는 그림을 넣어 시선을 끌고 있다.(조선일보, 1929. 5. 20)

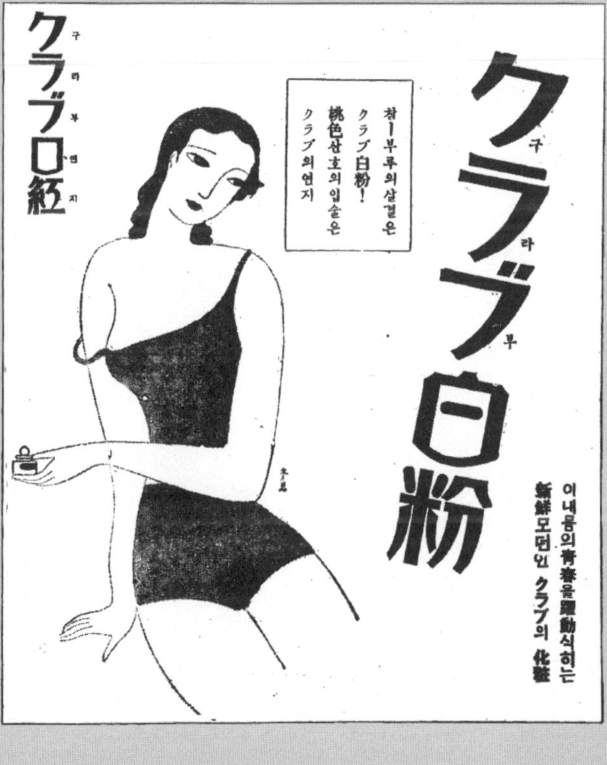

화장품 '구라부 백분'의 광고. 누드는 아니지만 수영복의 한쪽 어깨끈을 살짝 내린 야한 분위기의 여성 그림을 넣었다.(조선일보, 1934. 7. 25)

여천사 올누드
중요 부위는 간판으로 가려

특이하게도 종기의 고름을 뽑아내는 고약膏藥들의 섹스어필 마케팅이 만만찮았다. 3대 고약 브랜드가 벗기기 광고 3파전을 벌였다. 언제나 도발은 2등이 먼저 한다. 유명 브랜드 '조趙 고약'을 따라잡으려는 다른 두 고약 회사가 약속이나 한 듯 세미누드화로 소비자들을 유혹했다. '한씨韓氏 고약'은 여성의 한쪽 가슴을 드러낸 그림을 썼고, '종선고腫仙膏'는 올누드의 여자 천사를 광고에 넣었다. 전신 누드가 좀 민망했는지 '종선고'라는 상품명이 적힌 간판으로 여천사의 '중요 부위'를 살짝 가렸지만 그 시대에 이례적인 광고였다.

그러자 노출 광고 따위는 하지 않던 '조 고약'도 1937년, 여성이 가슴을 풀어헤치고 고약을 붙이는 그림을 넣고 말았다. 어떻게 보면 다른 고약 광고들보다 한술 더 떴다. 광고에 들어간 누드 그림의 수준은 천차만별이었다. '인단仁丹' '치마분齒磨粉'(가루치약)이나 급

동맥경화와 중풍 등의 예방치료약인 '해귀래'의 광고. 해귀래는 주로 머리를 풀어헤친 여성의 상반신 누드를 광고에 즐겨 넣었다. 야하다기보다는 여신을 연상시키는 신비로운 분위기를 풍기는 그림이다.(조선일보, 1926. 7. 26)

체 소화제 '활명액活命液' 광고[11]에 그려넣은 여성 누드는 데생 실력조차 안 되는 중학생이 그린 그림처럼 서툰 솜씨다. 이 그림들을 보고 있으면 여성의 벗은 몸이 민망한 게 아니라 그림 솜씨가 민망하다.

반면, 여드름 치료제 '하루나'에 실린 여성 누드의 솜씨는 수준급이다. 중풍 예방치료약 '해귀래海歸來' 광고 속의 누드는 더 세련된 솜씨다. 머리를 풀어헤치고 가슴을 노출한 미녀의 모습은 야하다기보다 여신의 신비로운 분위기까지 풍긴다. 광고 사이즈가 5단통(가로 37센티미터, 세로 15센티미터)이나 가로 6센티미터에 세로 12단 전단(45센티미터)을 차지하는 대형이어서 시각적으로 강렬한 효과를 준다.[12]

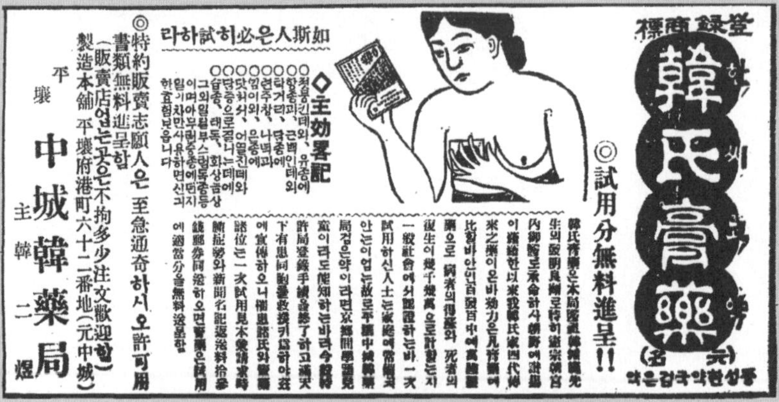
登錄商標
韓氏膏藥
◎試用分無料進呈!!
如斯人은必히試하라
◇主効畧記
◎特約販賣志願人은 至急通奇하시오 許可用書類無料進呈함
(販賣店업는곳은不拘多少注文歡迎함)
製造本舖 平壤府港町六十二番地(元中城)
平壤 中城韓藥局 主 韓二煜

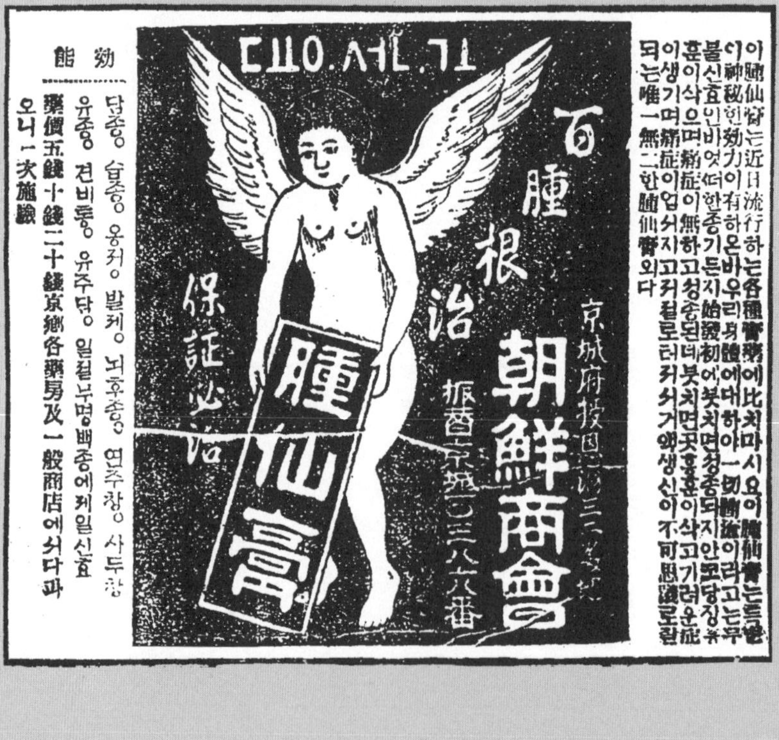
이腫仙膏는近日流行하는各種膏藥에比치마시요 이腫仙膏는특별이神秘한効力이有하온바우리身體에대하야一切腫瘍이라고는무불신효인바엇떠한종기든지始發初에붓치면성종되지안코당장훈이삭으며病症이無하고성종된데붓치면곳홍훈이삭고기러운症이생기며病症이업서지고커절로터저서거와생신이不可思議로되는唯一無二한腫仙膏외다
百腫根治
朝鮮商會
保証必治
腫仙膏
効能
담종 습종 옹저 발제 뇌후종 면주창 사두창 유종 견비통 유주담 일절무명백종에제일신효
藥價五錢十錢二十錢京鄕各藥房及一般商店에서다파오니一次施驗

종기에 발라 고름을 뽑아내는 고약들이 의외로 경쟁하듯 광고에 여성의 세미누드를 넣었다. '한씨 고약'(좌측 상단)과 '종선고'(좌측 하단)가 경쟁적으로 벗은 여성의 그림을 광고에 넣자, '조 고약'도 '벗기기'에 가세했다.(조선일보, 1926. 4. 4, 1927. 10. 20, 1937. 11. 12)

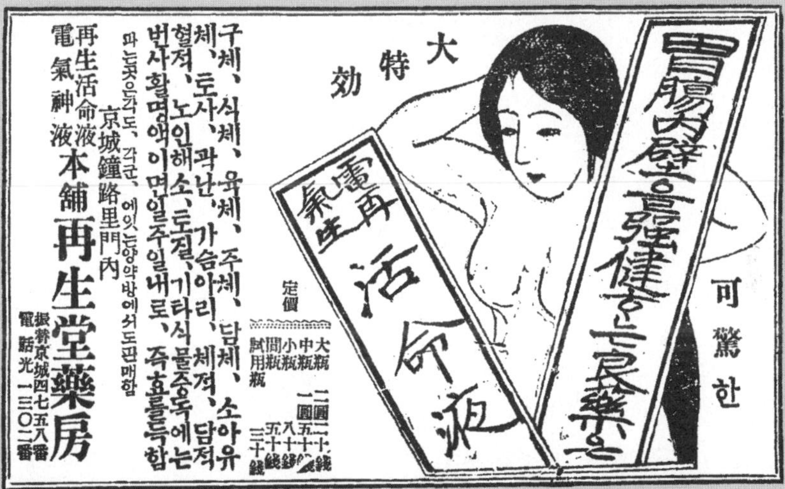

소화제 '전기재생 활명액電氣再生 活命液'도 투박한 솜씨의 여성 누드를 광고에 넣었다. 몸을 전부 드러내기 민망했는지 글자들로 일부를 가렸다.(조선일보, 1927. 11. 21)

여성의 전라 그려넣었던 광고, 반바지 입혀 수정하기도

1920~1930년대는 영화 등을 통해 이 땅에 서구의 성 문화와 노출 문화가 계속 밀려들었던 변화의 시대였다. 호기심도 폭발했지만, 많은 이들은 개방적인 서구 문화에 대한 반감도 노골적으로 표출했다. 여성의 육감적인 댄스가 펼쳐지는 프랑스 영화 〈몽 파리Mon Paris〉가 이 땅에 개봉된 것도 음미할 만한 일이지만, 신문이 영화 속 '뻘거버슨 여자들'의 '변태적 딴스'를 보고 "옛날 도포짜리는 놀라서 길바닥에 잡바질 일"이라며 거부감을 드러낸 것도 주목해야 한다.[13]

1928년 독일 베를린의 과일 가게가 좌판에 미인을 세워놓고 판촉을 벌이자, 조선일보는 이 사진을 보도하며 '참 야릇한 장사치의 광고법'이라고 강하게 비판했다.[14]

이런 시대에 누드화 광고에 대한 논란이 없었을 리 없다. 야한 광고가 수정된 '사건'도 있었다. 신경통 치료제 '안락산安樂散'의 1927년 광고가 그렇다. 2월 28일자 광고에서는 여성의 전신 누드를 그려놓고 이 약이 다스릴 수 있는 열여섯 군데 환부를 표시했는데, 3개월 뒤에는 똑같은 광고를 내면서 전라 여성의 하반신에 반바지를 덧씌워 그렸다. 수정한 이유를 밝힌 기록은 없으나, 어떤 독자의 강력한 '문제 제기'가 있었거나 당국의 시정 지시가 있지 않았나 짐작할 수 있다.

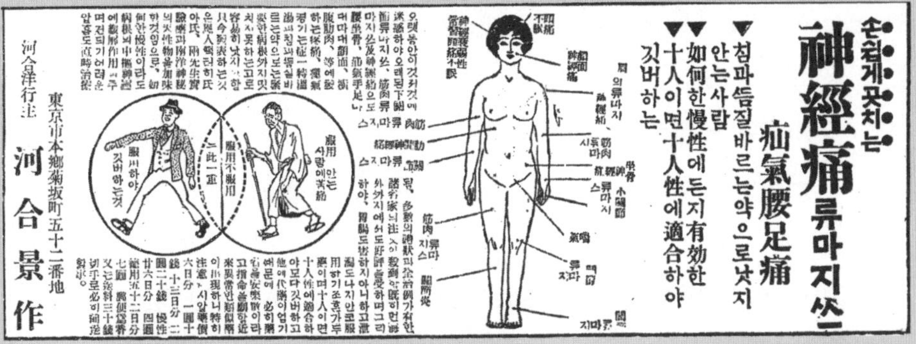

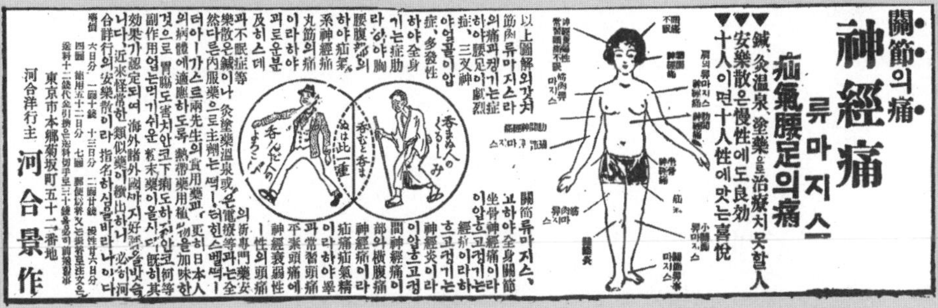

여성 누드 그림을 넣었던 광고가 수정되어 다시 실리기도 했다. 신경통 치료제 '안락산'이 1927년 2월에 낸 광고는 여성의 전라를 그려놓고 이 약으로 다스릴 수 있는 환부 16곳을 표시했다(조선일보, 1927. 2. 28). 그런데 같은 해 5월에 다시 실린 광고에서는 그림 속 여성에게 반바지를 입혀 '중요 부위'를 가리도록 수정했다(조선일보, 1927. 5. 22). 기존 광고에 대해 누군가의 문제 제기가 있었던 것으로 추정된다.

1920년대 여성의 몸 관심 급증… 신문은 '파리 얼골 경기회' 소개

'모던'한 생활양식들이 이 땅에 물밀듯 밀려들었던 1920년대에는 외모를 화려하게 가꾸는 일에 대한 관심도 급속히 늘기 시작했다. 당시 신문 지면에도 '미남 미녀'에 관한 기사가 늘어났으며, 이중에는 여성미에 관한 기사가 압도적으로 많았다. 여성의 아름다움에 관한 기준이 특히 급변했기 때문일 것이다. 외모를 옷자락 속에 다소곳이 감추는 게 미덕이 아니라 당당하게 내세우는 게 시대의 유행이 됐다.

조선일보에는 여성 독자들에게 모던한 외모를 어떻게 가꿀 것인가를 알려주는 기사가 잦아진다. 가정·부인면에 2일간 톱으로 연재된 〈얼골의 미美보다 / 톄격의 미를 발휘하라〉는 기사는 "얼굴만 곱게 다듬으면 미인 되는 것은 시대착오"라며 운동을 하여 건강미를 발휘하라고 조언했다.[15] 몇 해 뒤의 기사에서도 "미인의 표준은 조각적이어야" 한다며 "얼굴만 어여뻐도 못쓴다"고 썼다.[16]

미국 의학협회가 살찐 사람들에게 다이어트를 권고했다는 소식은 '근대 미인은 몸이 말라야 돼'라는 제목의 박스 기사로 눈에 띄게 편집했다. '말라야 미인'이라는 주장이 당시로서는 새롭고 생소했다는 느낌이 기사에 묻어 있다.[17]

서양 사람처럼 꾸미는 여성 화장이 유행하자 일각에서는 반감도 있었던 듯 비판론이 고개를 들었다. 조선일보는 눈 크고 코 높게 보이려는 화장법이 너무 심하다며 "뱁새가 황새를 따르다가는 다리가

찢어지기 쉬움이지요"라고 꼬집었다.[18]

여성미에 대한 시대의 관심을 반영한 기사로 빼놓을 수 없는 건 외국 미인대회의 보도다. 조선일보 지면에서 최초로 발견되는 서양 미인대회 기사는 1925년 10월 25일자에 실린 '미스 아메리카'에 관한 보도다. 1920년부터 매년 열리던 대회를 6년째에 처음 보도했다. 이런 대회가 무척 생소했던 듯, 대회 이름을 '1925년 미국 미인 공진회共進會'라고 번역했다.[19] 1925년의 미스 파리로 뽑힌 미녀들의 사진에는 "파리 얼골 경기회에서 당선된 미인들이랍니다"라고 설명을 붙였다.

1920년대 신문 지면에는 미남 미녀에 관한 논의가 늘어났으며 해외의 미인대회 소식도 간간이 보도됐다. 사진은 1925년 '미스 파리 선발대회' 소식을 사진 뉴스로 보도한 당시의 신문 지면. "파리 얼골 경기회에서 당선된 미인들이랍니다"라고 설명을 달았다.(조선일보, 1925. 11. 23)

보기에 미안한 직업, 목불인견의 참극

마네킹 걸

요즘 휴대폰 대리점이 개점하면 댄서로 고용된 행사 도우미 여성들이 춤추며 행인들의 시선을 끌어보려 애쓴다. 젊은 여성을 동원한 판촉 이벤트는 1930년대에도 있었다. 경성에 등장한 '마네킹 걸'이 판촉 도우미의 원조라고 할 만하다.

'마네킹 걸'은 판매 촉진을 위해 대형 매장에서 신제품 옷이나 장신구 등을 착용하고 손님들 앞에서 포즈를 취하는 여성이다. '패션모델 겸 판촉 도우미'다. 오늘의 도우미 여성과 다른 점이라면 꼼짝도 않고 서 있어야 한다는 점이다. 인간 마네킹인 셈이다.

1936년 봄, 조선일보에 '마네킹 양孃', 즉 마네킹 걸을 공개모집하는 보기 드문 구인광고가 실렸다. 화신 연쇄점和信連鎖店 주식회사가 낸 광고다. 응모자격은 '연령 17세 이상 21세까지, 학력은 여고보女高普(여고)

졸업 정도'다. 눈길을 끄는 건 보수다. '본봉 및 근면수당 합하야 월수 70원 이상'이다. 오늘의 화폐 가치로 대략 140만 원 정도의 액수지만, 그 시대 대졸 사원의 초년 월급(40~50원)보다 훨씬 높다. 특히 같은 화신 연쇄점이 일반사원 모집광고에서 제시한 월급이 15원인 데 비하면 마네킹 걸은 5배 가까이나 되는 파격적인 대우를 받은 것이다.

경성에 '마네킹 걸' 등장하자 구경꾼들 인산인해 이뤄

일본에서 처음 등장했다는 마네킹 걸은 1929년 9월 대규모로 열린 조선박람회 때 이 땅에 소개됐다. 진고개의 일본 상인들이 도쿄의 마네킹 걸들을 데려와 경성 조선은행(오늘의 한국은행) 맞은편 가설무대에 세워놓고 상품을 홍보하는 이벤트를 벌인 것이다. 인형처럼 짙은 화장을 하고 광고판을 든 채 손끝 하나 움직이지 않고 서 있는 마네킹 걸은 갓 쓴 조선 어르신들의 진기한 볼거리가 됐다.[20]

그러나 이 이벤트에 대한 비판도 만만찮았다. 경성에 마네킹 걸이 첫선을 보인 다음날 조선일보 사회면 기사는 신기한 풍경을 전하면서도 '목불인견目不忍見의 참극'이

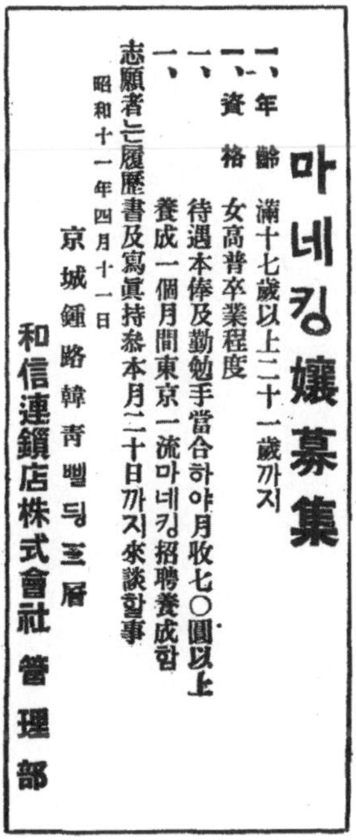

의류 판매장에서 최신 의상 등을 선보일 '마네킹 양'을 모집한다는 화신 연쇄점의 신문광고. '본봉 및 근면수당을 합하여 월수 70원(약 140만 원) 이상'이라고 제시했다. 당시 백화점 일반 여직원 봉급의 5배쯤 되는 높은 액수다.(조선일보, 1936. 4. 11)

라는 표현을 써가며 강하게 비판했다.

> 진고개 상인들이 일본에서 이 마네킹 껄을 데려다가 서울 한복판에서 착각된 인간의 유흥을 시작하엿나니 날마다 조선은행 마진편 가설 가로 무대에서 목불인견目不忍見의 참극慘劇을 연출함으로써 인산인해를 일우고 잇다 (…) 인형과 가티 꿈이고 상뎜들의 상품광고를 손에 들고서 인형극을 하는 것이다. 화가들의 라톄裸體 모델보다도 마네킹 껄은 보기에 미안한 직업이니 십 분이고 이십 분이고 눈동자나 손끗 발끗 꼼작 못하고 만흔 호사객好事客들의 압헤 스고는 몇 푼의 보수를 밧는 것이다.

그래도 마네킹 양은 '첨단적 직업'이라는 시선을 받았다. 한때는 "어느 백화점이든지 두 사람, 세 사람의 마네킹이 진열대를 장식"할 만큼 유행하기도 했다. 마네킹 걸들이 늘어나자 "근일에 와서는 산 인물生人物의 마네킹이 유행"이라는 말도 나왔다.[21] 번화한 종로 네거리의 화신상회가 일본의 마네킹 걸 두 명을 세워 화장품 사용법에 관한 실연實演을 열자 신문은 두 미녀의 사진을 넣어 예고기사로 알렸다.

1930년대에 들자 마네킹 걸을 보는 비판적 시선도 누그러진다. 신문은 '파리 마네킹 껄'(모델들)의 생활에 관해 호기심 어린 시선으로 화제 기사를 쓰기도 했다.

> 얼골이 아름답기만 하여서도 안 되며 살이 쪄도 안 됨으로 살찌지 안는 운동과 뜨거운 물에 목욕을 하고 먹고 십흔 것도 배불리 먹지 못하며 (…) 이러고도 한 달에 팔십 원쯤부터 간혹 사오백 원식 밧는 것 (…) 그들은 상

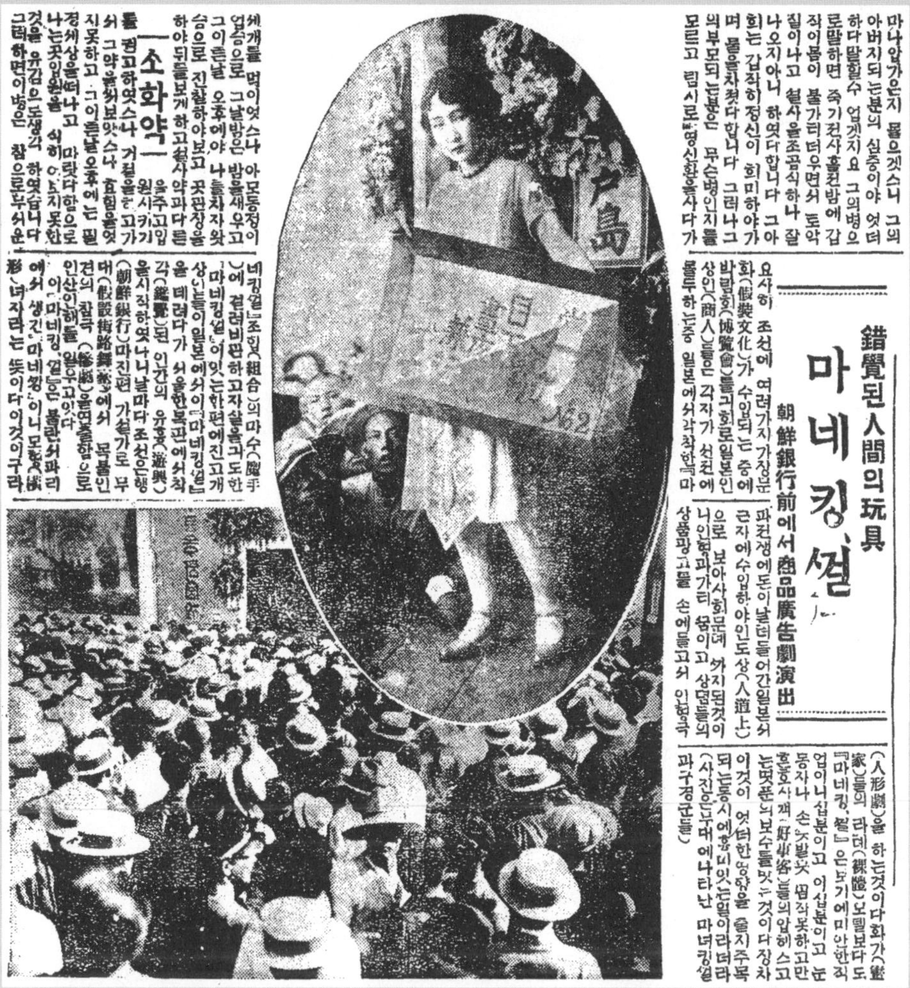

錯覺된人間의玩具

마네킹껄

朝鮮銀行前에서商品廣告劇演出

1929년 9월 조선박람회 때 진고개의 일본 상인들이 일본으로부터 마네킹 걸들을 데려와 경성 조선은행 맞은편 가설무대에 세웠던 공개행사를 보도한 신문기사. “인형과 가티 꾸미고 상뎜들의 상품광고를 손에 들고서 인형극을 하는 것”이라며 “목불인견의 참극”이라고 강하게 비판했다.(조선일보, 1929. 9. 7)

일본에서 온 두 마네킹 걸이 경성 종로 네거리에서 벌일 화장품 사용법 실연 행사를 알리는 신문기사. 두 마네킹 걸의 얼굴 사진을 곁들이고 "그럴듯한 구경거리가 생기게 되었다!"고 썼다.(조선일보, 1933. 8. 9)

점 진열장 경마장 등등 사람이 만히 모히는 데에 새 류행의 옷을 걸치고 나타나는 것이다.[22]

1930년대 중반에는 마네킹 걸에 대한 교육을 강화하여 패션과 미용 등에 소양을 갖춘 '프로'로 육성하자는 움직임도 일기 시작했다. 조선일보는 "마네킹 양도 그 용모를 너무 중대시한 것과 오늘은 이 상점, 내일은 저 상점으로 돌아단니게 한 관계로 자연히 전문적 지식을 엇지 못하게" 됐다며 "암만 해도 교양의 범위가 넓어서 상품의 성능과 상점의 전통을 잘 아는 전문적 지식의 소유자가 아니면 안 되겟다"고 썼다. 또 일본의 경우 '미스 시세이도 스쿨'이 설립돼 9명의 여성에게 5개월간 미용학, 화장품학, 선전술 등을 가르치고 있다는 사실을 전했다.[23]

1935년 경기도 보안과가 거리에 난립한 간판과 광고물을 단속할 때 '움직이는 광고'인 '샌드윗취 맨'과 '마네킹 껄'을 규제대상에 포함시킬지 검토한다는 소식도 보도됐다. 마네킹 걸이 광고물로 취급된 것이다.

❁ 데파트 걸, 가솔린 걸, 버스 걸, 카페 걸에서 키스걸까지… 1920~30년대의 걸걸걸

1920~1930년대 이 땅에는 '마네킹 걸' 외에도 새롭게 등장한 여러 분야에 온갖 '○○걸'들이 있었다. 백화점 여종업원은 '데파트 걸', 주유소의 여성 주유원은 '가솔린 걸', 버스 안내양은 '버스 걸'로 불렸다. 엘리베이터 안내양은 그때부터 '엘리베이터 걸'이었다. 여러 분야에서 '모던 걸'의 전성시대가 열린 것이다. 도시화가 진행됨에 따라 근대적인 신新직업들이 생겨났고 여성들도 가정부나 공장 노동자 등 단순한 직업에서 벗어나 활동 범위를 넓혔다. 정작 여성들 본인은 썩 듣기 좋아하지 않았을 '○○걸'이라는 호칭에는 여성의 사회적 활동에 대한 사람들의 강한 호기심이 묻어 있었다.

❁ "남자 손님 '히야까시' 때문에 골치 아파요…"

'데파트 걸'은 1930년 10월 미쓰코시 백화점 경성지점(현 신세계 백화점 본점)의 출현으로 백화점 시대가 열리면서 등장했다. 물건을 사든 안 사든, 상냥한 미소와 낭랑한 목소리로 모든 손님을 맞이하는 데파트 걸은 사람들의 시선을 집중시켰다.

시인 김기림은 「도시풍경」이라는 글에서 "최저가로, 아니 때때로는 무료로 얼마던지 제공하는 여점원들의 봉숭아 빗의 애교—이것들은 쎈씨불한 도회인의 류동하는 마음에로 향하여 버려진 떼파트

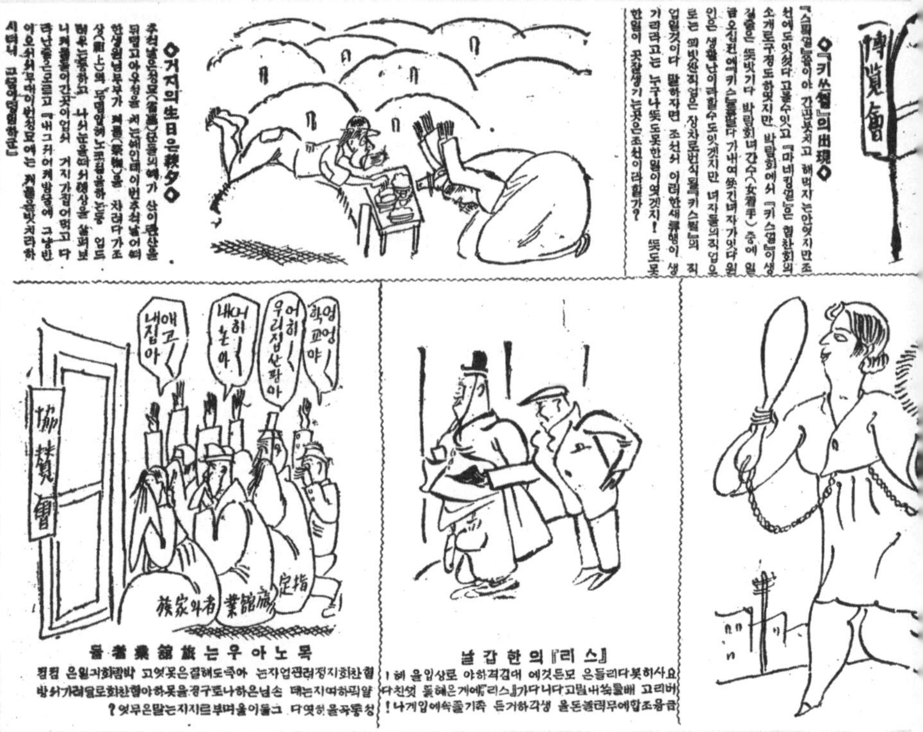

멘트의 말초신경"이라고 썼다. 그는 또 "층층대를 올러가는 밋근한 녀자의 비단 양말에 싸힌 다리와 놉흔 에나멜의 구두 뒤축을 하염업시 처다보고 서 잇는, 수신修身 교과서를 니저버린 중등교원도 잇다"고 꼬집었다.[24] 데파트 걸은 단숨에 젊은 여성들이 선망하는 직업이 됐다. 경성의 정자옥丁子屋 백화점이 여점원 '약간 명'을 모집한다고 공고하자 600여 명이라는 폭발적인 수의 지원자가 몰릴 정도였다.[25]

그러나 겉으로는 화려해 보여도 그녀들의 일이란 무척 고된 것이었다. 근무 시간도 길었지만 더 힘든 건 손님에게 시달리는 일이었다. 특히 일부 남자 손님들의 짓궂은 태도가 데파트 걸들을 괴롭혔

1929년 이 땅의 온갖 세태를 풍자한 안석영의 〈일요만화〉. '박람회에 출연한 키스 걸' '전차 안에서 분털(얼굴 화장용 도구)과 거울로 화장을 고치는 여성' 등 새롭게 등장한 풍경들을 유머러스한 글과 그림으로 드러내 꼬집고 있다.(조선일보, 1929. 9. 22)

다. 한 여점원은 "물건은 안 보고 내 얼골만 보면서 이를테면 점잔케 히야까시(희롱)를 하지요…"라고 고충을 말했다.[26]

여점원을 구경하려고 백화점에 오는 남자들도 많았다. 처자까지 있는 30세 사나이가 경성 시내 모 백화점의 여점원에게 반해 회삿돈을 횡령한 사건이 사회면에 보도되기도 했다. 화신 백화점 훈련부장은 여점원들의 미모 때문에 벌어지는 남녀 문제가 골치 아픈 일임을 토로했다. 그는 남녀 점원들 사이의 연애 문제도 막기 위해 점내에서는 '둘이 서로 마주서는 것도 금한다'고 밝혔다.[27]

웃음 팔던 '카페 걸' '키스 걸' '스틱 걸'

1930년대의 '○○걸' 중에는 웃음이나 성性을 파는 여성들을 지칭하는 말들이 많았다. 근대의 신종 직업이었다. 흔한 것은 '카페 걸'이었다. 1931년 조선일보는 "경성의 공긔를 환란으로 흐리게 하는 청등, 홍등의 카페에 여급이 무려 1천여 명"이라며 "환락의 경성 혼란상"이라고 개탄했다.[28]

1929년 조선박람회 때는 '키스 걸'까지 등장했다. 돈을 받고 남자 손님과 키스하는 여성들이니 오늘의 '키스방' 종업원의 원조 격이라고 할 수 있다. 조선일보는 "박람회 녀간수(도우미) 중에 일금 오십전에 키스를 팔다가 내여쫓긴 녀자가 잇다. 원인은 생활난이라 할 수도 잇겟지만 녀자들의 직업으로는 꾀 빗싼 직업은 장차로 번식될 키스 껄의 직업일 것"이라고 썼다.[29]

웃음을 파는 여성 중에는 '스틱 걸'도 있었다. 남성들을 유혹해 팔짱을 끼고 함께 걸어다니는 모습이 마치 지팡이(스틱)를 대신하는 것 같다고 해서 그런 이름이 붙었다. 1935년에는 "종로를 중심으로 밤마다 상대자를 갈어가지고 산보를 하는 수상한 모던 껄이 잇어서 (경찰이) 엄중히 취조햇드니 (…) 거리의 사나히들을 낙거서 함께 산보를 하고 혹은 그 려관으로 함께 잇다가는 장식품 가튼 것을 훔치는 절도 전문의 스틱 껄인 것이 판명되엿다"는 기사가 보도됐다.[30]

'모던하고 씨크한 웨트레쓰' 30명 단체사진 넣은 술집 광고

카페와 요정

아침 신문 2면 광고란에 미모의 젊은 여성 수십 명이 졸업사진이라도 찍듯 함께 촬영한 사진이 큼지막하게 실렸다. 1931년 8월 16일자 신문에 실린 유흥업소 '싸론salon 아리랑'의 개업 광고다.

서울 남산 자락에 자리잡은 이 유흥업소는 도쿄에서 온 '화형花形(꽃처럼 예쁜) 웨트레쓰 30양孃'이 '모던'하고 '씨크chic'(세련된)하고 '첨단적'인 '사비쓰'를 한다며 "청초淸楚하고 염려艶麗한 싸론 아리랑에 반드시 한번 들러주십시오"라고 청했다. 1920년대 남촌(충무로, 명동, 퇴계로 일대)에 일본인 집단 거주지가 형성된 이후 갈수록 늘어난 카페가 요정料亭(고급 요릿집) 중심이던 경성의 '밤 문화'를 양식洋式으로 바꿔놓고 있음을 보여주는 광고다.

'싸론 아리랑'이 파격적인 개업 광고를 낸 1931년, 경성은 카페의 전성시대였다. 신문은 "백여 개 카페에 천여 명의 여급, 청등홍등의 으슥한 불빛으로부터 흘러나오는 환락의 짜스(재즈)는 밤의 경성을 음탕으로 어즈러히 하야"라고 탄식할 정도였다.[31]

문제는 카페 웨이트리스의 퇴폐 서비스였다. "(카페의) 여자 급사라고 하는 것은 대부분이 밀매음녀密賣淫女로서 남 보기에는 처녀와 가티 꾸며 (…) 극도로 사회의 풍긔를 문란하게 하는 터"라는 비판을 받았다.[32] "퇴폐적 취미를 접종하는 곳이오, 또 그 제조소인 카페"는 경찰의 골칫거리였다. "웨트레스들의 써뷔스가 점점 더 도수를 넘처 노골적으로 풍기를 어지럽히는 외에, 깊은 밤에도 안면安眠을 방해하는 일이 많음으로 경찰 당국의 날카로운 눈은 카페계로 쏠리여" 툭하면 취체(단속) 지시가 내려졌다. 카페라는 '낭자국娘子國'에 남편들을 빼앗긴 '소시민국小市民國 공주'(아내)들이 한밤중 몽둥이로 '무장'하고 카페로 쳐들어간다는 풍자만화가 나올 정도였다.[33]

당시 유흥업소들은 '싸론 아리랑'처럼 해외에서 웨이트리스를 공수해오는 일도 많았다. 1932년 조선일보 신년호는 '환락가에 군림'하는 카페 특집을 꾸며 "여급들을 오사카와 동경에서 비행기로 실어나르고, 거대한 벌판 같은 규모로 일종 기업적 발전을 보고 있다"고 전했다.[34] 유흥업소들은 일본은 물론이고 러시아, 독일 출신 여종업원까지 고용하기도 했다. 하지만 당시 카페가 조선이나 일본 이외에 다른 나라 여성을 고용하는 일은 금지됐던 것으로 보인다. 1931년 10월에는 당국의 지시를 어기고 독일과 러시아에서 20대 여성을 각각 고용한 두 유흥업소에 과료 10원(약 20만 원)이 부과됐다. 이중 독일 여성을 고용한 업소는 바로 신문에 요란하게 개업 광고를 한 '싸론 아리랑'이었다.

서울 남산의 유흥업소 '싸론 아리랑'의 개업 광고. 도쿄에서 온 '웨트레쓰'들이 '모던하고 첨단적인' 서비스를 한다며 웨이트리스 30여 명 전원이 단체 촬영한 사진을 파격적으로 광고에 내세웠다.(조선일보, 1931. 8. 16)

1930년대에 늘어가는 유흥업소 '카페' 때문에 가정의 부부싸움이 늘어가는 세태를 드러낸 안석영의 만화와 글. "늦게 술 취해 드러오는 남편을 버르는 녀성들은 (…) 33년에는 '매담'병대를 조직하야 몽둥이를 제각기 들고 카페 문전에서 공략을 취할 것이다"라고 썼다.(조선일보, 1933. 1. 15)

신문에 유흥업소 광고가 크게 실린다는 것부터 사실 오늘의 우리에게는 무척 낯설다. 호스티스 수십 명의 사진을 도배한 광고 스타일도 파격적이다. 빼곡한 글자들의 행진 속에 정보만을 나열하던 그 시대의 일반적인 광고 흐름 속에서는 완전히 '튀는' 광고다. 당시에는 화장품이나 비누조차도 이렇게 화려하게 광고하지는 않았다.

1930년대 지면에 가끔 등장하는 경성의 대형 유흥업소 광고들은 카피에서부터 '밤업소'라는 느낌을 감추지 못했다. 문체나 기법 면에서 일반 광고들과 확연히 달랐다.

경성 인사정仁寺町(인사동)의 '빠 하와이'는 1937년 음력 섣달 그믐날과 설날 양일간 휴업하고 내부 수리를 한다는 사실을 알리면서 "임도 보고 뽕도 딸 겸, 남녀 종업원들을 휴양休養시켜주심을 감히 무망함니다"라고 표현했다.[35] '내부를 수리하는 김에 우리도 좀 쉬겠습니다'라는 말을 익살맞게 건넨 것이다. 이 업소는 판촉 이벤트도 자주 벌였다. 1937년 초 수리를 마치고 다시 문을 연 뒤에는 손님들의 건강과 행복을 기원한다며 '축복 데이'라는 행사를 벌여 '청주 1병과 요리 1접시를 정월 2일부터 3일간 무료 증정'한다고 했다.[36] 그해 여름에는 더위를 쫓을 "작란作亂을 한번 하시렵니가"라며, 빠 하와이의 여종업원 중 누가 제일 서비스를 잘하는지 묻는 인기투표를 20일간 벌였다. '다만 차 한 잔이라도 주문하시는 분'에게 투표용지를 줬으며 1, 2등을 맞힌 손님 10명씩을 선정해 선물을 준다고 알렸다.[37] 시대를 약간 앞서간 셈이다.

요정들도 신문에 광고했다. 전남 나주의 '금일관錦一館'은 개업 광고에 술시중 드는 작부 2명과 '가무에 숙달한' 예기藝妓 6명의 명단을 넣었다.[38] 이상의 소설 「실화失花」에도 언급된 성북동 요정 '음벽정飮碧亭'

은 개업 때 업소 사진을 넣어 광고했다. '하루의 피로를 위안시키기 위해 산책 겸 와달라'며 이런 광고문을 넣었다.

> 서울 장안에서 그다지 멀지 안흔 성북동을 말함이니 문명의 잡답雜沓(사람이 많아 복잡함)과 황진黃塵(세상의 번잡한 일)에 시달이는 우리 도회인에게는 유일한 위안지이며 환락경歡樂境이올시다. 금반 소생이 생각한 바가 잇서 좀더 새로운 포부와 여러분의 기대가 비저내인 형식으로 이 가경에다가 요정을 신설(했으니) (…) 하로에 피로를 위안식히기 위하여 산책 겸 래정來亭하시여 유쾌한 하로를 보내시기를 바람니다.

경성 성북동의 요정 '음벽정'의 개업 광고. 업소 경치를 찍은 사진까지 곁들여가며 "하루의 피로를 위안시키기 위해 산책 겸 래정來亭하시여 유쾌한 하로를 보내시기를 바람니다"라고 했다.(조선일보, 1935. 9. 23)

그러나 피로를 풀어주는 곳이라며 광고면에 등장했던 '음벽정' 세 글자는 꼭 1년 뒤 사회면 사건기사에 주민들을 피로하게 만드는 곳으로 등장한다. 성북동 주민 대표들이 "음벽정 생긴 후 고성방가와 소란 때문에 못살겠다"며 경찰서로 몰려가 항의한 사건이 터진 것이다. 주민기구 성북정회城北町會측은 "교통·보건상 영향은 물론, 밤늦게 내왕하는 취객탕자들의 방가난행放歌亂行으로 말미암은 자녀 양육상의 영향이 크다"며 동대문 경찰서에 요정의 영업 허가가 부당하다고 진정했다.[39]

명사들의 발길이 끊이지 않았던 근대 요정의 대명사 '명월관明月館'의 광고들은 의외로 점잖다. 명월관이 광고마다 애용한 표현은 '사회봉사'다. 1928년 초, 업소 증축을 알린 광고에서 명월관은 "제반 설비를 완미完美케 하고 감히 사회봉사의 미성微誠(조그마한 정성)을 실행코저" 한다고 했

근대 요정의 대표격인 명월관이 1931년 연말에 낸 광고. '이 같은 불경기에 사회봉사적으로' 요리 및 주류 가격을 30퍼센트 인하한다고 알렸다.(조선일보 1931. 12. 29)

다.[40] 불황으로 대중들의 지갑이 얇아졌던 1931년 연말 명월관이 요리 및 주류 가격을 30퍼센트 인하하며 내세운 명분도 "이 같흔 불경기에 사회봉사적으로" 취한 결정이라는 것이었다. 점잖다못해 엄숙하기까지 한 요정의 광고문이 보는 이를 웃음짓게 한다. 오늘의 신문에서는 전혀 볼 수 없는 유흥업소 광고들 속에는 일제강점하의 일부 계층이 즐겼던 '밤 문화'의 흔적이 진하게 묻어 있다.

기생의 '개업 인사',
오늘의 변호사 개업 광고와 판박이

기생

1920년대에 술집 광고를 낸 사람은 업소 주인만이 아니다. 기생 개인도 자기 명의로 광고를 냈다. 1925년 가을, 박동정월朴洞庭月이라는 기생이 조선일보에 '개업 인사' 광고를 냈다. 전남 나주의 요정 '금락관錦樂館'에서 새로 '근무'하게 됐음을 알리는 내용이다.

> 본인은 전주 출생으로 일즉 12세부터 전주 권번券番(기생조합)에서 4개 성상星霜 동안 가무歌舞를 학습하다가 부득이한 사정에 의하야 이리裡里의 송백관松柏館에서 수년간 주인의 따뜻한 사랑과 첨위僉位(여러분)의 애호 (…) 우연히 나주 대정정 금락관으로 전거轉居(거처를 옮김)하온바 (…) 고객 첨위는 더욱더욱 만흔 동정同情과 장래까지 애호하여주심을 바람니다.

本人은全州高沙町出生으로일즉
十二歲부터全州券番에서四個星
霜동안歌舞를學習하다가不得已
한事情에依하야裡里榮町松栢館
에서數年間主人의따뜻한사랑과
僉位의愛護하여주심을厚蒙하난
가운데偶然히羅州大正町錦樂館
으로轉居하온바主人의사랑하여
주심은勿論羅州僉位의따뜻한同
情을밧는가운데잇사오니顧客僉
位는더욱더욱만흔同情과將來外
지愛護하여주심을바랍니다

羅州大正町
錦樂館
藝妓 朴洞庭月

1925년 전남 나주의 어느 기생이 신문에 낸 광고. 자신의 이력을 나열한 뒤 이번에 나주의 요정 '금락관'으로 거처를 옮겨 일하게 됐음을 알리며 고객의 '애호'를 바란다고 밝힌 개업 인사 광고이다.(조선일보, 1925. 9. 3)

'본인은'으로 시작해 이력부터 나열한 뒤, 고객들의 '애호'를 부탁하며 끝맺는 게 오늘날 변호사 광고를 비롯한 개인의 개업 광고와 똑같다. 기생들의 광고는 '개업 광고'만 있었던 게 아니다. 1920년 6월에는 경성의 5개 권번연합이 기생들의 화대花代(봉사료)를 변경(정확히 말하면 인상)했다는 광고를 신문 1면에 실었다. 권번연합은 "이번 경성 시내 다섯 권번이 당국의 허가를 얻어 기생들의 시간당 봉사료를 변경하였사오니 내외국 첨위는 이를 양해하시고 전보다 더 저희 업소를 사랑하시고 찾아주심을 엎드려 바랍니다"라고 했다. 이 광고는 기생들이 제공하는 여섯 가지 서비스의 변경된 봉사료를 종류별로 상세히 밝혔다. 요정에 가겠다고 미리 연락해 기생을 예약해두는 '예약화預約花'는 3시간 30분에 4원 50전(약 9만 원), 경성 이외 지역에 기생이 따라가는 '원출화遠出花'는 5시간에 6원 50전, 함께 연극을 보는 '관극화觀劇花'는 1회 5시간 기준으로 6원 60전(13만 2천 원) 등이다.

기생들도 당당한 직업의식…
사회봉사 활동도 펼쳐

화류계 여성들이 신문에 큼직한 광고를 내는 일은 요즘 시각으로 보면 의외다. 하지만 당시 권번에 적을 두고 예술적 기량까지 연마한 기생들, 즉 예기는 웃음을 파는 '유흥업소 종사자'에만 머물지 않았다. 민요와 창唱, 전통무용 등을 제대로 배운 예기들은 예술인이자 '아이돌 스타'였다. 그들은 각종 행사에 도우미로 나섰고, 흥미 위주로 가볍게 추는 레뷰 댄스revue dance의 대중화에도 기여했다. 1920년대 초반, 예술적 기량을 갖춘 이 땅의 기생은 1천여 명. 이들은 권번이 주최하는 정기공연 무대에 서며 우리 전통예술을 이어갔다.

조선일보가 1921년 정월 초승을 맞아 주최한 '독자 위안 척사擲柶(윷놀이) 대회'에는 서울 시내 각 권번의 젊은 기생들이 특별히 초대되어 "아릿다운 곡죠로 지화자 소리"를 했다.[41] 1920년대 초, 전통 연희공연의 주역은 기생들이었으며 국창급 명창들이 오히려 감초 노릇을 했다.[42] 1920년 6월에는 한성漢城·대정大正·경화京和·한남漢南의 네 권번이 서울 단성사에서 최초로 '련합 연주회'를 열어 '실로 관객의 눈을 황홀케' 만들었다.[43] '조선성악연구회'가 1938년 창립 5주년을 맞아 5월 14일부터 서울 시내 동양극장에서 벌인 대대적인 기념공연에는 송만갑宋萬甲, 이동백李東伯, 김창룡金昌龍 등 당대의 명창들과 함께 종로 권번 기생들이 공연했다.

기생들은 빈민 돕기 연주회를 비롯해 봉사활동도 펼쳤다. 수재민 구호작업이나 조선물산장려운동 같은 사회운동에도 적극 참여하며 사회적 행동반경을 넓혀갔다. 1931년 10월에는 경남 진주의 기생들이 열려

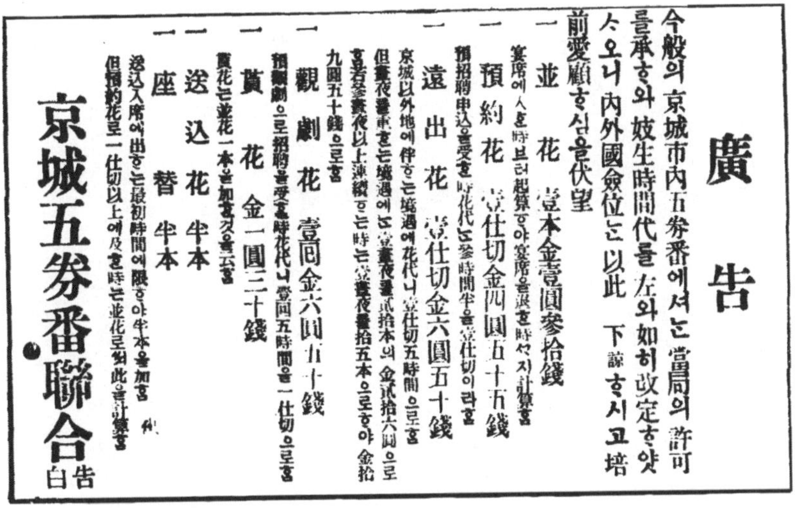
廣告

今般의 京城市內五券番에서는 當局의 許可를承ᄒᆞ와 妓生時間代를 左와如히改定ᄒᆞ얏ᄉᆞ오니 內外國僉位는 以此 下諒ᄒᆞ시고 培前愛顧ᄒᆞ심을伏望

一 並 花 壹本金壹圓參拾錢
宴席에入ᄒᆞᆫ時브터起算ᄒᆞ야宴席을退ᄒᆞᆫ時ᄭᆞ지計算ᄒᆞᆷ

一 預約花 壹仕切金四圓五十五錢
預招聘申込을受ᄒᆞᆫ時花代ᄂᆞᆫ參時間半을壹仕切이라ᄒᆞᆷ

一 遠出花 壹仕切金六圓五十錢
京城以外地에伴ᄒᆞᄂᆞᆫ境遇에花代ᄂᆞᆫ壹仕切五時間으로ᄒᆞᆷ
但晝夜를要ᄒᆞᄂᆞᆫ境遇에ᄂᆞᆫ壹晝夜를貳拾本의 金貳拾六圓으로ᄒᆞ고若參晝夜以上連續ᄒᆞᄂᆞᆫ時ᄂᆞᆫ壹晝夜를拾五本으로ᄒᆞ야 金拾九圓五十錢으로ᄒᆞᆷ

一 觀劇花 壹回金六圓五十錢
預觀劇으로招聘을受ᄒᆞᆫ時花代ᄂᆞᆫ壹回五時間을一仕切으로ᄒᆞᆷ

一 賞 花 金一圓三十錢
賞花ᄂᆞᆫ並花一本을加ᄒᆞᆫ것을云ᄒᆞᆷ

一 送込花 半本

一 座 替 半本
送込入席에出ᄒᆞᄂᆞᆫ最初時間에限ᄒᆞ야半本을加ᄒᆞᆷ
但預約花로一仕切以上에及ᄒᆞᆫ時ᄂᆞᆫ並花로ᄡᅥ此을計算ᄒᆞᆷ

京城五券番聯合 白告

경성의 5개 권번이 기생들의 화대를 올렸음을 알리는 광고를 신문 1면에 실었다. 기생을 예약하고 부르는 '예약화'부터 경성 이외 지역에 기생이 따라가는 '원출화'까지 여섯 가지 서비스의 시간당 화대를 종류별로 자세히 밝혔다.(조선일보, 1920. 6. 10)

던 '만주 동포 돕기 자선연주회'가 일본 경찰의 금지로 무산되기도 했다. 기생들의 노랫가락이 민족을 위안하고 하나로 묶는 데 힘을 실어주는 듯하자 일제가 탄압의 칼을 뽑은 것이다.

일제강점기의 권번 기생들은 당당한 직업인이자 대중들의 천시賤視와 일제의 탄압 속에서도 우리 전통 연희의 명맥을 이어간 전통예술 지킴이였다. 그러기에 신문에도 크게 광고한 것이다. 봉사료를 공개적으로 천명한 기생조합 광고에서는 예기들의 당당한 직업의식이 느껴진다.

"도망간 기생 찾습니다" 사진과 인상착의 넣어 현상수배

도주 기생 수배

1923년 4월 6일자 신문 1면에 현상수배 전단 같은 광고가 떴다. '도주한 기생'을 찾는다는 광고다. 온갖 약 광고들로 넘치는 틈바구니에서 한복 차림의 젊은 여성 사진이 들어간 2단 광고가 유독 눈길을 끈다. 부산의 요릿집 '김해루金海樓'가 낸 이 광고는 사진 속 여성이 '1월 8일 오후 1시경 도주한' 기생이라며, 누가 붙잡거나 알려주면 사례금 50원(오늘의 약 100만 원)을 주겠다고 내걸었다. 기생이 도망간 뒤 3개월 가까이를 이리저리 찾아보다 여의치 않자 신문광고로 '현상수배'한 것이다. 광고문에는 기생의 나이는 21세, 몸은 '중육中肉'(뚱뚱하지도 마르지도 않은 적당한 몸집), 키는 4척 8촌(약 145.5센티미터)이며, 심지어 위쪽 앞니에 금니를 했다는 것까지 상세하게 적었다. 1930년 전남 광주의 요정 '광림관'도 도망간 기생을 찾는다며 상세한

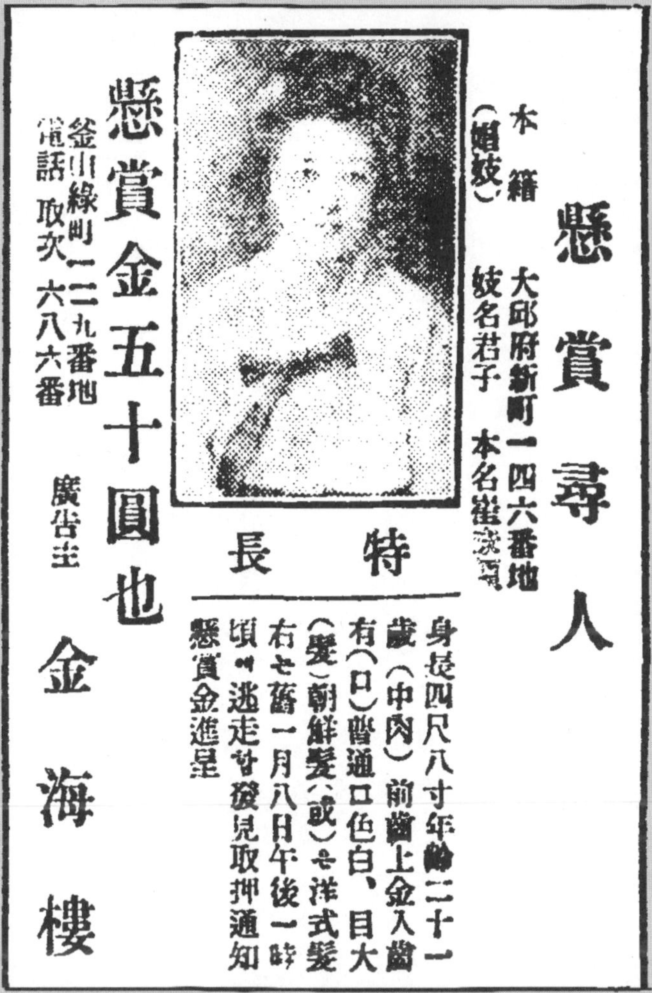

고급 요릿집들이 도주한 기생을 현상수배한다며 신문에 낸 광고들. 모두 신문 1면에 실렸다. 기생의 사진은 물론 나이, 신장, 체격에 금니의 위치까지 상세히 밝혀 경찰의 수배전단 못지않다.(조선일보, 1923. 4. 6, 1940. 2. 5)

신체 특징과 얼굴 사진을 넣어 광고했다. 현상금은 100원(약 200만 원)으로 더 늘었다.

거액의 빚에 묶인 경우가 많았던 기생들이 남자 손님과 눈이 맞거나 포주의 학대를 견디다못해 뛰쳐나가는 일이 종종 있었다. 1921년에는 함경북도 회령의 어느 기생이 빨래하러 간다는 핑계로 사라지자 경찰이 100원(약 200만 원)을 내걸고 '현상수사'를 벌였다.

1926년에는 인천의 기생이 극장에서 영화 해설을 하는 젊은 변사와 눈이 맞아 달아났다가 포주에게 붙잡힌 일이 있었다. 조선일보 사회면 기사는 "불상한 어린 양羊과 가티, 참아 떠러지지 안는 발을 띠워 다시 부자유한 농조籠鳥(새장 속의 새)의 생활을 면치 못하게 되엿다"며 기생의 처지를 안타까워하기도 했다.[44]

1920년대 신문광고를 통해 현상수배된 기생들이 고통을 견디다못해 뛰쳐나간 가련한 이들인지, 빌린 돈을 떼먹은 이들인지 알 길은 없다. 유흥업의 쇠락 속에 고단했던 화류계 인생의 한 단면을 느끼게 할 뿐이다.

"녀배우 하실 분 안 계신가요"
사회적 천시로 지망생 줄어

여배우 모집

'영화 여우女優 지원자 모집!'

1928년 5월 경성 낙원동의 '제3영화제작소'는 여배우 할 사람을 찾는다고 광고했다. 희망자는 이력서에 사진을 첨부하여 제출해달라고 썼다. 오늘의 연예기획사들이 연습생을 뽑아 훈련시켜 가수로 데뷔시키듯, 여배우 지망생을 선발한 뒤 자체 양성하여 영화에 출연시킨다는 것이다.

이 시기는 활동사진 열풍이 막 일어나던 때였다. 나운규의 걸작 〈아리랑〉이 나오고 2년이 지난 뒤였고, 영화 제작이 개시된 지는 10년도 안 됐다. 영화 역사의 초창기에 제 발로 여배우가 되겠다고 찾아오는 사람이 적었는지 영화사가 신문에 광고까지 낸 것이다. 남배우를 찾는다는 광고는 없어도, '녀배우'를 뽑는다는 광고는 자주 눈에 띈다.

1926년 3월 12일자 조선일보에 실린 〈백조회의 녀배우 모집〉 기사는 이렇다. "종로 삼뎡목 구십일 번디에 사무소를 둔 백조회白鳥會에서는 압흐로 녀배우를 상당히 모집할 모양"이라며, 자격은 "여자고등보통학교 졸업생으로 신극의 배우 될 만한 소질이 있는 사람"이라고 했다.

새로 설립된 '중외中外영화사'의 배우 모집을 알린 1931년 기사는 "특히 조선 영화계에서는 녀배우난女俳優難이 곤난 중에 하나임으로 신진 여자배우를 모집한다"고 속사정을 밝혔다. 또다른 신설 '조선영화회사'도 '중등 정도 이상의 학력 소지자로 17세 이상 28세'까지의 여성을 상대로 여배우를 모집했다.

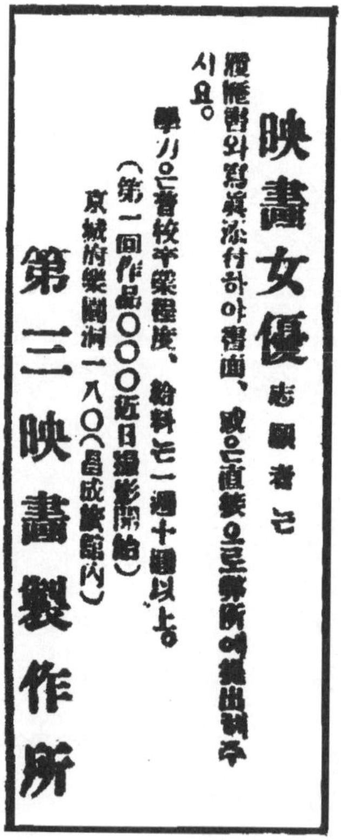

'여배우 지원자를 모집한다'는 한 영화사의 광고. 초창기 영화계에 남배우는 많아도 여배우 찾기가 어려워 이런 광고가 등장했다.(조선일보, 1928. 5. 9)

여배우 지망생 찾기가 왜 어렵게 됐을까. 여배우에 대한 사회적 인식이 썩 좋지 않았기 때문이다. 일단 여자가 집밖을 나와 사회활동을 하는 것 자체가 쉽게 용인되지 않던 시대였다. 더구나 남들 앞에서 얼굴을 드러내놓고 울고 웃으며 연기를 한다는 것은 양갓집 딸들에게 용납되지 않았다.

신문은 "조선에서는 아즉 녀배우라는 데 리해를 가지지 못하야 학생 시대나 처녀 시대에 부정不貞한 행위를 (하여) 가지고 이곳저곳으로 굴러단이다가 할 수 업시 배우가 되엿고, 현재도 또한 그러한 생활을 계속하는 줄로 짐작하는 이가 만타"면서 "다른 나라 가트면 당연히 대접을 바더야 할 녀배우들로써 모두들 불우한 경우에 있는 것은 참으로 깁히 동정할 여디가 잇는 줄 안다"고 했다.[45]

"어디 여자가 연기를 해?" 유부녀 여배우, 남편에게 붙잡히기도

여배우 지원자는 거의 없었지만, 연극단체가 지방 공연을 할 때면 그 무대에 반해 충동적으로 '무단가출'하여 연기자의 세계로 뛰어드는 여성들이 종종 있었다. 하지만 남편이나 집안 어른에게 붙잡혀 집으로 끌려가기 일쑤였다.

1936년에는 연극배우의 꿈을 버리지 못한 13세 소녀가 가출해 극단에서 활동하자, 소녀의 할머니가 극단 대표를 유괴 혐의로 고발했다. 이 할머니는 "하다못해 기생을 식힐지언정 배우는 내가 살아 잇는 동안은 절대로 안 된다"고 언성을 높였다. 신문은 이 사건을 사회면에 대서특필했다.

최로만崔魯萬이라는 여배우도 집을 버리고 연극배우의 길로 나섰다가 경찰에 붙잡혔다. 그녀는 17세의 어린 나이였지만 결혼한 유부녀였다. 대구에 살다가 1936년 반도예술단의 공연을 보고 반한 끝에 예술단을 따라나서 배우가 됐다. 21세의 남편은 경찰에 신고했고 결국 반도예술단이 경성에서 〈망령亡靈〉을 공연하는 도중 경찰이 무대에 올라 여배우 최로만을 붙잡아 남편에게 인도하는 촌극을 벌였다. 당시 기사는 그녀가 "화려한 무대 면을 보고 허영심을 것잡지 못하야" 배우의 길로 나섰다고 썼다.[46] 여자를 은근히 책망하는 투였다. 여배우라는 직업에 대한 구시대의 인식을 보여준다.

옛 영화인들은 예쁜 여성을 찾아 화류계로 눈길을 돌리기도 했다. 하지만 연기력 없는 기생들은 대안이 될 수 없었다.[47] 영화마다 "충분한 자본과 훌륭한 씨내리오가 결정되어도 정작 여배우가 업서서 쩔쩔"맸다. 영화인들은 "불과 다섯 손가락으로 세일 수 잇슬 만치, 여배우는 그 수효에 잇서서나 실력에 잇서서 상상 이상으로 미약하기 짝이 업다"며 "조선 영화는 완전히 여배우 기근 시대에 봉착"했다고 한탄했다.[48] 여배우가 없다는 현실이 신문 편집자들의 뇌리에 박혔는지 1929년 조선일보는 여배우 지망생이 몰리는 독일의 사진을 게재하고 '부럽다'는 느낌이 담긴 설명을 곁들여 보도했다.[49]

영화계의 큰 별 춘사 나운규가 여배우 기근을 한탄하는 육성이 조선일보에 실려 있다. 1937년 신문 좌담에서 나운규는 이렇게 말했다.

> 질적으로나 양으로나 도모지 여배우가 없습니다. (…) 한 여자를 배우로 만들기 위하야 가진 애를 다 써가면서 지도하고 키워노흐면 그만 인기가 오르게 되니 시집을 가버리고 영화에는 발을 끈허버리는구려.(일동 웃음) 도모지 여자란 세파-트보다 더 기르기 곤란해요. (…) 좀 어폐가 잇을지 모르나 (창녀를 장악하고 거느린) 포주抱主처럼 감독을 해야 되겠다고 한 일이 있습니다.[50]

여배우들의 수입이 형편없이 적은 것도 여배우 기근을 부추겼다. 당시 영화 제작 풍토에서는 배우들의 수입 자체가 적었지만, 여배우는 남배우보다 훨씬 적었다. 독자들의 고민을 받아 상담해주는 고정란에 '여배우가 되려면 어떻게 해야 하느냐'고 질문한 17세 여성에게 조선일보 편집자는 이렇게 조언한다. "녀배우는 참 어렵습니다. 첫째 녀배우는 수입이 거의 업습니다. 그리하오니 생활비를 당신이 갓다가 쓰세야겠고, 만일 생활비 쓸 것이 업스면 타락되기 쉬웁습니다. 그리하오니 깊히 생각하야보십시오."[51] 연예기획사마다 배우 지망생들이 줄을 잇는 오늘날과는 달라도 너무 달랐다.

안일만 위하며 나라일을위하야 일을하고잇습니다

수남이는 한아버지 에게글을 배고잇습니다 이다음 이다음조흔사람이되려고 그리하야 나라일을하려고 밤마다밤마다 공부를합니다 멀리서 이산을처다보면조그마한 초. 집이 보이지도안습니다 밤이라야 호미한능찬불이창에빗취어 불빗조차 호미하게보이는이집 ― 흙으로발른침침한 이방속에서 늙은한아버지와 어린수남이와 누렁개모다세식구가 나라를위하야 일을하며나라를위하야 근심하는 것을아는이가누구 이겟습니까?

산아래人동리에서사는수남이의집는 홈상한집이라하고갓금반찬도보내주고 떡도보내 주엇습

◇녀배우의시장

이사진은 독일어느도회디로 모혀드는 영화배우노릇을 지원하는묘령의 녀자들입니다 아츰부터그네들은 야회복을 입고와서 한바탕미인의 커자를버리고 감독의 눈에뛰워 뽑혀가기를 기다리고 잇다고합니다「오오녀배우꺼지 가난이든 조선이여!」하고새삼스러운탄식이 나옵니다

'영화배우 노릇을 지원하는 묘령의 녀자'들이 몰려든 독일 어느 도시의 사진을 보도한 1929년 신문기사. "'오오 녀배우까지 가난이 든 조선이여!' 하고 새삼스러운 탄식이 나옵니다"라고 썼다.(조선일보, 1929. 6. 27)

청춘의 열정과 피를 쏟아 힘있고 아름답게 쓴 연애서간집

연애편지 예문집

백합百合보다 곱고, 석양보다 붉고 뜨거운 애인과의 사랑을 기조基調로 힘잇게 쓰고 아름답게 쓴『진주의 픔』!

현대 신진문사新進文士들이 청춘의 열정과 피를 쏟아 쓴『사랑의 불꽃』!

1923년 화려한 수식어를 총동원해 광고한 이 책들은 연애편지 예문집이다. 좀더 멋진 표현으로 이성의 마음을 얻고 싶은 이들을 위해 잘 쓴 러브레터를 묶어 출판한 일종의 '참고서'다.

멀리 있는 사람과의 첫번째 소통수단이 편지였던 시절, 자유연애의 신천지를 맛보게 된 '모던 보이'와 '모던 걸'들에게 연애편지를 잘 쓰는 건 선택이 아니라 필수였다. 신문에 광고한 실용서의 상당수가 '연애편지 잘 쓰는 책'이었다.

일본 도쿄의 한 출판사가 낸 『열정의 수지手紙』(열정의 편지)라는 책 광고를 보자. "젊은 남녀가 자기 마음에 잇는 생각을 그 애인에게 써 보낼 때 졸렬한 문장으로는 감동을 주지 못한다"며 일 년 열두 달별로 계절 분위기에 맞춰 쓰는 연애편지의 모범 사례를 넣었다.

『20세기 연애 독본』이라는 책 광고는 연애가 제대로 안 풀려 비극적인 일을 당하는 청춘남녀들이 많다면서, 이러한 책의 필요성에 관해 '열변'을 토하고 있다. 신파조의 연극 대사 같다.

> 보라 차此 독본을! 전도前途가 양양한 청춘남녀로 신성한 연애의 길을 찾지 못하야 고민을 맛보며 단장의 비회悲懷를 붓칠 곳 없서 수국水國의 외로운 혼이 되며 성풍腥風(피비린내 풍기는 바람)이 쓸쓸한 단두대 우에 끌는 피를 적신 재자才子 가인佳人이 얼마나 되는가. 작자는 차此를 비통悲痛하고 다년 심心을 경주傾注하야 현란한 필치로 저술하여 연애 지식을 보급코자 한 조선에 초유한 연애 성서聖書이다.[52]

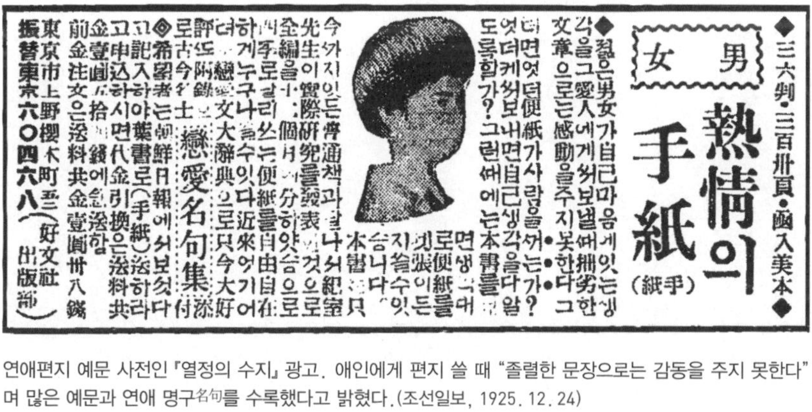

연애편지 예문 사전인 『열정의 수지』 광고. 애인에게 편지 쓸 때 "졸렬한 문장으로는 감동을 주지 못한다"며 많은 예문과 연애 명구名句를 수록했다고 밝혔다.(조선일보, 1925. 12. 24)

당대의 인기 작가인 노자영盧子泳이 참여한 『사랑의 불꽃』은 하루 평균 30~40부 판매라는 기록을 세우며 삽시간에 베스트셀러가 됐다. 출판사는 "초판 2천 부가 불과 50여 일 이내에 매진되야 우리 출판계에 처음 되는 기록을" 이뤘다고 광고했다.

기자 생활을 그만두고 작가로 나선 노자영은 당대 젊은이들의 감성에 다가가는 글을 써 많은 팬들을 거느렸다. 『사랑의 불꽃』 외에도 노자영이 쓴 책들은 학생들의 필독서가 됐다. 1926년 조선일보에 연재된 김을한金乙漢의 〈인생잡기〉는 노자영의 인기가 어느 정도였는지를 이렇게 설명하고 있다.

> 어느 때 나는 경부선 차중에서 한 놀나운 현상을 보게 되엿다. (…) 백여 명이나 되는 학생들이 일제히 버들 빠스켓 속에서 연분홍색의 책을 한 권씩 끄내 들고 읽기를 시작하얏다. (…) 그것은 각각 제명題名은 다를망정 거의 다 노자영군의 작품이엿든 것이다. (…) 시내에 잇는 남녀 학생 중에 옥편은 한 권 업슬망정 노자영군의 작품 한 권식은 거의 다 잇다 하니 이 얼마나 위험한, 조치 못한 징조徵兆이냐.[53]

'여자가 흔들릴 때' '뜨거울 때' 등 상황별 예문 실어

1920년대 연애편지 예문집에는 달콤한 사랑 노래만 실린 게 아니다. 연애가 안 풀릴 때 쓰는 참담하고 쓰디쓴 편지 글의 비중이 의외로 높다. 남녀 사이에 중대한 위기가 닥쳤을 때, 그리하여 마침내 이별할 때 쓸 편지까지도 소개하고 있음을 광고를 통해 알 수 있다.

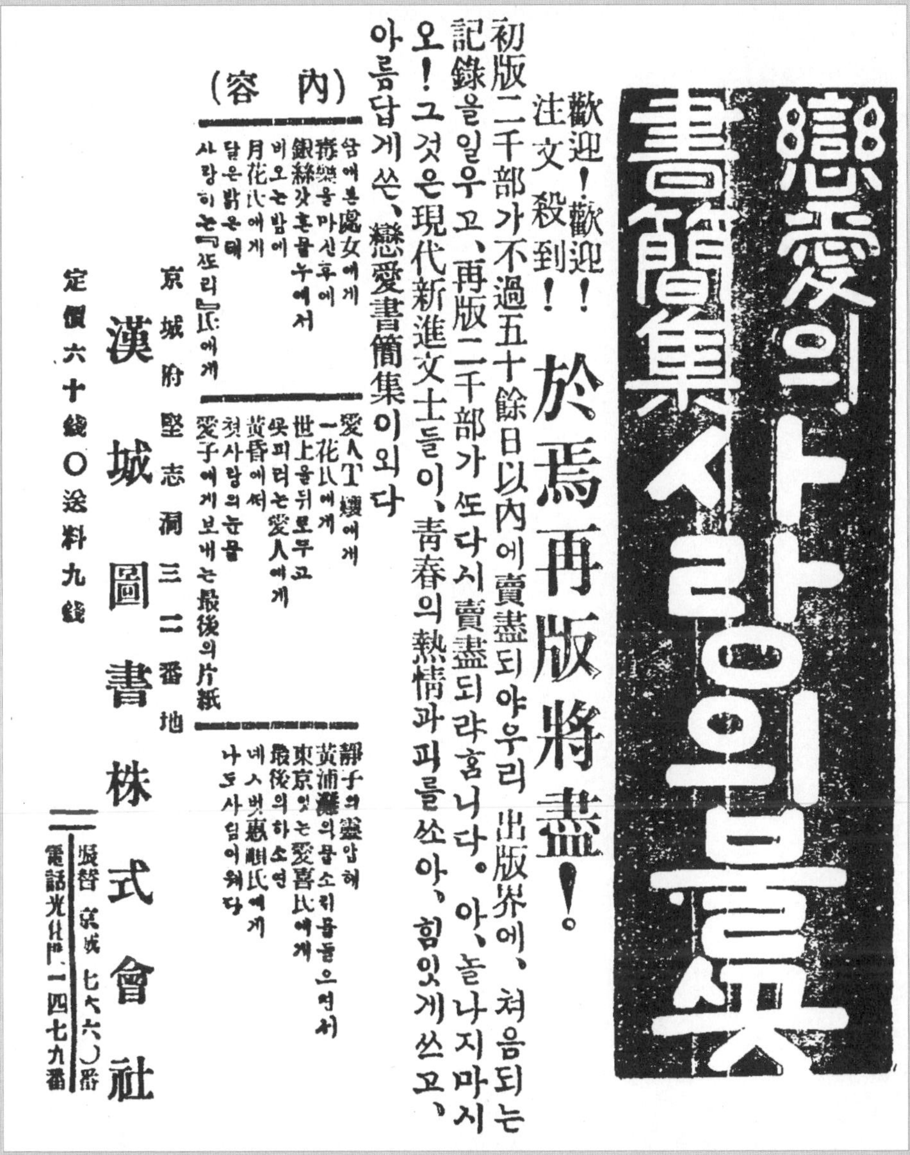

연애편지 예문집『사랑의 불꽃』광고. "현대 신진문사들이 청춘의 열정과 피를 쏘아 힘잇게 쓰고 아름답게 쓴 연애서간집"이라고 했다. 주문 쇄도로 "초판 2천 부가 불과 50여 일 이내에 매진되야 우리 출판계에 쳐음 되는 기록을" 세웠다고 알리고 있다.(조선일보, 1923. 10. 16)

박문서관이 발행한 『진주의 품』에 실린 연서 20통의 제목을 보면 '영원의 애인 월영月影씨에게' '오오 당신이여' 같은 '열정 호소형'이 많지만, 이에 못지않게 사랑이 위기를 맞았을 때의 예문이 절반 가까이인 9통이나 된다. '나를 버린 은조銀鳥씨여'처럼 결별을 통보받은 자가 보내는 편지가 있는가 하면, '울고 십흔 따에셔' '눈물의 줄 우에셔' '죽음의 막幕을 압헤 두고'처럼 참담한 심경을 토로하는 편지도 있다. '최후의 울림' '가는 당신에게' 등의 제목도 보인다.

『사랑의 불꽃』에 실린 연애편지 20통 중에도 처절한 느낌의 제목이 7개나 된다. '독약을 마신 후에' '세상을 뒤로 두고' '애자愛子에게 보내는 최후의 편지' '정자靜子의 영靈 압헤' '최후의 하소연' '나도 사람이외다' 등이다.[54] 전통과 근대가 충돌하던 과도기에 자유연애의 선구자들이 겪었을 고통을 짐작하게 한다. 이 시절 청춘들의 연애 문제를 다룬 잡지 『성애性愛』는 1924년 〈연애는 과연 비극인가〉라는 기획기사로 당시의 세태를 집중 조명하기도 했다.

온갖 어려움을 뚫고 열정을 담아 보냈던 옛 연애편지란 통신수단의 차원을 넘어, 한 사람의 진심을 분명히 밝히는 일종의 문서이자 증서였다. 당시에 연서를 보내는 일은 이성에 대한 중대한 액션이었던 것이다. 그러기에 사랑을 고백하는 편지를 보냈다는 사실 하나만으로 남자가 경찰에 신고되거나, 유부녀에게 연서를 보낸 남자는 유치장 신세를 지기도 했다. 육필로 쓴 연애편지 안에는 오늘의 이메일이나 문자메시지로 하는 '자기야 사랑해♥'식 고백보다 훨씬 더한 엄중함과 천근같은 무게가 있었다.

3부

명랑하다!
오리지나루 팻숀과 발명품

“문명인은 비누로
신체를 정결케 하지만
야만인은 비누를 먹는다”

비누

근대 초기의 사람들은 머리를 하루에 몇 번쯤 감았을까. 오늘날처럼 대부분 하루에 한 번은 감았을까. 적어도 1920년대 이 땅에서는 그렇지 않았다. 당시의 비누 광고가 뜻밖의 사실을 알려준다. 1927년 신문에 실린 일본제 ‘미쓰와 비누’ 광고는 대중들에게 비누로 머리 좀 자주 감으라며 “남자들은 3일에 1회, 부인들은 10일에 1회는 꼭 필요함”이라고 썼다. 머리 감기의 ‘권장 횟수’가 ‘3일에 1회’이니 모두들 얼마나 머리를 안 감았는지 짐작이 간다. 당시의 신문기사는 머리 감기의 실태를 더 구체적으로 전해준다. 1925년 여름철 위생 문제를 다룬 조선일보 기자는 이렇게 개탄했다.

우리 조선 녀자들은 일 년에 한 번이나 두 번쯤밧게는 의례히 (머리를)

'미쓰와 비누'의 광고는 "모발을 세洗함"이라는 카피 아래, 머리 감기의 권장 주기를 제시한다. "위생상으로나 미용상으로나 남자들은 3일에 한 번, 여자들은 10일에 한 번은 (머리 감기가) 꼭 필요"하다고 했다.(조선일보, 1927. 2. 23)

더 감지 안흐려 합니다. 거긔다가 내음새가 고약한 동백기름을 만히 발러서 때가 안고 머리가 겻고 여름에는 쓰고 쉬고 참으로 조치 못한 냄새가 나는 사람이 만히 잇슴니다.[1]

이 신문기사에서 제시한 권장 횟수는 '일주일에 두 번 혹은 한 번씩 머리를 감는 것'이었다. "머리를 매일 감는 것도 또한 조치 못합니다. 비누 가온데 과산화수소라는 것이 잇서 그것이 모질毛質을 많이 상하여 주고 머리 빗(빛)이 묽어집니다"라고 덧붙였다.

목욕 문화가 발달하지 않았던 조선 풍습의 잔재가 그대로 남아 근대적 생활이 시작된 1920년대까지도 이렇게 관성적으로 굴러가고 있었다. 학계의 연구에 따르면 조선인들이 자주 씻지 않았던 건 게을러서가 아니었다. 신체를 함부로 노출하지 말라고 가르친 유교 문화 때문이었다. 구한말의 주일특명전권공사 조병식은 남의 눈이 없는 곳에서조차 몸을 벌거숭이로 노출하는 것은 유도儒道에 어긋나는 일이라고 여겨 일본에 머물 때 실내복을 입고 목욕했다고 한다.[2] 한옥의 구조를 보면 아예 욕탕이 없었다. 목욕 문화가 발달하려야 발달할 수 없었다.

근대가 진행되면서 위생을 위해 자주 씻는 문화도 차츰 보급되기 시작했다. 이 무렵 들어온 신기한 물건이 바로 비누였다. 1920년대에 이 땅에 상륙한 작은 덩어리. 단단하고 은은한 향을 풍기는 비누는 욕실용품을 넘어 위생적인 근대 생활을 상징하는 경이로운 물건이었다. 비누 광고마다 '우리도 좀 깨끗이 씻고 살자'는 점을 강조했다. 1932년 2월 28일자 '화왕花王 비누'의 광고에는 이런 구절이 있다.

> 어머니에게 괴롬만 끼치지 말고 자긔의 할 일은 자긔가 합시다. 손톱 사이에 새까맣케 끼인 것, 입가에 덕적덕적 붓튼 더러운 것들은 여러 가지 병의 원인이요 화왕 비누로 깨끗이 씻으십시다.

초기의 비누 가격은 만만치 않았다. 청일전쟁 직후에는 한 개에 1원(약 2만 원)이었다. 1925년에는 좀 내려가 1개에 25전(약 5천 원)이었지만 요즘보다 훨씬 비쌌다.

화장비누가 나오자 '무엇에 쓰는 물건인가'를 아예 모르는 사람도 많

1932년 '화왕 비누'라는 이름으로 판매하다가 일본식 발음으로 바꾼 '가오 비누'의 광고. "손톱 사이에 새카맣게 끼인 것, 입가에 덕적덕적 붙은 더러운 것들은 여러 가지 병의 원인이니 가오 비누로 깨끗이 씻으십시다"라고 권유하고 있다.(조선일보, 1932. 2. 28)

호시 제약이 내놓은 '호시미 비누'의 광고는 '비누 이야기'라는 카피 아래, 이 비누가 시장에 나온 이유를 여섯 가지로 정리해 소개했다. "문명인은 비누로 신체를 정결케 하지만 야만인은 비누를 먹어버립니다"라는 구절도 있다.(조선일보, 1925. 6. 27)

았다. 어떤 이는 입으로 살짝 물어뜯기도 했다. 일본제 '호시미 비누'가 초기 광고문 속에 "문명인은 비누로 신체를 정결케 하지만은 야만인은 비누를 먹어버림니다"라는 문구를 포함시킨 건 그런 사람들을 겨냥한 것이다.[3]

비누 광고는 1924년 하반기부터 급증한다. 개항 이후에 들어왔다는 비누가 1920년대에 본격적으로 보급된 게 아닌가 여겨진다. 조선일보에 비누를 소개하는 〈부인상식—때와 비누, 얼굴과 비누〉라는 기사가 처음 실린 것도 1925년 1월이다.[4]

'화왕' '가데이' '호시미' 비누 등 네댓 개의 일본제 비누는 1930년대 중반까지 한 달에 몇 차례씩 신문에 대형 광고를 실으며 뜨거운 판촉전을 벌였다. 비누 광고답지 않게 광고문들이 거창했다. 광고를 가장 많이 한 화왕 비누는 육군성, 해군성, 철도성, 동경제국대학 의학부, 일본적십자사 병원 등이 자사 제품을 쓰고 있다며 24개 기관명을 나열했다. 비누들은 약효가 있는 것처럼 광고하기도 했다. 미쓰와 비누는 "미쓰와 비누를 쓴즉 피부도 모발도 부지중不知中에 청쾌淸快하게 미美하게 되오"라고 했다. 화왕 비누는 "순량純良한 화왕花王의 상용은 초복에 우로雨露와 같이 날이 갈수록 피부의 건강을 촉진시키는 무이無二의 양약良藥"이라고 했다.

하지만 초기의 비누들은 품질이 들쭉날쭉했다. 흙이나 불순물이 섞여 있기도 했고 알칼리 성분이 살결을 거칠게 만들기도 했다. 비누를 잘못 골랐다가는 피부에 큰 문제가 생겼다. 유명 비누 광고들마다 "얼골이 거칠지 안는 가데이 비누" "(미쓰와 비누는) 절대로 피부 모발을 거칠게 안 하는 것"이라고 강조한 것도 불량 비누들이 꽤 있었기 때문이다.

신문은 여름마다 '좋은 비누 감별법'에 관한 기사를 다뤘다. "비누를 잘게 베어서 시험관에 넣고 알콜을 부으면 좋은 것은 곧 녹아버려서 투명하게 됩니다마는 좋지 못한 것이 섞인 비누는 투명치 않습니다"[5] 라며 과학실험까지 해보라고 권했다. 심지어 "비누 끝을 칼이나 가위로 조금 닷작닷작 긁어서 혀에다 대볼 때 혀끝이 찌르르하게 몹시 아리면 그것이 곧 알칼리를 가진 증거"여서 좋지 않은 것이라는, 다소 황당한 판별법도 전문가들의 의견으로 제시됐다.

조선일보 지면에 처음 보이는 비누 광고인 일본제 화왕 비누의 광고. 조각달 모양의 얼굴 캐릭터를 꾸준히 집어넣는 등 광고 기법도 세련됐다.(조선일보, 1924. 11. 4)

"두발은 언제나 빤질하게"
기생을 모델로 한 샴푸 광고

샴푸

샴푸도 우리의 예상보다 훨씬 일찍부터 보급되기 시작했다. 한국 대중에게 샴푸가 본격적으로 보급되기 시작한 것은 흔히 1960년대 후반부터라고 알려져 있다. 락희화학(현 LG화학)이 1967년 11월에 개발·출시한 '크림샴푸'가 국산 샴푸의 시대를 본격적으로 열었다.

하지만 샴푸라는 이름의 상품이 팔리기 시작한 것은 이보다 훨씬 앞선 1934년으로 거슬러올라간다. 그해 6월 29일자 조선일보 지면에 큼지막한 샴푸 광고가 보인다. 일본 '가오花王 비누 주식회사'의 '화왕 샴푸'다. 당시 식민지 조선땅에서 발매된 일본제 샴푸는 일본어 발음을 따르지 않고 '화왕 샴푸'라는 이름을 썼다. '마사지하다'라는 뜻의 힌두어에서 유래했다는 '샴푸'라는 제품명은 오늘과 똑같다.

초창기 샴푸 광고에는 '두발 세분洗粉'이라는 문구가 있다. 샴푸가 가루 형태였던 것으로 보인다. 머리를 맹물 대신 비누로만 감아도 신식 유행으로 알던 시대에, 샴푸란 또하나의 최신식 상품이었다. 샴푸 광고들은 요즘처럼 미녀 모델을 내세워 시선을 끌었다. 특히 당대에 인기 있던 기생들이 샴푸 광고에 심심찮게 등장했다. 화왕 샴푸는 1935년에 평양 기생 노은홍盧銀紅을 모델로 기용해 그녀의 비단 같은 머릿결의 비결이 화왕 샴푸라고 광고했다.

1930년대 조선일보 지면을 보면 샴푸 광고는 일본 '가오 사'가 거의 독점하고 있다. 광고의 초기에는 샴푸를 쓰면 모발이 빨리 마른다고 강조하거나 머리카락의 성장을 돕는 제품임을 알리는 등 효능 설명에 치중했다. 그러나 시간이 흐르면서 오늘날의 샴푸 광고처럼 '탐스러운 머릿결'을 강조하는 쪽으로 포인트가 바뀐다. "독특한 영양제가 작용하여 그 결과 윤택을 좋게 하고 성장을 도와줍니다"라거나, "(머리털이) 부드러운 맛이 잇고 윤태潤態가 흐르는 유일한 세발료洗髮料"라고 광고문을 썼

'땀이 많은 여름에는 샴푸를 쓰라'는 '화왕 샴푸' 광고. 모델로 등장한 여성은 평양 기생 노은홍으로 추정된다.(조선일보, 1935. 8. 9)

다. 여성 모델이 찰랑찰랑한 긴 생머리를 흔들어대는 요즘 샴푸 광고와는 달리, 옛 광고는 한복을 입고 쪽진머리를 한 단아한 여성을 모델로 즐겨 쓰며 동양적 아름다움을 부각시켰다. 샴푸 광고의 카피들은 이런 표현들을 썼다.

—빛나는 흑발이야말로 동양 부인의 자랑이다 / 언제나 깨끗하고 염려艶麗하게 (…) 흑발黑髮을 직혀라

—두발은 언제나 뺀질하게! 두발이 생생하고 염려하게 갱생更生된다!

샴푸 광고는 몇 달에 한 개꼴로만 보인다. 비누 광고가 한 달에 몇 번씩 실렸던 것에 비해 훨씬 적다. 비누 회사가 소비자들에게 '10일에 한 번은 꼭 머리를 감으라'고 광고해야 할 만큼 머리들을 자주 감지 않던 시절이었으니 샴푸 판매량이 업자의 기대에 못 미쳤을 수도 있다. 비누도 귀했던 시절, 샴푸로 머리를 감는다는 건 특별히 외모를 가꿔야 했던 기생이나 일부 부유층의 호사였을 것이다.

1934년의 화왕 샴푸 광고는 '모던'한 여성 모델을 등장시켜 (샴푸로 머리를 감으면) 웨이브가 잘된다고 설명한다(맨 왼쪽). 하지만 몇 년 뒤에는 한복 입고 쪽진머리를 한 여성을 그려넣고는 "빛나는 흑발이야말로 동양 부인의 자랑"(가운데), "두발은 언제나 빤질하게!" 등의 카피로 전통미를 사랑하는 보수적 여성층을 겨냥했다.(조선일보, 1934. 6. 29, 1935. 12. 7, 1937. 1. 10)

"향수란 상대자를 흥분식히기 위한 것"

향수

아름다운 당신의 용태容態에 최고의 화정花精 38종이 교巧히 조화되여 잇는 오리지나루 향수의 일적一滴(한 방울) 바르는 거야말로 참으로 아름다운 것과 심心의 만족을 득할 수 있다.

1925년 조선일보 지면에 처음 등장한 향수 광고의 카피다. 상품명은 일본제 '오리지나루 향수'. 특대 사이즈 한 병에 4원(8만 원)이다. 아무리 특대병이지만 향수 한 병 값이 당시의 쌀 4가마 값이나 됐다.

같은 해에는 신문 지면에 향수에 관한 지식을 알려주는 기사도 많아지기 시작한다. 이 무렵에 향수가 본격적으로 보급되기 시작한 것으로 보인다. 향수를 다룬 신문기사는 땀이 많이 나는 한여름에 주로 등장했다. 신문의 가정부인면에서는 물 건너온 서양의 향수를 모던 걸들의 새로운 필수품으로 소개했다. 신문기사들은 향수 사용법을 이렇게 알려줬다.

귀를 위하야 음악이 잇고, 눈을 위하야 미술이 잇다면, 코를 위하야 이것이 잇다 (…) (향수 뿌리기란) 상대자를 흥분식히기 위한 것이며 다른 동물에게서 차저볼 수 업는 사람의 탁월한 권리.[6]

향수는 넘우 코를 찌르도록 발르지를 말고 은은하게 냄새가 나게 뿌려야 고상합니다. 원래 향수는 땀냄새나 살냄새를 감추는 것이 목뎍입니다.[7]

(향수를 바를 때는) 가까이 서면 냄새가 지독하다고 하리만큼 강한 것을 선택하는 것이 훨씬 효과적.[8]

다른 화장품 광고는 한 달에 서너 번씩 보이는데, 향수 광고는 일 년에 손가락으로 꼽을 만큼만 보인다. 워낙 비쌌기 때문인 듯하다. 광고 문구도 "모든 것을 초월하야 고상高尙함"처럼 부유층을 자극하는 표현 일색이다. "향수는 보낸 사람의 마음같이 오래도록 냄새가 난다 하여 선물로 제일 환영을 받는다"며 연말에도 여름에도 선물용으로 권했다.

특이하게도 1920년대의 향수란 거의 여성 전용이었다. 남자용 향수에 관한 언급은 광고에서도 기사에서도 찾기 어렵다. 한 기사는 "남자들은 담배를 피우다보니 후각이 점점 마비되어 향료를 중요시하지 않게 됐다"는 기발한 해석을 했다.[9]

1935년에 이르면 '조선서도 향수를 잘 쓰고 못 쓰는 것이 미인의 한

조선일보 지면에서 처음 눈에 띄는 1925년 일본제 '오리지나루 향수' 광고. '보통 향수보다 30배의 농도'라는 글귀가 보인다. 가격표를 보면 가장 큰 병은 한 병에 4원(약 8만 원)이나 됐다.(조선일보, 1925. 2. 8)

향수가 예나 지금이나 선물용으로 최적의 상품임을 보여주는 광고. '오리지나루 향수'는 한여름이면 중원中元(백중날) 선물용으로 광고했다.(조선일보, 1930. 7. 6)

조건처럼 되어가고' 있었다. '라벤다' '짜스민' 등 서양의 매혹적 향기들은 "마치 월야月夜의 쎄레나데 그것처럼 우리의 심혼心魂을 끗업는 황홀경으로 끌어드리랴 합니다"라는 감탄을 내뱉게 했다.[10]

1930년대 후반 이른바 전시체제로 물자가 부족해지자, 워낙 비쌌던 향수의 값은 더 폭등한다. 이 시기에는 "제일 고급이라고 하는 샤넬의 제오번이 일백삼십 원(약 260만 원) (…) 개랑의 류-라는 불란서 향수가 백 원(약 200만 원), 밋코라는 향수가 팔십 원(약 160만 원)"까지 치솟았다. 그래도 '신식 멋쟁이'들에게 향수란 포기할 수 없는 신천지였다. 조선일보가 여학생의 일기장까지 들여다보며 1920년대 남녀 고등학생의 용돈 씀씀이를 취재한 기사를 보면 "녀학생은 (…) 편지 부치는 비용과 향수갑만은 남학생보다 훨신 만이 든다고 한다"고 했다.[11]

"머리에 바르면 종일 명랑"
첫 남성용 화장품

포마드

화장품이 여성들의 전유물과도 같았던 1936년. 최초의 남성용 화장품 하나가 등장했다. 끈적한 느낌의 머릿기름인 포마드다. 단발령 이후 상투는 잘랐지만 별달리 머리 손질을 하지 않아 상투 시대보다 오히려 지저분했던 남자들에게 헤어스타일을 다듬으라는 권유가 시작된 것이다.

> **광택이 없는 봉발蓬髮이 군君을 우울하게 보이게 함에 반反하야, 이것은 말할 수 없이 명랑明朗을 나타낸다.**

1936년 봄 조선일보에 등장한 일본제 '메누마 포마드'의 광고다. 포마드를 발라 '2 대 8 가르마'를 탄 남자의 모습을 만화처럼 익살맞게 그려넣고는 근대적 헤어스타일을 해보자고 '모던 뽀이'들에게 권유했다. 까치집처럼 헝클어진 머리도 이 기름을 바르면 단정하게 빗을 수 있다는 것이다. 또다른 광고에서 메누마 포마드는 "양호한 포마드는 모발의 영양을 조장助長한다"며 제품의 특징을 "찐득하지 안코 번들번들하지 않고 잘 퍼지고 향기 조코"라고 했다.

광고들이 포마드 바른 스타일을 표현하는 데 즐겨 쓴 단어는 '명랑'이었다. 메누마 포마드 광고의 헤드 카피도 "봄·명랑!"이었고, '금조金鳥 포마드' 역시 "금조로 정발整髮 / 종일 명랑!"이라는 카피를 썼다.

포마드와 이름은 달라도 용도는 같은 '찌꾸'(혹은 직구)도 판매되었다. '단정丹頂 직구' 광고는 머리를 가지런히 빗어넘긴 남녀 사진을 넣고 "저 밋끈한 의장意匠과 깨끈한 감촉感觸은 우리 근대인의 심리에 퍽 잘 맛는 것입니다"라고 했다.

포마드 가격은 가장 큰 포장이 한 개에 1원 20전이었다. 적지 않은 가격이었지만 머릿밑을 짧게 치켜 깎는 서양식 '하이칼라' 헤어스타일을 한 남자들에게 포마드는 필수품이 되어갔다. 일부 대학생들도 머리를 하이칼라로 넘겨 포마드를 바르고 다녔다.

하지만 1937년 중일전쟁을 일으킨 일제가 '비상시국'을 내세워 검소한 생활을 강조하면서 포마드의 운명은 내리막길을 걷는다. 학생들이 하이칼라 머리에 포마드를 바르는 건 시국에 맞지 않는 행위로 규제되기도 했다. 대구의 경우 비상시국을 맞아 강건한 학생의 풍조를 조성하기 위해 학무당국이 각 전문학교 생도들에게 삭발령까지 내렸다. 이에 따라 대구의학전문학교 생도들이 머리를 바짝 깎자 조선일보는 '학창에서 일소一掃된 포마드 냄새'라는 제목으로 사회면에 크게 보도했다.[12]

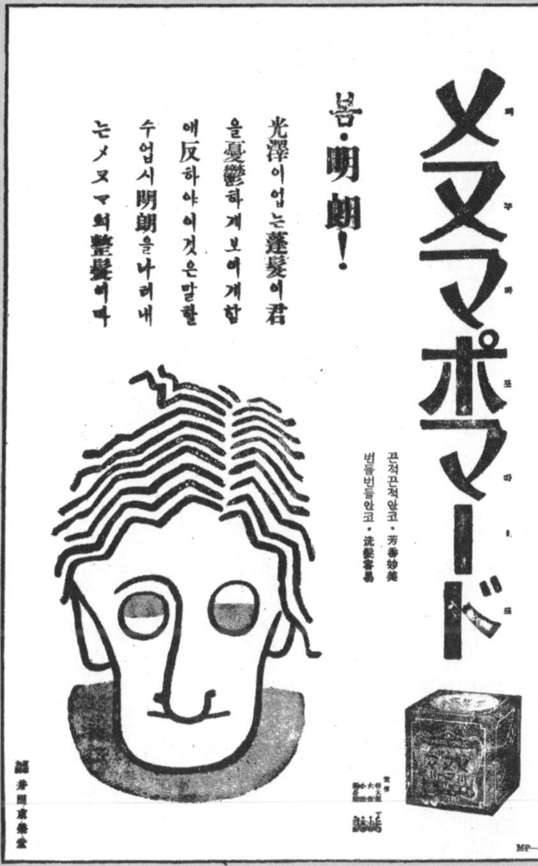

'2 대 8 가르마'를 탄 남자 그림을 넣은 일본제 '메누마 포마드' 광고. 남성용 화장품 광고란 당시로서는 유례없는 일이었다.(조선일보, 1936. 3. 21)

또다른 일본제 포마드인 '금조 포마드' 광고. 포마드를 발라 다듬은 헤어스타일을 '명랑'이라는 단어로 표현한 점이 '메누마 포마드'와 똑같다.(조선일보, 1936. 3. 24)

포마드는 기본적으로 남성용이었지만 제조사들이 초기에는 시장을 확대해보려고 했는지 여성들에게도 발라보라고 손짓했다. 여자 얼굴을 그려넣은 포마드 광고들은 "생기 있는 (…) 미려美麗한 모발"이나 "우미優美한 윤택과 미묘한 향기" 등의 카피로 여성들을 유혹했다. 하지만 긴 머리에 찐득한 포마드를 덕지덕지 바른 모습은 과히 예뻤을 것 같지 않다. 역시 포마드는 남성 화장품으로 굳어져갔고, 광복 후에도 우리나라 '아저씨'들 몸단장의 필수품이 됐다.

포마드를 발라 한껏 힘을 준 일명 엘비스 프레슬리 헤어스타일은 영화 〈그리스Grease〉의 상징이기도 했다. '그리스'라는 단어 자체가 '좀 노는' 남자들이 머리에 찐득하게 바르는 기름을 뜻한다고 한다. 영화 〈바람과 함께 사라지다〉의 조각미남 렛 버틀러(클라크 게이블)의 미모를 더욱 돋보이게 했던 것도 포마드를 발라 빗어넘긴 머리였다. 이 영화가 히트한 이후 소위 '올백' 머리는 전 세계적으로 유행했다. 끈적한 포마드로 힘을 준 머리는 마초적 남성의 상징이었다.

포마드와 비슷한 용도의 끈적한 머릿기름으로 '찌꾸'(혹은 '직구')도 있었다. '단정 직구'의 1936년 광고. 이런 용품을 바른 헤어스타일이 '우리 근대인의 심리에 잘 맞는다'고 표현했다.(조선일보, 1936. 11. 26)

한때 포마드는 헤어젤과 왁스에 밀려나는 듯싶었다. 하지만 포마드를 발라 빗어넘긴 복고풍의 '리젠트Regent' 헤어스타일을 가수 싸이 등이 선보이고 젊은층에서도 유행함에 따라 포마드가 부활하고 있다고 한다. 그것도 중년 아저씨들이 아니라 젊은 남성들 사이에서 유행이라고 한다. 거리에서도 포마드를 발라 머리를 올백으로 빗어넘긴 청년들이 꽤 눈에 띈다. 리젠트 스타일은 복고풍 수트와 함께 클래식한 젠틀맨의 상징이 되었다. 1930년대의 올백 스타일이 싸이의 머리 위에서 다시 번들거리고 젊은이들의 머리에서 명랑하게 빛난다. '명랑'한 옛 스타일의 힘이 만만치 않은 듯하다.

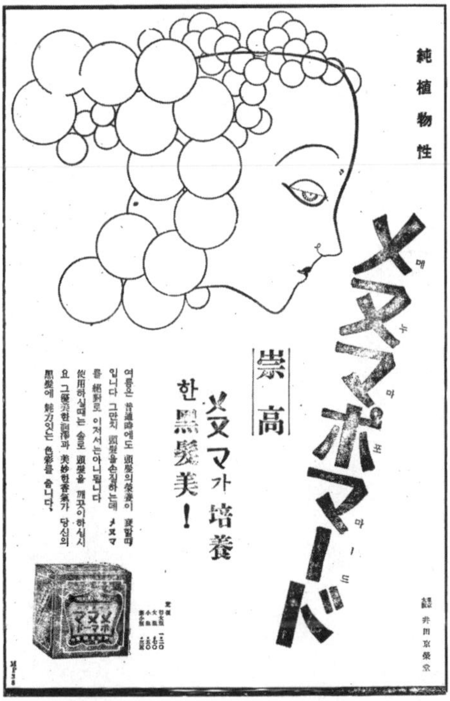

포마드는 기본적으로 남성용이었지만 제조사들은 시장을 좀 늘려볼 생각이었는지 여성들에게도 손짓했다. 여자 얼굴을 그려넣은 이 '메누마 포마드' 광고는 "우미優美한 윤택과 미묘한 향기" "당신의 흑발黑髮에 매력 있는 색채" 등의 카피로 여성들을 유혹했다.(조선일보, 1936. 6. 5)

"중고라도 좋다" 모던 뽀이와 인텔리의 트레이드마크

중고 양복

"중고 양복류 대안매大安賣(싸게 팝니다)!"

1935년 여름, 신문에 대문짝만하게 난 이 광고를 오늘의 상식으로는 선뜻 이해하기 어렵다. 다른 사람이 착용했던 양복과 조끼, 구두 등을 싼값에 판다는 것이다. 중고품들의 사진도 곁들였다. 중고지만 그래도 미국 제품들이라고 강조했다. 광고에는 성조기까지 그려넣었다.

헌 양복은 요즘 같으면 의류수거함에 던져넣을 '재활용품'일 수 있지만, 1930년대에는 어엿한 상품이었다. 가격도 만만치 않아 미국제 중고인 순모 양복 상의가 2원 50전(약 5만 원), 바지는 2원 30전(약 4만 6천 원), 조끼는 6원 50전(약 13만 원)이었다. 판매업자는 신문광고 효과가 괜찮았는지 같은 해 11월 24일 찬바람이 불자 중고 겨울옷들을 판다고 조선일보에 또 광고를 냈다. 중고 순모 코트와 망토가 각각 한 벌에 4원

50전(약 9만 원)씩이다. 광고를 낸 일본 나고야의 마쓰야마松山 합명회사는 "엽서로 주문하시면 한 벌이라도 소포로 보내드린다"고 했다.

중고품 양복이 일간지에 광고까지 하며 만만찮은 가격에 판매된 까닭은 무엇일까. 그 시절 양복이란 '모던'하게 살아가는 상류층을 상징하는 대단한 귀중품이었기 때문이다. '모던 뽀이'나 관리官吏, 인텔리의 트레이드마크였다.

양복값이 무척 비쌌으니 중고품이 인기를 누릴 수밖에 없었다. 1935년 화신 백화점의 광고를 보면 맞춤양복이 한 벌에 50원(약 100만 원)이다. 웬만한 고급 양복 한 벌 값은 오늘의 물가로 수백만 원씩 하는 게 예사였다. 당시 월급쟁이의 두세 달치 봉급을 털어넣어야 장만할 수 있는 고가품이었다.

1920~1930년대 신문에 숱하게 보도된 '양복 절도' 기사를 보면 그 시절 양복이 얼마나 귀한 물건이었는지를 실감할 수 있다. 오늘의 절도범들이 명품백이나 귀금속을 훔치듯, 그 시절 도둑들의 주요 목표는 양복이었다. 사무실에 벗어놓은 양복을 훔쳐가는 일도 잦았지만, 양복점도 강도들의 주요 타깃이 됐다. 양복도 빼앗고 돈도 빼앗았다. 값비싼 물건을 파는 곳이어서 현금이 많았기에 마치 금은방을 털듯 양복점을 습격했던 것이다. '양복 도둑'은 그 시절 사회면 사건기사의 단골 소재였다. 양복 도둑이 잡히면 압수된 장물로 '경찰서가 일시 양복점'이 될 정도였다.[13]

양복을 입어야만 그럴듯한 사람으로 행세할 수 있었지만, 사 입기에는 부담이 너무 크니 중요한 모임에 갈 때는 양복을 빌려 입는 일도 흔했다. 학생들까지 무리해서 너무 비싼 양복을 입다보니 "취직도 못한 졸업생의 양복 대금이 백 원, 옷에만 돈 들이고 주머니는 빈탕"이 되어 버리는 일도 있었다. 신문은 이런 세태를 '못된 유행'이라 꼬집었다.[14]

이런 상황에서 신문에 중고 양복 광고까지 등장한 것이다. 조선일보에 삽화와 함께 재치 있는 글을 연재한 안석영은 〈만문만화漫文漫畵〉의 '만추풍경—고물상 양복' 편에서 양복에 목맨 세태를 이렇게 묘사했다.

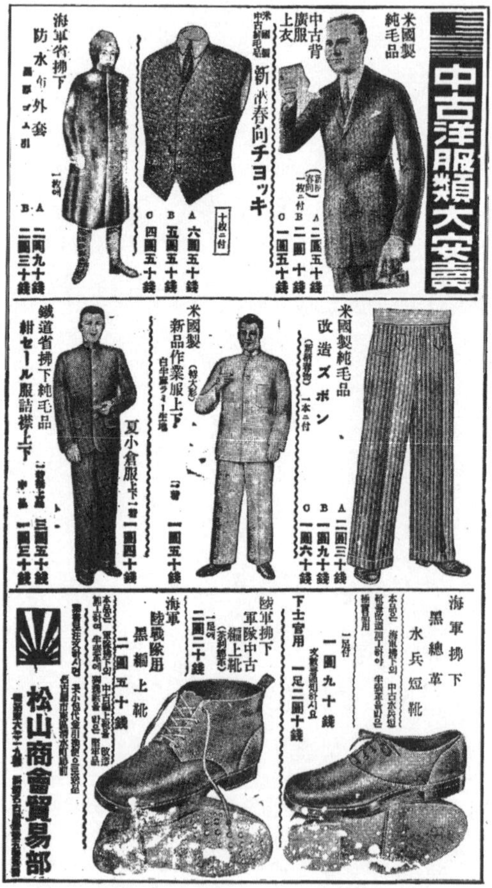

다른 사람이 입었던 중고 양복 등을 싸게 판다는 광고. 일부 물건에는 '미국제'라는 글자를 넣었다. 오른쪽 위에 성조기를 그려넣은 것도 미국제 양복임을 강조하기 위한 것으로 보인다.(조선일보, 1935. 7. 5)

'머리는 경기구輕氣球같이 높흔 곳으로 뜨지만, 현실은 몸둥이를 땅으로 잡아끄는' 세상에서 돈 없는 인텔리들은 헌 양복이라도 구해 입으려고 고물상을 기웃거렸다. 중고 양복이라도 사려면 손에 돈 5원(약 10만 원)은 쥐고 가야 했다.

'인테리는 배는 곱하도 양복은 깨끗이, 빗깔, 스타일은 현대적이어야' 한다고 생각해 '돈 십 원, 오 원 한 장을 들고 고물상으로 고물상으로, 그 어느 놈 그 어느 병자가 입고 다니든 것인지도 모를 양복을 만지작'[15]

양복뿐 아니라 중고 재봉틀도 신문에 광고했다. 1934년 경성 낙원동의 어느 상점은 최고급 재봉틀인 '씽거Singer' 미싱 중고품을 판다고 광고했다. 발판을 밟아 돌리는 족답형足踏型이 110원(약 220만 원), 손으로 돌리는 수회형手廻型이 85원(약 170만 원)이나 됐다.[16] '특별 염가'라는 중고 재봉틀 값이 이 정도니, 신품 '씽거' 미싱이 얼마나 비싼 물건이었는지 짐작할 수 있다.

중고마저 인기였던 양복과 재봉틀에는 두 가지 공통점이 있었다. 값이 비싸다는 것, 그리고 이 땅에 밀려온 근대 서양문화를 대표하는 물건이라는 점이었다. 당시 이러한 서양 물건들의 가치란 요즘으로 치면 명품 핸드백쯤 된다고 봐야 한다. 오늘날 여러 중고품 중에서도 중고 명품백은 적지 않은 가격에 거래되는 것처럼 당시에는 중고 양복이 그러했다. 중고품을 사서라도 미제 양복과 씽거 미싱을 가져보려던 1930년대 사람들의 모습은 중고로라도 명품을 가져보려는 오늘 우리들의 모습을 빼닮았다.

갓 쓰고 양복 입은 '절충 팻숀'… 전통과 모던의 크로스오버

갓 쓰고 양복

어울리지 않는 일을 표현할 때 '갓 쓰고 양복 입는다'고 하는데, 1934년 신문광고에는 진짜로 갓 쓰고 양복 코트 입은 모습이 등장했다. 한 손에 장죽長竹(담뱃대)까지 든 그림 속 남성이 입고 광고하는 건 검정 모직코트인데 보면 볼수록 디자인이 특이하다. 깃은 분명히 양복 깃이지만 소매는 도포처럼 넓다. 아래로 갈수록 펑퍼짐하게 벌어지는 옷자락도 영락없는 한복 두루마기 모양이다.

아니나다를까, 일본 나고야의 양복점 '이토샤伊藤社'가 낸 이 광고는 "조선용朝鮮用으로 특별히 만든 오버코트"라고 선전하고 있다. "본품本品은 고급 조선복朝鮮服(한복)을 꾸며주는 옷으로서 소매 길이와 가슴둘레를 특별히 크게 디자인해 호평을 받고 있다"고 밝히고 있다. 서양식 모직코트지만 한복에 어울리도록 두루마기 모양을 일부 차용했다는 것

'조선용으로 특별히 제작했다'는 오버코트 광고. 코트 깃은 양복 스타일인데 소맷자락은 도포처럼 넓게 지은 '동·서양 절충식' 의상이다. 그림 속 아저씨는 코트를 입었지만 갓 쓰고 장죽까지 들었으며 코트 안에는 한복 바지를 입었다.(조선일보, 1934. 12. 11)

이다.

그러고 보니 그림 속 남성은 코트 속에 한복 바지를 입고 있다. 신고 있는 신발도 고무신이다. 요즘 말로 하면 한복과 양복의 '크로스오버'가 1934년에 일찌감치 시도된 것이다. 의식주의 모든 부문에 근대의 물결이 밀려오면서 전통과 신문화가 충돌하고 화합하며 소용돌이치던 과도기의 단면을 잘 보여주는 광고다.

그 시기에 서양 문물은 날것 그대로 소화되기도 했지만, 수백 년 이어온 조선 풍습을 하루아침에 놓을 수 없던 1920~1930년대의 사람들은 한·양식韓·洋式 절충의 디자인들을 만들어냈다. 오늘날까지도 이어진 우리나라 고무신의 디자인부터가 대표적인 한·양식 절충의 산물이다. 고무신의 최초 형태인 일본제 신발 '고무구쓰'는 본래 단화 모양이었으나, 조선땅에 들어오면서 여자용은 '당혜唐鞋'(조선시대 부인들이 신던 가죽신)를, 남자용은 '초혜草鞋'(짚신)를 변형한 모습으로 생산돼 지금까지 이어지는 것이다. 고무신이 등장한 초기의 '고무편리화 신발매' 광고를 보면 그때의 조선식 고무신이 오늘날의 고무신과 똑같은 형태라는 것을 알 수 있다.[17]

물론 이 같은 동서양 절충과 혼용에 대해 당대의 시선이 썩 곱지만은 않았다. 한 잡지는 갓 쓰고 자전거 타는 아저씨, 두루마기 입고 구두 신은 노인, 한복 치마에 하이힐 신은 아가씨 등의 삽화를 그려놓고는 '과도기過渡期, 망둥기, 꼴불견 대회'라고 제목을 붙여 꼬집었다.[18] '잉어가 뛰니 망둥이도 뛴다'는 속담에 빗대어 동서양 물건을 무분별하게 혼용하는 풍조를 비판한 것이다. 기발한 발상의 '두루마기형 코트'는 이런 비판 속에 한때의 웃음거리로 지나가고 말았다.

신기하고도 무서운 '쇠당나귀'

자동차

근대 과학문명의 산물들이 이 땅에 속속 상륙하던 1920년대에 자동차만큼 경이로운 물건도 드물었을 것이다. 얼마나 신기했으면 어떤 사람은 거리에 멈춰 있는 자동차를 향해 호기심 가득한 눈빛으로 다가가 막대기로 차체를 찔러보거나 돌멩이를 던지기도 했으랴. 부산의 50세 남자는 자동차를 무슨 동물처럼 여겼는지 "이까짓 자동차 무엇이 두려우냐. 내가 씨름을 해보겠다"며 달리는 차에 뛰어들었다가 중상을 입는 어처구니없는 일도 있었다.[19]

자동차 문화의 첫 페이지가 열리면서 자동차 광고의 역사도 시작된다. 자동차란 물건이 현대적이어서 그런지 1920년대 빛바랜 신문광고들 중에서도 자동차 광고가 가장 모던하다. 디자인에서부터 카피까지 전혀 옛날의 광고로 보이지 않는다.

신문에 자동차 판매 광고가 등장한 건 1926년쯤부터다. 포드 자동차가 그해 8월 18일자부터 광고를 시작했다. 광고주는 일본포드자동차주식회사. 판촉하는 모델은 그 유명한 '포드 모델 T', 그중에서도 '포드 T 투어링Touring'이다. 천으로 된 지붕을 덮었다 열었다 할 수 있는 모델이다. 광고문 일부를 오늘의 표현으로 옮기면 이렇다.

> 진실로 완전한 자동차.
>
> 개량 포드 덮개형 자동차는 진실로 완전하고 부족함이 없는 승용차이올시다.
>
> 주행은 유쾌하게 안전하게 되고도 비용은 들지 않는 것은 세계적으로 인정을 받고 있습니다.

이 광고에서 단연 눈길을 끄는 건 곁들인 일러스트다. 남대문을 배경으로 맵시를 뽐내듯 떡 버티고 서 있는 포드 클래식카의 그림이 실렸다. 한 공간에 놓인 고색창연한 조선 건축과 '최첨단' 기계의 이미지는 언뜻 대조적인 듯하면서도 클래시컬한 곡선미를 지녔다는 공통점도 있어 보인다. 포드는 광고에서 '우량차를 염가로 제공'한다고 밝혔는데, 차 가격은 1800원이다. 오늘의 물가로 치면 약 3600만 원. 이게 염가인지 고개가 갸우뚱해진다.

이듬해 1월에는 '포드 T 세단형 승용차' 광고가 보인다. 이 모델의 가격은 더 비싸서 한 대에 2670원(오늘의 약 5300만 원)이었다. 광고는 "자동차계界의 경이驚異"라는 헤드라인 아래, 근대 문화를 호흡하는 현대인이라면 이 차를 타야 한다면서 부유층과 모던 뽀이들을 직접 겨냥

1926~1927년에 시작된 포드 자동차 광고에는 경성 시내의 특징 있는 풍경들을 배경으로 포드 자동차가 서 있는 모습을 담아낸 솜씨 있는 일러스트가 곁들여졌다. 특히 가장 먼저 보이는 자동차 광고인 '포드 T 투어링' 광고(왼쪽 위)는 숭례문의 전통미와 클래식카의 곡선미를 잘 조화시키고 있다.(조선일보, 1926. 8. 18, 1927. 1. 12, 1927. 2. 10, 1927. 4. 13)

하고 있다.[20]

구한말 왕실에 자동차가 처음 들어왔고 1912년에는 경성에 '탁시'(택시)도 등장했다는데 자동차 광고는 왜 1926년에야 보일까. 일제강점기의 조선땅에서는 1920년대 초반까지도 자동차 보급이 '걸음마' 수준이었기 때문이다. 1920년 5월 경성의 자동차 수는 겨우 57대밖에 안 됐다. 1920년대 중후반쯤 되어서야 택시와 화물차가 늘어났고 일부 부유층의 구매도 이어져 거리에 굴러다니는 자동차는 자꾸 늘어갔다. 그제야 자동차 회사들이 대중매체 광고를 개시하며 시장을 늘려보려고 나선 것이다.

1927년 상반기에도 경성의 민간용 자동차 숫자는 총 128대에 불과했다. 1933년 11월 30일자 조선일보는 미국 시카고의 대형 주차장에 수백 대의 차량이 세워진 사진을 신기한 풍경으로 보도하면서 "자동차 열 대만 줄지어 지나가도 조선에서는 구경거리가 된다"고 썼다. 당시의 자동차는 극소수 최상류층만이 소유할 수 있는 호화 물품이었다.

대중용이 아니었기에 옛 자동차 광고의 내용과 스타일도 오늘날과 다르다. 요즘에는 '큰 남자의 여유'니 '자동차는 집이다'처럼 개인을 겨냥해 구매욕과 소유욕을 자극하는 카피를 쓰는데, 옛 광고문에는 그런 표현이 거의 없다. 시종일관 차의 성능과 경제성을 자랑하기 바빴다. 자동차는 도대체 어떤 도움을 주는 물건인지, 얼마나 튼튼하고 잘 굴러가는지를 열심히 설명했다. 초창기에는 자동차 중 상당수가 택시 영업이나 화물 운송 등을 위한 '사업용 장비'였기 때문일 것이다.

포드 T 세단 광고는 "우미優美하고 고상한 개량 '포-드 쎄단'형처럼 근래 자동차계의 흥미를 환기喚起한 것은 업습니다"라며 출입문과 실내

등의 편의성을 설명하고 "경제가 되는 것은 지금 새삼스럽게 말삼할 필요가 업습니다"라고 했다. 어느 광고는 "승객으로서도 다른 탁시와 다른 이쪽 차를 타겠다고 먼처 마음이 가게 될 것"이라며 택시 운송업자들을 특별히 겨냥했다.[21] 화물차 광고는 "시時와 금전을 절약하는 포드 화물차"처럼 경제적 측면을 내세우거나 "강한, 염廉한(값싼), 속速한(빠른)"이라며 성능을 묘사한 3개의 형용사를 굵은 글자로 넣어 인상적인 카피를 빚기도 했다.

자동차 광고의 성능 자랑은 점점 구체적으로 바뀌었다. 막연히 '강하다' '빠르다'고 표현하는 대신, 어떤 고급 부품을 썼는지를 제시한 것이다. 1928년 9월의 포드차 광고들은 충돌시 안전한 방탄유리를 채택했다며 안전성을 강조하고, 수압식 '진동말소기'와 스프링의 우수함을 내세워 "탈 맛 조흔 신포드"라며 승차감을 자랑했다. 1931년에 포드는 신차의 여러 기능적 특징을 5장의 세부 그림으로 보여주는 광고를 내놨다. '앞유리창을 열 수 있다' '뒷유리가 상하 자유자재로 움직일 수 있다'는 등의 상세한 설명은 오늘날 자동차 광고의 스타일과 크게 다르지 않다.

뒤이어 광고를 시작한 일본 제너럴모터스도 포드에 비해 우월한 사양들을 내세웠다. 1935년에는 새롭게 설치한 자동차 환기창을 "타사에서 흉내도 못 내는 전매특허"라고 대대적으로 광고했다. "신선한 공기를 실내에 유입시켜 그 상쾌미는 천하일품"이라며 그림까지 3장이나 곁들였다.[22] 또 "안심하고 탈 수 잇는 시보레 / 튼튼한 보데body는 어떤 경우에도 절대 안전"이라며 차체의 성능을 가장 강조했다.

초기 자동차 광고에서 재미있는 건 차량에 '첨부'하는 사양, 요즘 말

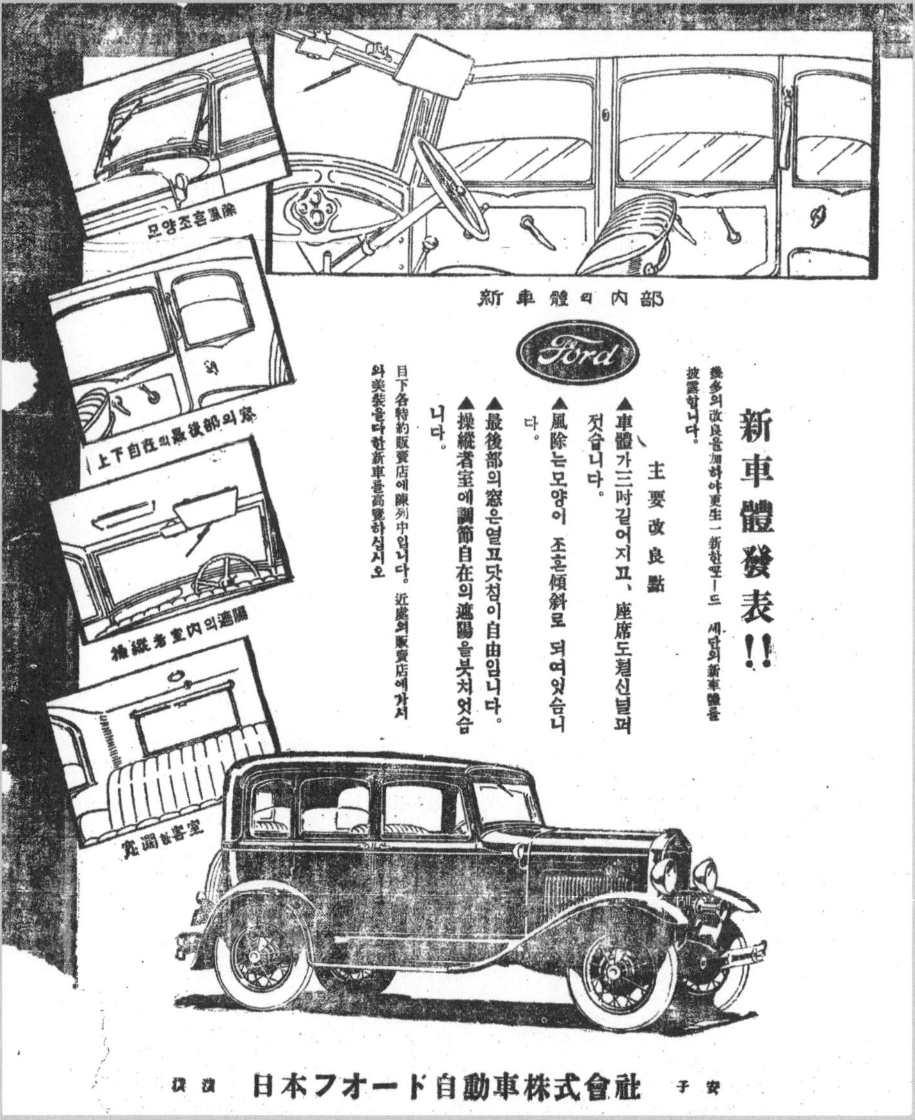

포드 광고는 신형 모델의 우수성을 설명하기 위해 '모양 좋은 앞유리창' '아래 위로 올렸다 내렸다 할 수 있는 후방 유리창' '운전석에 설치된 햇빛 가리개' '안락한 객실' 등 개선된 차량 내외부 모습을 구체적으로 보여주는 5개의 그림까지 넣었다.(조선일보, 1931. 9. 1)

로 옵션에 대한 설명이다. 1927년 포드 차의 광고들은 '셀프 스타-터 및 빵눈 타이야 첨부'를 강조하고 있다. '셀프 스타터'는 시동을 거는 스타팅 모터이며 '빵눈 타이야'는 낮은 압력으로 튜브에 공기를 주입한 벌룬 타이어balloon tire다. 요즘 차들에서는 기본 중의 기본인 사양이다. 낑낑거리며 크랭크를 손으로 돌려 자동차 시동을 걸고, 딱딱한 고무덩어리 타이어로 달리는 차들이 있었던 시대였기에 이런 사양들이 자랑할 만한 '최신 옵션'이 된 것이다.

1937년 포드에 맞선 일본 제너럴모터스의 '시보레' 광고는 택시 시장을 겨냥했다. "전 가족이 함께 택시를 탈 때에는 꼭 안전한 시보레를 불러주십시오"라는 카피가 눈에 띈다. (조선일보, 1937. 8. 14)

자동차 회사들은 차를 더 많이 팔기 위해 온갖 노력을 다했다. 포드 자동차는 1927년 5월 경성 시내에서 일주일간 매일 자동차 홍보 이벤트를 열었다. 광고에 따르면 포드는 5월 28일 내청각來青閣에서 포드 차를 알리는 '활동사진 대회'를 여는 것으로 홍보 이벤트의 막을 올렸다. 요즘의 CF처럼 동영상으로 자동차를 알리는 선전영화를 상영한 것이다.

또 5월 28일부터 일주일간 '포드 전람 주간' 행사를 열어 태평통(현 태평로)의 테일러 상회 등 경성 시내 5곳에 "각종 미려美麗한 포-드 차를 진열하고 제위諸位의 래관來觀을 고대합니다"라고 광고했다. 그뿐만 아니라 같은 날 경성 죽첨정竹添町(충정로)을 출발해 태평통~경성부청京城府廳(서울시청)~황금정黃金町(을지로)~동대문~남대문~경성역(서울역)을 거쳐 죽첨정으로 돌아오는 코스로 25킬로미터를 행진하는 포드 차 선전 행렬도 선보였다. 포드는 이 같은 선전행렬 행사가 지나는 코스의 지도까지 광고에 넣어 알렸다.[23]

1920년대 자동차 제한속도는 시속 13km…
위반자 명단 신문 공개
'기생 동반 드라이브' 늘자
경찰 "쓸데업시 차 타는 악취미" 단속

이 땅에 들어온 자동차가 편리하고 행복한 신세계만 열어준 것은 아니다. 경성 시내 전체에 자동차가 겨우 몇백 대밖에 안 되던 시절부터 자동차가 유발하는 사회적 골칫거리들이 슬슬 고개를 들기 시작했다. 무엇보다도 과속으로 인한 교통사고가 문제였다.

질주하는 자동차가 행인들에게 두려움의 대상이 된 것은 1920년 무렵부터다. 자동차란 이를 소유한 고관과 부자들에게는 편리한 문명의 이기였지만, 민중에게는 신기하면서도 무서운 '쇠당나귀'였다. 행인들이 겁냈기 때문인지 초창기엔 자동차를 아주 천천히 달리도록 엄격히 제한했다. 그때의 제한속도는 오늘날의 잣대로 보면 웃음이 나올 만큼 아주 느렸다. 당시 보도에 따르면 1920년대 초반 경성 시내의 자동차 제한속도는 시속 8마일(약 13킬로미터)에 불과했다. 이 정도면 거의 사람이 뜀박질하는 속도와 다를 게 없다. 제한속도는 1930년대 초반엔 시속 20마일(32킬로미터), 1934년부터는 25마일(40킬로미터)로 늘어난다. 그래도 오늘날에 비하면 거의 엉금엉금 기어가는 수준이다.

그런데도 제한속도를 어기는 차가 늘고 사람이 차량에 다치는 일도 잦아지자 당시 경찰은 해마다 과속 단속을 강화했다. 1929년 9월 12일부터 '조선박람회'가 개막돼 경성 시내 교통사고가 급증하자 경

1920년대 택시 회사 차고의 모습. 간판에 '유람遊覽 대자동차貸自動車'라고 적혀 있다. '돌아다니며 구경하실 분들을 위해 운전사와 자동차를 제공해드린다'는 뜻이다.

찰들이 암행 단속을 벌여 20명의 운전사에게 일주일 안팎의 취업 정지를 시키기도 했다. 창경원(오늘의 창경궁)·장충단공원 등을 관할하는 동대문경찰서는 교통사고가 급증하는 4,5월 행락철이면 '봄맞이' 과속 단속을 벌이느라 바빴다.

심지어 그 시절에는 과속운전을 한 운전사들의 명단을 신문에 공개하기까지 했다. 1928년 12월 3일자 조선일보 사회면에 '범법자' 10명의 명단이 주르륵 실렸다. 죄목은 '자동차 과속운전'이었다. 기사는 "지난 이십팔일 밤에 시내 각 서에서 련합으로 통행하는 자동차의 속력 취테(취체·단속)를 행한바 다음과 가튼 열 명이 뎡규의 속력 이상을 행하야 각각 이십 일식의 뎡지 처분이 잇섯다더라"면서 명단을 실었다. 마치 중범죄자처럼 이름 석 자를 신문에 실을 만큼 자동차 역사 초창기에 과속운전은 큰 공포의 대상이었던 것이다.

속도위반 단속 기사를 보면 한 가지 궁금증이 든다. 스피드 건 같은 장비가 없던 시절, 어떻게 과속 차량을 잡았을까. 당시의 단속 기사 하나가 의문을 풀어준다. 옛 단속장비는 다름 아닌 스톱워치였다. '어떠한 처소로부터 어떠한 처소까지 임의 거리를 칭량'해놓은 뒤, 그 구간을 표준시간보다 짧은 시간에 통과한 차를 단속했던 것이다.[24] 이는 바로 요즘 우리도 도입한 '구간 단속'이다. 구간 단속은 카메라 앞에서만 브레이크를 급히 밟는 '반짝 감속'을 막기 위해 도입한 최신 단속법인 줄 알았는데 이미 1920년대 초반 이 땅에 등장했던 셈이다.

자동차라는 물건이 일으킨 골칫거리 중의 또하나는 부유층들의 호사스러운 드라이브, 그것도 기생까지 동반하는 '향락적 드라이브'였다. 더 자극적으로 놀고 싶은 일부 부유층 남자들이 기생을 옆자리에 앉히고 경성 시내를 드라이브하는 게 그때의 '최첨단 데이트'였다. 없는 사람들은 끼니도 거르던 시절, 가진 자들의 호화 드라이브는 서민층의 위화감을 폭발시킬 만한 일이었다.

마침내 향락적 드라이브 풍조가 큰 사고를 치고 말았다. 1928년 4월 기생을 동반하고 동대문에서 종로 쪽으로 질주하던 차량 1대가 탑골공원 앞에서 전차와 정면충돌하여 종로 일대가 발칵 뒤집혔다. 다행히 인명피해는 자동차 운전사 1명이 중상을 입는 데 그쳤지만, 조선일보는 이 사고를 사회면 톱으로 대서특필했다. 이례적으로 현장사진까지 3단 크기로 곁들였다.

사망자 없는 교통사고를 이렇게 크게 보도한 까닭은 두 남자가 '기생 동반 드라이브'를 하다가 낸 사고였기 때문이었다. 조선일보는 기사 첫 문장부터 "별로 볼일도 없는 데 쓸데업시 자동차를 타고 시내·시외로 질주하고 십흔 악취미惡趣味로 인하야 또 한 가지 참사가 발생되엿다"며 두 남자를 꾸짖었다.[25]

비판 여론이 높았어도 부유층 커플들의 자동차 데이트는 그치지 않았다. 커플 손님들을 태우고 달려본 1930년대 운전사들의 익명 방담 형식을 취한 〈그들의 봄타령 / 만화경萬華鏡 빽밀라〉라는 기사에는 요지경 같은 30년대 자동차 속 풍경들이 생생히 담겨 있다. 한 '청년 운전사'는 "등뒤에 안즌 아가씨네들의 향수와 기름 냄새가 무섭게 조발적挑發的(도발적)으로 코를 찔으는 것" 때문에 핸들을 제대로 잡지 못해 쩔쩔맸다며 "빽밀라에 비치운 농염한 러브 씨인"을 어떻게 봐야 할지 난처하다고 토로했다. "무참한 자동차의 추락사고가 절믄 남녀를 싯고 다니든 차에 한해서 더 만흔 것도 무리가 아니다" "도회 년놈들의 그 꼴은 더 안 보고 싶어 시골로 내려가겠다"는 운전사도 있었다.[26]

1938년에는 경찰이 기생 동반 드라이브를 공식적으로 단속하기 시작했다. 1937년 일제가 중일전쟁 후 선포한 이른바 전시체제하의 '사치 향락 행위' 금지 차원에서였다. 택시에 창기娼妓를 태우고 한강에서 인천까지 드라이브하던 29세 남자가 경찰 조사를 받았고, 새벽 2시 50분쯤 카페 여종업원과 함께 택시를 타고 한강 인도교를 질주하던 30세 남자는 '풍속을 문난케 하는 혐의자'로 경찰에 체포됐다. 드라이브 명소였던 한강철교는 밤중이면 한 시간에 평균 200여 대의 자동차가 유흥객과 기생을 싣고 내왕하던 것이 경찰이 단속을 시작하자 차량 수가 두세 대에 지나지 않았다.

일제강점기 당시 택시 옆에 서 있는 기생들. 부유층들이 놀이 삼아 택시를 불러 기생을 옆에 태우고 돌아다니는 향락적 '뜨라이브'가 유행해 서민층의 위화감을 부르며 사회적 지탄을 받았다.

참 남성적 쾌직업
"힘들게 대학 갈 것 없이 운전수 됩시다"

운전 교육

> 도시에서 로동하는 로동자 중에서 가장 고상高尙하고 하이칼라 잘하는 문화뎍 직업 하나이 잇스니 그는 다른 직업이 아니라 자동차 운뎐수이다. 그들은 돈 만코 세력 만흔 량반놈을 태워가지고 아츰 저녁으로 뿡뿡거리고 먼지 이는 장안대로를 풍우風雨가티 몰고 다닌다. 이 자동차 운전수가 경성 시내에 381명이 잇다 한다. 조선인 운전수의 하루 표준 임금은 일 원 오십 전[27]

자동차 시대 초기인 1924년의 신문기사다. 첨단 발명품을 몰고 다니던 운전사라는 신新직업의 위상을 실감하게 한다. 1935년의 운전학원 광고는 '누구나 원하는 운전수'라는 제목 아래 '보교(보통학교) 졸업하고 단기短期 공부'만 해도 '장長시일과 막대한 학비를 쓰고 졸업한 학사와 같이 월급'을 받는다며 '참 남성적 쾌快직업'이라고 했다.

그 시절 자동차 운전이란 대단한 기술이었다. 운전사가 아니라 '운전관'으로 불리기도 했다. 운전관은 쌀 스무 가마 정도의 월급을 받아 최상류 생활을 할 수 있었다. 고급 양복에 나비넥타이를 매고 하얀 장갑을 낀 운전관은 선망의 대상이었다.

운전면허시험 예고 기사는 신문 지면에 꼬박꼬박 보도됐다. 기사는 경쟁률이 몇 대 몇이라는 것까지 빠뜨리지 않고 곁들였다. 1927년부터는 면허시험 합격자 전원의 명단이 신문에 실렸다. 광복 후 한때 사법시험이나 행정고시 합격자 명단이 신문에 실리던 것을 연상시킨다. 1928년 9월 운전면허시험에 한 여성이 홍일점으로 합격하자 조선일보는 "조선 녀자 운뎐수로 경긔도 내에서 합격되기는 처음"이라며 가정·부인면에 그녀의 얼굴 사진을 2단으로 크게 실어 보도하기도 했다.

초창기의 운전사가 시대의 첨단 직업으로 떠오르면서 운전 강습소도 가장 유망한 직업인 양성소가 되었다. 경성 시내 자동차가 50대도 되지 않던 1919년 10월에 운전학원인 '경성자동차 강습소'가 처음 문을 열고 광고를 냈다. 조선일보 지면에서 최초로 보이는 운전강습소 광고다. 오너 드라이버가 될 사람들을 위한 학원이 아니라 운전사 지망생을 위한 직업학교의 성격이 컸다.[28]

1920년 6월경부터는 '동양자동차 강습소' '중앙자동차연구소' 등 10여 개의 운전학원들의 강습생 모집 광고전이 뜨거워졌다. 이들은 "성공의 첩경" 같은 카피를 내세워 1929년 상반기에만 30여 회나 운전을 배우라고 광고했다. '자동차 운전수 정기시험'(운전면허시험)은 1920년대에는 경찰 주관으로 해마다 두 차례, 4월과 10월에 실시됐다. 운전사 시험은 3일간이나 이어졌는데 특이하게도 실지實地(실기)시험부터 치른 뒤 셋째

도쿄의 '일본 자동차 교육회'가 낸 자동차 운전 강의록 광고를 보면 그림 속 자동차에 올라탄 젊은이들이 '대학을 졸업하는 것보다 운전사가 되자'고 권유하고 있다. 이 광고는 '보통학교 졸업하고 단기간에 공부를 마치는 운전수는 오랜 시일과 막대한 학비를 쓰고 졸업한 학사 못잖게 수입을 올린다'며 운전수를 "참 남성적 쾌직업"이라고 표현했다.(조선일보, 1935. 3. 29)

날 학술시험(필기시험)을 봤다.

1920년대 후반 경제사정 악화로 취업난이 심화되자 운전사 지망생은 더 늘었다. 초창기에는 면허시험 응시자가 한 해 200명 안팎이었는데 1928년에는 8월까지 경기도에서만 1890명이나 시험장에 몰렸다. 합격자는 6분의 1에 불과한 337명. 조선일보는 "이 한 가지로 볼지라도 근래에 취직난이 엇더케나 격심한가를 넉넉히 알 수 잇다"고 했다. 여교사나 대학 출신자가 운전사를 지망하기만 해도 신문 사회면에 기사가 났다. 1929년 12월 경상남도에서 면허시험을 실시하자 신문은 "모집 정원은 약 30명가량임에도 불구하고 수험자는 380여 명이나 된다는데 그중에는 50세에 가까운 지원자까지도 잇다 하며, 칠팔 회나 락제하엿든 사람까지도 잇다는데 이것으로도 넉넉히 생활난의 일면상을 엿볼 수 잇다더라"는 보도가 있었다.[29] 시험에 떨어진 것을 비관해 자살

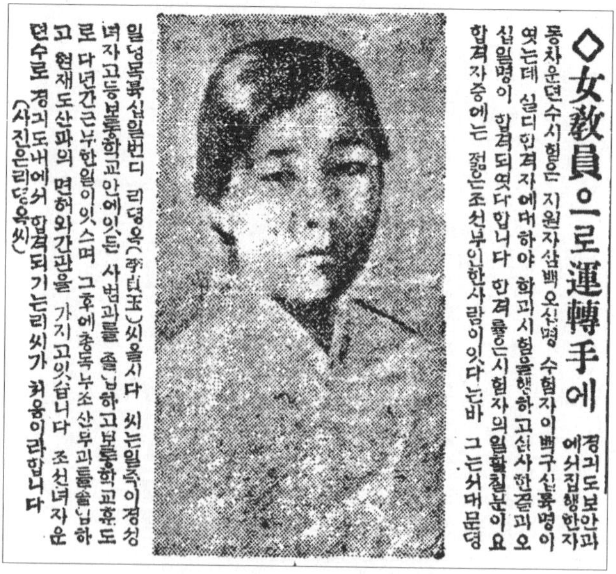
◇女教員으로運轉手에

경긔도보안과에서집행한자동차운뎐수시험은 지원자삼백오십명 수험자이백구십륙명이엿는데 실디합격자에대하야 학과시험을행하고심사한결과오십일명이 합격되엿다합니다 합격률은시험자의일할칠분이요 합격자중에는 젊은조선부인한사람이잇다는바 그는서대문뎡일뎡목륙십일번디 리뎡옥(李貞玉)씨올시다 씨는일즉이경성녀자고등보통학교안에잇든 사범과를졸업하고보통학교훈도로다년간근무한일이잇스며 그후에총독부조산부과를졸업하고 현재도산파의 면허와간판을 가지고잇습니다 조선녀자운뎐수로 경긔도내에서 합격되기는리씨가 처음이라합니다 (사진은리뎡옥씨)

1928년 9월 운전면허시험에 초등학교 교사를 지낸 젊은 여성이 홍일점으로 합격하자 조선일보는 "조선 녀자 운뎐수로 경긔도 내에서 합격되기는 처음"이라며 가정·부인면에 그녀의 얼굴 사진을 2단으로 크게 실어 보도했다.(조선일보, 1928. 9. 30)

을 기도하는 일도 있었다. 목포에서 상경한 한 여성은 운전시험에 네 번이나 연거푸 불합격하자 한강철교에서 자살하려다 경찰에게 구조됐다.[30]

이런 분위기를 타고 운전 강습소 광고들은 더 많은 수강생 유치를 위해 새로운 프로그램을 개발했다. 남자부·여자부를 따로 두기도 했고, 직장인들을 위해 '자동차 야학夜學'을 잽싸게 신설한 학원도 있었다. 학원 다닐 시간을 내기 힘든 사람들을 겨냥해 책으로 운전 이론을 배우는 '운전 강의록'도 등장했다. 1935년 도쿄의 '일본 자동차교육회'가 낸 자동차 운전 강의록 광고는 "대학을 졸업하는 것보다 자동차 운전수가 됩시다!"라는 캐치프레이즈를 내걸었다. 몇 년을 배운 대학 졸업자보다 몇 달 배운 운전사가 돈을 잘 벌 수 있다는 선전이었다.

경성의 '조선자동차연구소' 광고. '연구소'라는 거창한 이름을 썼지만 연구기관이 아닌 자동차 운전사를 양성하는 학원이다.(조선일보, 1927. 6. 30)

오사카의 『최신 도해 자동차 강의록』 판매사도 '운좋은 운전수'라는 제목으로 이렇게 광고했다.

> 대학을 졸업한 훌륭한 학생들이 취직난으로 이리저리 몰리는 일이 퍽이나 흔해서 겨우 취직이 되어도 40~50원(약 80만~100만 원)에 불과한 월급을 받는 일이 썩 많은 편인데, 하등의 학력도 없이 자동차 운전수가 되면 150원(약 300만 원) 내외의 월수月收를 얻어서 당당히 이

사회에서 펄펄 뛰며 일한다.[31]

이렇게 자동차 운전사는 한 시대의 '선구적 직업인'이었다. 직업으로서만 인기가 있었던 게 아니라 여성들로부터도 인기를 얻었다. 종종 여자 손님과 스캔들이 나기도 했다. 23세 여대생이 통학할 때 타던 승합자동차 운전사와 연애에 빠져 종적을 감춘 사건이나, 운전사가 우편국 전화교환수를 농락한 사건 등은 사회면에 크게 다뤄지며 장안의 화제가 됐다. 초창기 택시 운전사들은 주요 고객인 기생이나 카페 걸 같은 유흥업소 여성과 사랑을 나누다가 종종 연인과 함께 죽는 정사情死로 생을 마감해 충격을 안기기도 했다.

'라듸오 시대'의 혹세무민, 전파로 만병통치!

만병 전기치료기

경성방송이 최초의 라디오 정규방송을 개시한 지 9개월쯤 된 1927년 11월 25일, 조선일보 5면에는 희한한 전자제품 광고가 5단이나 되는 크기로 등장했다. '라듸오 락스크'라는 기계다. 겉모습은 축음기와 비슷하지만 축음기도 아니고 라디오도 아니다. 전기로 고주파를 발생시켜 여러 병을 고친다는 '만병 전기치료기'였다.

'라듸오 락스크'의 광고에는 서류가방 크기의 제품 그림과 막대처럼 생긴 장치를 여성 환자의 목덜미에 가져다 대는 그림이 실렸다. 광고는 이 기계의 '효능'을 이렇게 주장하고 있다.

> 라듸오 락스크로부터 나오는 전파는 인체에 필요한 전기적 에너지를 각 세포에 집어넣어 활동을 왕성하게 하고 피로도 해소하여 (…) 단시간 내에

원기 있는 세포로 회복시킬 수가 있소. (…) 근세 과학의 대발견인 X광선 도 전기의 힘이요.

광고는 이 기계가 "영묘靈妙한 작용"으로 병을 "부지불식간不知不識間에 치유"한다고 주장했다. 전신 류머티즘, 관절염은 물론이고 신장염, 신경쇠약, 히스테리, 신경통, 두통, 요통, 호흡기병, 폐결핵, 천식, 폐기종, 위병 일체와 편도선염, 심지어 음부 무모증無毛症에서 변비, 야뇨증, 여드름까지 무려 30여 가지 질병을 다스린다고 열거했다. 기계의 정가는 35원(약 70만 원)이나 됐다.

2년 뒤에는 또다른 '만병통치' 기계가 나왔다. 1929년 2월 10일자 1면에 크게 광고한 '마그네타'라는 가정용 전파치료기는 한술 더 떴다. "의사가 못 고치겠다고 하는 폐병·늑막염·중풍 등 난병難病, 5년 10년 불치의 완고한 만성 제증諸症"도 "위대한 영유력靈癒力에 의하야" 속히 치료된다고 허풍을 떨었다. "의학계의 일대 경이驚異"라는 표현도 보인다.

1927년 1월 16일부터 경성방송이 이 땅 최초의 라디오 정규방송을 시작하자 경성의 한 라디오 판매상이 라디오 시대 개막을 알리며 고급 라디오 수신기를 판매하고 있음을 광고했다.(조선일보, 1927. 1. 12)

오늘날에도 신경통 환자의 물리치료 등의 용도로 고주파 치료기가 쓰이지만, 전자파로 폐결핵까지 치료한다는

라디오 정규방송이 개시된 지 한 달 남짓 된 어느 날 신문에 실린 '라디오 락스크'라는 기계의 광고. 전기로 고주파를 발생시켜 류머티즘, 관절염, 신장염, 편도선염, 천식은 물론 폐결핵과 음부 무모증까지 30여 가지 질병을 치료한다고 주장했다. 가히 만병통치 기계였다. 라디오 방송의 탄생이 빚어낸, 전파에 대한 경외감이 이런 허황된 의료기기의 광고까지 부른 것이다.(조선일보, 1927. 11. 25)

것은 신빙성이 없어 보인다. 라디오의 등장이 불러일으킨 전자 과학의 경이로움에 편승한 허황된 의료기기들이라고 여겨진다. 당시 "이십 세기의 문명은 라듸오 문명"이라는 말이 나돌 정도로 라디오는 최첨단 문명의 아이콘이었다. 이 무렵 광고를 시작한 수상쩍은 전자치료기들은 과학이 뭐든지 해결해줄 것으로 여긴 일부 대중들의 맹신을 겨냥했다.

전등 불빛 하나에도 놀라움을 넘어 경외감을 느끼던 시대였다. 1931년에는 『정감록』에 나오는 정도령의 높은 제자라고 사칭한 2인조가 한밤에 평안남도 순천군의 부유한 농가를 찾아가 희한한 사기극을 벌였다. 손전등을 켜고는 "이 불빛은 신의 불神火인데 만일 지금 돈을 밖에다 내놓으면 수백 리 밖에 있는 정선생이 순간에 와서 그 돈을 가져간다"고 속여 1400원(약 2800만 원)을 가로채 간 것이다. 어처구니없는 사기 수법까지 먹힐 만큼 '전기'라면 눈이 휘둥그레진 시절이었다.[32]

오늘날에도 '전자' '바이오' 등 첨단 과학의 키워드들을 갖다붙인 엉터리 상품들이 어수룩한 사람들을 유혹한다. 2012년에도 다단계 판매조직 15명이 '콘센트에 꽂기만 하면 원적외선 물질이 나와 체질 개선은 물론 신종플루를 예방하고 새집증후군까지 치료하는 데 큰 효과가 있는 기계'라며 엉터리 상품 5600대를 대당 99만 원에 팔았다가 경찰에 붙잡힌 적이 있었다.[33] 과학을 내세운 혹세무민의 상술은 오랜 시절부터 시작되고 있었다.

"효력이 전기보다 더 빨라요" 전기신액

전기와 약

1920년대에 등장한 약 중에는 이름에 '전기'를 갖다붙인 것이 의외로 많다. 1921년 봄에 발매된 배탈 치료약의 이름은 '전기활명액電氣活命液'이다. 급체 등에 먹는 물약은 '전기즉치수電氣卽治水'이고, 피부병에 바르는 물약은 '전기속치수電氣速治水'다.

약 이름에 왜 엉뚱하게 '전기'를 붙였을까. 체했을 때 먹는 '전기신액電氣神液'의 광고가 궁금증을 풀어준다. 광고는 "그 효력이 전신전화보다 더 속速해요"라고 말하고 있다. '전기'라는 단어가 그 시절 가장 강하고 빠른 첨단 문명의 상징으로 여겨졌기에 신속한 약효를 강조하기 위해서 붙인 것이다.

1920년대는 전기 문명이 이 땅의 대중들을 한창 놀라게 한 시기였다. 전등이나 전화가 처음 궁궐에 들어온 것은 1900년 전후이지만, 각 가정

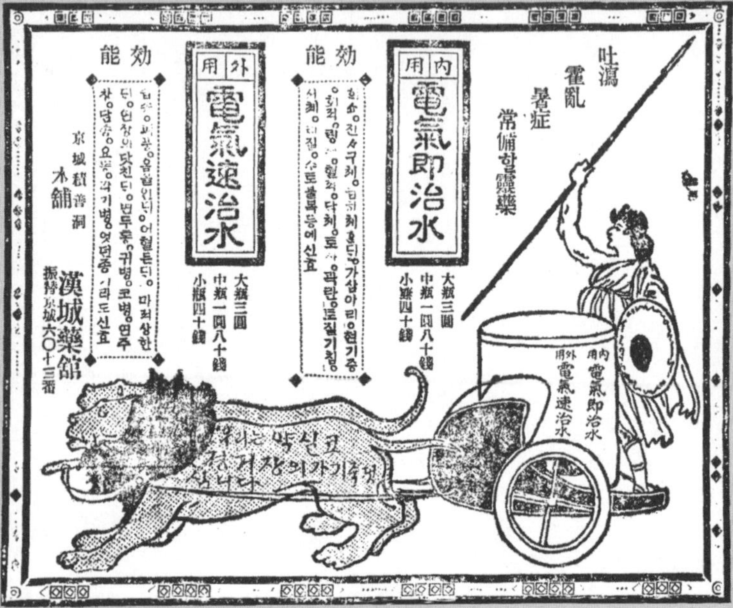

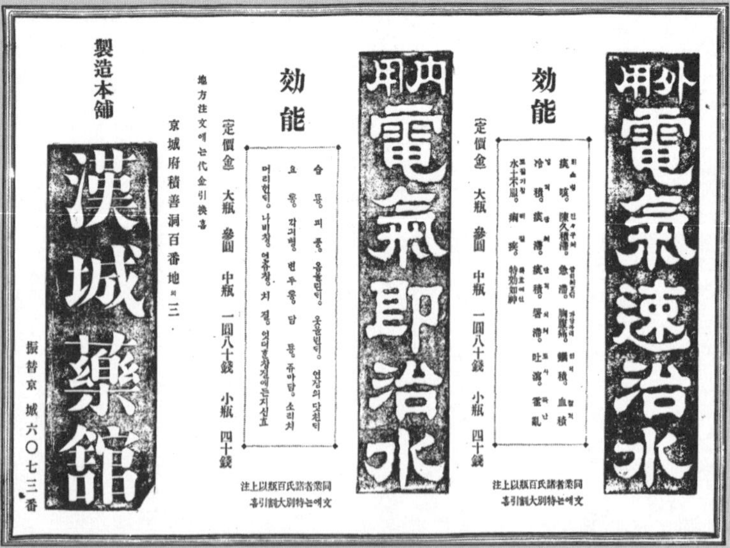

급체 치료에 먹는 물약인 '전기즉치수'와 피부병에 바르는 물약인 '전기속치수'의 광고. 전기와 하등 관계없어 보이는 약인데도 이름에 '전기'를 갖다붙였다. 당시 전기란 무척 '빠른' 첨단 문명의 상징이었기에 전기처럼 빠르게 치료(속치速治)해주고 즉시 치료(즉치卽治)해준다는 뜻으로 지은 것이다.(조선일보, 1921. 6. 10, 8. 14)

음식 먹고 체한 환자에게 먹이는 '전기신액'은 두 사람이 전화통을 붙잡고 약의 효능에 관해 문답을 나누는 형식으로 광고했다. 그림에서 전기신액을 사용했다는 사람은 체한 데 복용하면 "즉일로 아모리 오랜 병이라도 효력을 봅듸다"라며 "실로 그 효력이 전신전화보다 속速해요"라고 말했다. 약 이름에 들어간 '전기'도, 광고 속 두 인물이 쓰고 있는 전화기도 당시로서는 최첨단 과학문명의 상징이었다.(조선일보, 1927. 3. 15)

이나 직장에 속속 보급되기 시작한 것은 1920년대부터였다. 전기가 이 시대의 가장 뜨거운 화두이다보니 온갖 곳에 다 전기를 갖다붙였다. 사진관 광고도 '최신식 전기 응용!'부터 내세웠다.

'전기'라는 말이 붙은 약들은 대부분 그 약효도 과장해 광고했다. 급체약 '전기즉치수'는 뇌빈혈까지 다스린다고 광고했다. '전기속치수' 역시 피부병에서 두통, 요통까지 한 계통으로 묶이기 어려운 병들을 모두 치료한다고 큰소리치며 "그 효과가 신神과 같다"는 표현도 서슴지 않았다. '전기신액'은 "복용하는 즉일로 아모리 오랜 병이라도 효력을 본다"고 했다. 성공하려는 욕심이 유달리 큰 업체들이었기에 시대의 키워드인 '전기'를 잽싸게 갖다붙이고 과장광고도 한 것이다.

한 시대를 휩쓴 경이로운 존재의 이름을 상품명에 쓰는 흐름은 현대에도 계속 이어진다. 1969년 아폴로 11호의 달 착륙 후 우리나라에서 판매된 책가방과 필통 이름에까지 '아폴로'가 붙었고, 스마트폰 시대인 오늘날 은행 적금통장의 이름에 '스마트'가 붙는 것도 이런 흐름의 연장선에 있는 셈이다.

첨단 유행 '포타불 축음기' 한 대 값이 군수 월급보다 비싸

휴대용 축음기

봄나들이가 막 시작되던 1935년 3월 초, 20세기 문명이 가져다준 신기한 기계 하나가 '신발매' 소식을 조선일보 광고면에 알렸다. '35년식 빅타Victor 포-타불(휴대용) 축음기'였다. 이 광고는 "갑도 싸고 소리도 훌융하게 좃습니다"라며 "교외郊外 1일의 행락行樂을 더욱 즐겁게" 해주는 물건이라고 했다.[34]

몇 달 뒤 피서철이 시작될 무렵에는 독일의 유명 레코드 회사 '포리도루Polydor'의 휴대용 축음기가 등장했다. "산으로! 바다로! 행락의 씨-슨은 도라왓습니다. 들고 갑시다! 휴대 편리한 축음기를"이라며 목청을 높였다.[35]

가지고 다니면서 야외에서 음반을 들을 수 있는 최초의 기계장치가 음악 감상의 신천지를 열었던 것이다. 당시의 가정용 축음기 중 큰 것

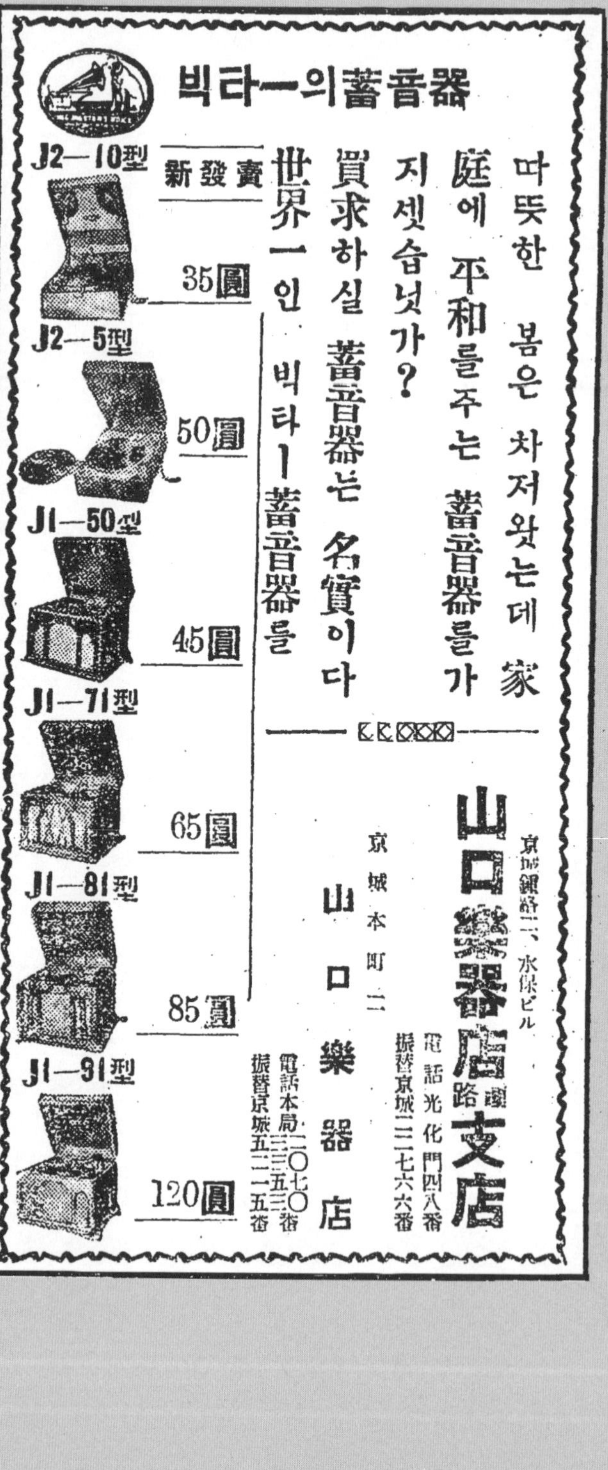

'빅타 사'가 1935년 봄에 낸 휴대용 축음기 광고. "따뜻한 봄은 차저왔는데 가정에 평화를 주는 축음기를 가지셋습닛가?"라고 묻고 있다. 한 대 가격이 35~120원(약 70만~240만 원)이나 된다.(조선일보, 1935. 3. 21)

콜롬비아 휴대용 축음기는 신발매를 알린 광고에서 가볍다는 점을 특히 강조했다. "갓난애보다 가벼운 포타불(축음기)"이라며 젖먹이 아기 그림을 그려넣었다.(조선일보, 1936.1.23)

은 무게가 수십 킬로그램씩 되었으므로 운반하려면 지게나 수레에 실어야 할 정도였다. 휴대용 축음기는 무게와 부피를 대폭 줄인 것이다. 음반을 돌리는 태엽장치 등을 소형화하고, 소리를 키워주는 나팔도 납작하게 만들어 접을 수 있게 했다. 물론 가볍다고 하지만, 어디까지나 가정용보다 가볍다는 것이다. 오늘날의 휴대용 음향기기처럼 가벼운 것은 아니었다.

'콜롬비아' 포터블 축음기는 광고에 뜬금없이 아기 그림을 그려넣었다. 광고 카피는 "갓난애보다 갸벼운 포타불"이다. 젖먹이 몸무게보다도 가벼운 휴대용 축음기라는 점을 강조하려는 것이었다. 가볍다고 자랑하려는 광고이겠지만, 휴대용 음향기기의 무게가 갓난아기(약 3~4킬로그램)와 견줘야 할 정도라면 오늘의 기준으론 결코 가벼운 게 아니었다.

요즘 MP3플레이어의 경량화 모델이 이어폰을 포함해 30그램 안팎인 것에 견주면, 3~4킬로그램에 이르는 휴대용 축음기 무게는 100배가 넘는다. 휴대한다기보다는 '짊어지고 다녀야' 하는 수준의 무게였다.

옛 휴대용 축음기란 서민에게는 '가까이하기에 너무 비싼' 물건이기도 했다. 값싸다고 광고한 '빅타' 포터블 축음기가 무려 35원(약 70만 원)이었다. 뒤이어 광고한 '포리도루' 포터블 축음기는 30원이었다. 1930년대 군수 월급(25원)보다도 비쌌다. 가정용은 더 비싸서 고급형은 한 대에 120원이나 했다.

축음기는 음향을 전기로 증폭해주지 않아 나팔에서 작은 소리가 '자글자글' 흘러나올 뿐이었지만, 그런 음악이라도 풀밭이나 계곡에서 듣는다는 건 1930년대 사람들에게는 놀라운 체험이었을 것이다. 오죽하면 돈이 없던 어느 룸펜 청년은 얼마나 야외에서 음악을 듣고 싶었던지 남의 축음기를 훔치기도 했다. 그는 한강변 모래사장으로 축음기를 들고 가 틀어놓고서 "따스한 봄 햇빛을 마즈면서 봄노래에 도취해" 있다가 경찰서 유치장 신세를 졌다. 신문은 "봄 기분에 마음 들뜬 멋쟁이 도적의 봄꿈이 여지업시 깨어졌다"고 썼다.[36]

이런 휴대용 축음기는 광복 후 '야전野電'(야외전축), 워크맨, 휴대용 CD플레이어, MP3플레이어로 이어지는 휴대용 음악 감상기기의 효시인 셈이다.

“축음기란 방탕한 자의 사치품이자 치안 방해물”

구한말 이 땅에 상륙한 축음기는 1920년대 중후반 들어 본격적으로 보급되기 시작했다. 1926년 윤심덕이 취입한 노래 〈사死의 찬미〉의 폭발적인 히트를 계기로 이 신기한 물건은 급속히 퍼졌다. 하지만 축음기로 음악을 듣는 것에 대한 거부감도 만만찮았다. 1929년 조선일보 〈일요만화〉는 집집마다 유성기를 틀어놓고 노래 듣는 데 열광하던 세태를 이렇게 꼬집었다.

요사이 웬만한 집이면 유성긔를 노치 안흔 집이 업스니 저녁때만 지나면 집집에서 유성긔 소리에 맞추어 남녀노유의 ‘기미고히시’(당신을 사랑해)라는 노래의 합창이 이러난다. 누구를 사랑하고 누구를 그리워한다는 말인지? 부모처자 모다 ‘기미고히시-’라니, 여긔에는 오륜삼강을 찻지 안 해도 조흘가?[37]

‘빅타’ ‘콜럼비아’ 등의 회사들은 전국에서 축음기 혹은 레코드 음악 대회를 개최하며 판촉전을 뜨겁게 펼쳤다. “백화점의 라우드 쓰피커로부터 담배 가게의 좁은 이마에까지 전기 레코드를 방송치 안코는 상법 위반에나 걸릴 것처럼” 노래를 틀어댔고, “백주대로에서도 젊은이들은 임자 업는 노래 소리들을 큰 소리로 화답해가며, 아스팔트 우헤 가벼운 딴고 쓰텝을 그리고” 체면을 지키는 젊은 여인들도 “전차를 기두리는 그들의 하이힐 구두는 용하게도 남의 눈을 피해가며 그 박자에 따라 가볍게 방아를 찍코” 있는 ‘유행가 범

1920년대 후반 집집마다 축음기가 보급되어 남녀노소가 유행가에 심취한 세태를 꼬집은 조선일보의 〈일요만화〉. '부모처자 모두 기미고히시(당신을 사랑해) 하면 삼강오륜은 어디서 찾느냐'고 한탄했다.(조선일보, 1929.9.1)

람 시대'를 몰고 왔다.[38]

그러나 식자층은 유행가가 흘러나오는 축음기를 해악을 끼치는 물건이라며 비판했다. '장백산인長白山人'(춘원 이광수)은 유행가를 '전염병'이라며 "근년에 조선에 유행되는 가요는 (…) 부어라 먹자 두들겨라식이 아니면 주색의 방종한 향락"이라고 비판했다.[39]

1934년에는 사윗감인 노총각이 축음기를 가지고 있는 것을 본 예비 장모가 딸을 못 주겠다고 하자 격분한 노총각이 예비 장모에게 주먹을 휘둘러 신문에 대서특필되기도 했다. 당시 장모는 "축음긔와 라듸오는 방탕한 자의 사치품이라, 우리집에서도 전자에는 큰 아들놈이 저런 것을 사가지고 난봉을 부려서 현재와 가튼 빈곤을 보게 되엿다"며 "이런 것을 보면 뭇지 안어도 신랑 될 사람은 방탕자인 것을 알 수가 잇다"고 말했다. 공교롭게도 그 축음기는 노총각이 "장차 건설할 신가정의 준비 공작"으로 일부러 사다놓은 것인데, 최신 문명의 이기로 잘 보이려 했다가 점수를 따기는커녕 오히려 방탕자라는 누명을 쓰고 혼담마저 깨진 것이다.[40] 축음기를 선망하거나 배격하는 두 가지 시선이 혼재한 시대였음을 보여주는 사건이다.

1920년대에 축음기는 '이십 세기 문화의 가장 찬란한 한 부문'이었지만, 동시에 상당수 사람들에게는 저속한 유행가를 듣는 사치품으로 여겨졌다. 마치 비디오카세트리코더VCR가 보급 초창기에 성인 비디오 감상도구로 받아들여진 것과 비슷하다.

또한 1930년대 중반에는 약 30만 대가 보급되었지만, 오늘의 물가로 수백만 원씩이나 되어 서민들에겐 '가까이하기에는 너무 비싼 기계'였다. 그 때문에 대다수 서민들은 경성 시내 본정통本町通(충무로) 악기상가 앞에 서서 흘러나오는 축음기 소리를 감상하는 일이 더 많았다. 그런데 이게 뜻하지 않은 문제를 일으켰다. 유행가가 흘러나오면 이를 들으려는 행인들이 많을 때는 백여 명씩 가게 앞에 몰려들어 교통까지 방해하게 된 것이다. 경찰은 악기점 주인들을 불러 "대로에 통행인을 세워두는 것은 절대로 안 되니 정리하라"고 경고했다. 신문은 "사실상 금후의 본정통에서는 류행가나 짜쓰를 듯지 못하게" 됐다고 썼다.[41]

축음기는 소음공해의 주범으로 지탄받기도 했다. 이래저래 축음기가 '치안 방해물'이라고 본 총독부는 1933년 레코드 제작·수입·판매업과 음반 내용을 규제하는 '축음기 레코드 취체(단속) 규칙'을 제정해 6월 15일부터 실시했다. 1935년에는 거리 악기점 등의 확성기 방송 시간과 음량을 제한하는 단속 규칙을 제정한다.

일제가 만주사변을 일으킨 후 전시체제하의 이 땅에서 축음기는 아예 제조가 금지된다. 하지만 음악을 찾는 사람들의 욕망은 식지 않았다. 시내 악기점의 축음기 재고가 동나는 사태가 벌어졌고 "음악을 질겨하는 마음은 생활이 긴장되면 될수록 강해지는 것인지" 비상시국의 조선땅에서 음반 판매량이 "내지內地(일본)의 대도시에 지지 안흐리만치" 많았다.[42]

축음기는 애호와 비판의 엇갈린 시선을 동시에 받았던 당대의 뜨거운 화두였다. 그래도 노래가 주는 위안을 통째로 배격할 수는 없었다. 유행가 때문에 '레코드 정화'가 언론에 자주 언급되던 1938년 조선일보는 사설에서 이렇게 노래를 옹호했다.

설사 유행가에 어떠한 폐해가 있다고 하더래도 무조건 그것을 빼아서 버린다는 것은 너무나 서글프고 딱한 일이라 차라리 그 유행가를 통하야 우리들의 음악 감상력을 빨리 노피도록 노력하여야 할 것이다.[43]

"암흑세계를 백주와 가티 밝히"는 시대의 첨단

백열전구

영구적으로 유망有望한 사업!

(이 제품은) 지금 지방마다 사용하지 않는 곳이 없으므로 (…) 도·군 특약점을 모집하니 이 기회를 빨리 잡으셔서 후회 없으시기 바랍니다.

1922년 12월 9일자 신문 1면에 과장 섞인 문구를 넣어 4단으로 광고한 제품은 바로 백열전등이다. 일본산 '마쓰다 램프'에 맞선 국산 '해동海東 전등'은 '우리 반도에 유일무이한' 전등임을 내세웠다.

초창기의 전등이란 "자는 수밧게 업던 암흑세계를 백주白晝와 가티 밝히고 (…) 우리의 향복享福을 무한히 증진"시켜준 경이로운 존재였다.[44] "밤에도 낫가티 밝은 생활을 할 수 잇스니 캄캄한 세상에서 불빗을 모르고 살든 우리 조상을 도라볼 때에 일면 가이업슨 생각도 업지 아니하거니와, 문명의 은덕을 입은 우리의 몸이 실로 행복됨을 깃버하지 아니할 수 업습니다"[45]라는 전기 예찬이 절로 나올 정도였다. 전등 광고문에는 '시대의 첨단'이라는 말이 자연스럽게 붙었다.

한마디로 전등은 오늘날의 스마트폰처럼 신기술을 대표하는 발명품이었다. 초창기 전등 회사들은 오늘의 휴대전화 회사들처럼 전국 방방곡곡에서 열심히 판매망을 개척하며 경쟁했다. 얼마나 판촉전이 치열했는지 일본산 마쓰다 전구는 광고에 '우리 전구는 쉽게 깨지지 않는다'며 코끼리가 전구를 밟고 있는 그림을 넣어 허풍을 떨었다.[46] 1936년에는 임林 전구제작소가 가스를 주입해 수명을 늘린 전구를 내놓았다.

번쩍이는 전등은 단순한 조명기구를 넘어 과학문명의 상징이자 경이로운 존재로 여겨지기도 했다. 백열전등을 얼마나 경이롭게 여겼는지 1936년에는 미국에서 개발한 '전등 미안술美顔術'이 소개되기도 했다. 콜드크림을 바른 얼굴에 전등 불빛을 쪼임으로써 전열 작용으로 모공이 열리고 크림이 배어서 얼굴이 깨끗해지고 화장이 잘 받는다는 것인데[47] 정말로 유익한지는 의심이 든다. 이런 이론까지 소개될 정도로 전등은 놀라운 물건으로 받아들여졌다.

처음에는 백열전등이 공포의 존재이기도 했다. 전기에 무지한 사람들이 감전되는 등 종종 사고를 당했기 때문이다. 시골 노인들은 전등 다루기를 등잔불 다루듯 하다가 문제를 일으켰다. 등잔불에 담뱃불을 붙이던 습관대로 전구 소켓에 금속제 곰방대를 들이밀었다가 합선이 되거나, 등잔불 심지를 손으로 만져 불을 끄듯이 소켓을 만지다 감전됐다. 1923년 5월 경기도의 한 주민은 전등불을 들어오게 하려고 소켓과 전등을 만지다가 감전되어 현장에서 즉사했다. 같은 해 서울 종로5가

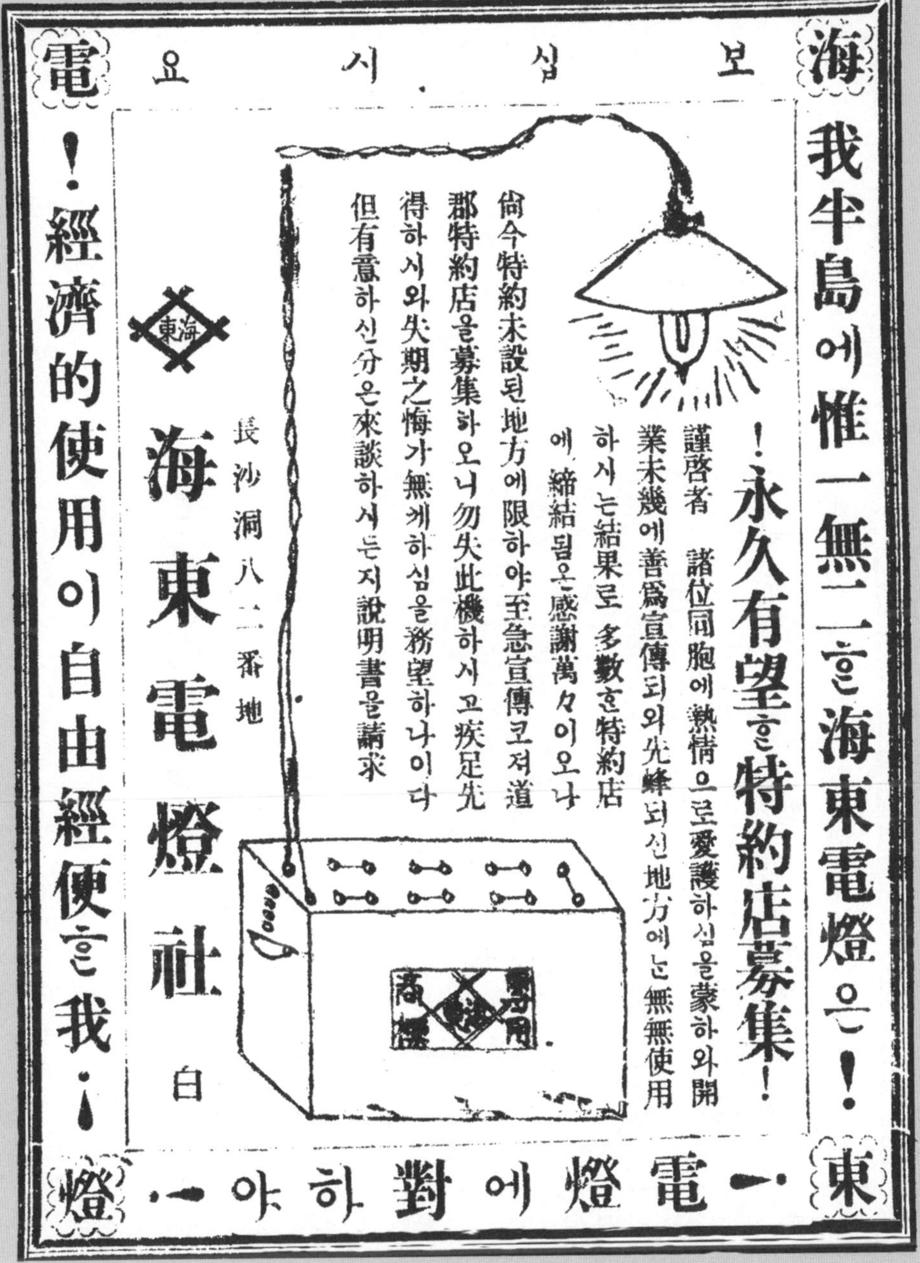

1922년의 해동 전등 광고. 조선일보 지면에서 처음으로 눈에 띄는 백열전등 광고다. 우리 반도에서 유일한 전등 회사임을 강조하고 있다. 광고문에서는 '영구적으로 유망한 (백열전등) 특약점'을 모집한다고 알렸다.(조선일보, 1922. 12. 9)

에서는 변압기에 벼락이 떨어져 굉음과 함께 폭발하자 겁에 질린 주민 4명이 "그와 같은 뎐등을 켜다가는 엇더한 경우를 당할는지 몰으겟다"며 전등을 반납했다.[48]

전기로 인한 사고가 잦자 1920년대 중반의 신문은 '전등 사용 주의 사항'을 소개하는 기사를 연이어 실어 "(감전되면) 심장이 약한 사람은 죽는 일까지 업지 아니하니 조심할 일"이라고 경고했다.[49]

정전이 잦던 초창기의 불편을 겨냥해 1923년에는 또하나의 신기한

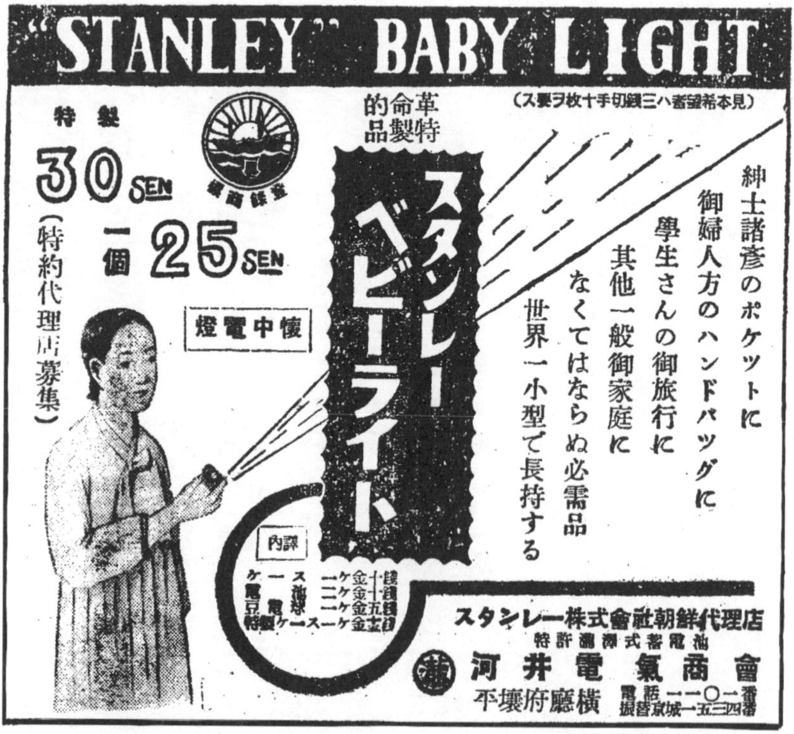

배터리와 전구를 연결해 손에 들고 다니며 불빛을 비출 수 있게 만든 소형 손전등의 광고. 여성 모델은 한복 차림이지만 새롭고 신기한 과학문명의 산물임을 강조하려 했는지 이름도 '스탠리 베이비 라이트'라 짓고, 당시로서는 매우 이례적으로 'STANLEY BABY LIGHT'라는 영문자를 광고 상단에 넣었다. '혁명적 특제품'이라는 문구도 보인다.(조선일보, 1935. 4. 16)

백열전등이 등장했다. 배터리로 켜는 전지등電池燈이었다. 사과박스만 한 배터리가 장착된 '동양 전지등'은 '산에서도 바다에서도 자유자재로 불을 켤 수 있는 위대한 물건'이라고 자랑했다. 손에 들고 다닐 수 있게 소형화한 '스탠리 베이비 라이트Stanley Baby Light'라는 전지등의 광고에는 "혁명적 특제품"이라는 카피가 붙었다.

그랬던 백열전등의 시대는 2014년 1월로 끝났다. 백열전등의 국내 생산과 수입이 중단되고 LED(발광 다이오드)로 대체된 것이다. 1887년부터 경복궁을 밝히기 시작한 지 127년 만에 백열전등은 역사 속으로 사라졌다. '영구적으로 유망'하다던 첨단 발명품은 한 세기 만에 또다른 첨단기술에 밀려나고 말았다.

밤을 밝힌 전등… 빈민에겐 그림의 떡

1900년경에 전깃불이 경성의 밤거리를 밝히기 시작했으나, 1926년 3월 말에 이르러서도 이 땅의 350만여 호 중 전등을 켜는 가구는 겨우 14만 2080호에 불과했다. 25가구당 한 가구꼴밖에 되지 않았다. 시골에는 전선이 가설되지 않은 곳이 부지기수였다. 전깃불이 새로 들어가는 곳마다 민관 합동으로 성대한 '전등개통식'과 축하 연회까지 벌였다.

하지만 기술이 불완전했던 초창기 전등은 여러 불만을 일으키는 골칫덩어리이기도 했다. 전기의 품질과 송전 서비스에 문제가 많았던 것이다. 기술 부족 때문인지 서울 시내의 전등 불빛은 그다지 밝지 못했고, 곧잘 정전이 되어 장안 거리가 별안간 암흑세계를 이루는 일이 비일비재했다. 1929년 연말에는 경찰과 체신국이 잇따라 경전京電(경성전기)에 "불빛이 밝아지도록 전력을 높여라"라고 엄중 경고했다. 1921년 대구와 광주에서는 수많은 주민들이 잦은 정전에 항의하는 집회를 열고 전기 회사의 시정을 촉구했다.

너무 비싼 전기요금도 문제였다. 전력사업을 공익이 아닌 수익사업으로 여겼던 일제가 요금을 너무 높게 책정하자 원성이 높아져 갔다. 경성의 경우 16촉광 전등 1개당 한 달에 1원(약 2만 원)쯤을 받았는데, 이는 일본의 77전보다 3할 가까이 비싼 것이었다. "시민의 고혈膏血을 흡진吸盡하는 전등료"라는 비판이 일었다.[50]

그러자 시민과 상공인 등 전국의 전등 이용자들은 비싼 전기료에 항의하는 집회를 잇따라 열고 "전기요금을 내리라"고 요구했다. 함경남도 영흥의 전등 사용자들은 전기 회사가 요금을 내려주지 않자 전깃불을 도로 끄겠다는 폐등廢燈 신청을 했다. 목포에서는 전등료 인하에 관한 4만 시민의 요구를 담은 '대연설회'까지 성대히 개최할 정도로 시끌시끌했다.

비싼 요금과 불편한 서비스 탓인지 전등의 보급은 느리기만 했다. 시골엔 전기가 들어가지 않아 석유등 신세를 지는 곳이 부지기수였다. 결국 전등 불빛은 부잣집의 상징이 됐다. 조선일보는 "조석 끼니를 어더먹기 어려운 가난한 조선 사람들은 불빗조차 마음대로 쓰지 못하는 형편"이라고 탄식했다.[51]

화류계 통신용 비밀 잉크 등 기발한 과학 발명품들의 상품화

발명 조선

삶의 불편과 여러 문제들을 머리를 써서 해결해보려는 발명의 열기가 이 땅에서 가장 뜨거웠던 시기는 언제였을까. 아마도 1920~1930년대가 아니었을까 한다. 밀려들어온 근대 과학의 위력에 감탄하고 경이감마저 느꼈던 그 시절, 숱한 아마추어 발명가들이 새로운 물건을 만들어냈다. 뭐든지 필요하면 발명하려고 달려들었다.

이 시기 20년간 '발명'이란 단어가 제목에 들어간 조선일보 기사를 검색해보면 727건이나 된다. 이러한 발명 붐은 광고면에서도 체감된다. 1920년 여름, 신문 1면에는 '화학을 응용한 최신 발명품'의 광고가 등장했다. "관공청官公廳 비밀 기사記事 또는 화류계 비밀 통신에 필요"하다는 '비밀 잉크'다. 이 잉크로 종이에 글자를 쓰면 아무것도 보이지 않지만 특수한 약품으로 처리하면 글자가 나타난다.[52] 비밀 잉크는 1921년

벼 훑는 기계. 3마력의 석유발동기로 작동하며 쌀을 탈곡하는 기계다.(조선일보, 1924. 9. 10)

편리한 양복 수납기.(조선일보, 1937. 3. 23)

까지 2~3개 업체가 꾸준히 광고했다. 스파이 공작에나 쓰일 법한 물건인데 그 당시에는 일상용품의 하나로 제법 팔렸던 듯하다. 그뿐만이 아니다. 기발한 아이디어의 과학 발명품들이 끊임없이 시장에 등장해 '이상적 신新발명!' '대복음大福音!' 같은 요란한 카피와 함께 광고된 게 1920~1930년대의 특징이다.

이 시절 발명품 중에는 '베 흘난 기계'(벼 훑는 기계·동력 탈곡기)나 '백금회로懷爐'(손난로)처럼 오늘날까지 판매·사용되는 물건도 있고, 한때의 '반짝 발명'으로 그쳐 역사 속으로 사라진 것들도 많다. 하지만 생활의 작은 불편을 그냥 넘기지 않고, 과학의 힘으로 어떻게든 해결해보려고 머리를 쥐어짰던 사람들의 얼굴이 떠올라 미소가 지어진다. 1920~1930년대 신문광고에 등장한 재미있는 발명품들을 보면 이렇다.

(조선일보, 1934. 6. 24)

공기벨

'공기벨'은 초인종의 배터리 비용을 아끼려고 만든 물건이다. 바람주머니를 손으로 꾹 쥐면 전기 없이도 벨이 울린다. 광고는 "전지電池 무용無用의 공기벨"이라며 "신발명 초인종. 비상경보기 겸용 구조. 단순화로 고장 전무하고 음향 강대함으로 일반 가정 필수품으로 대평판!"이라 했다. 일본 오사카의 한 제작소가 만든 제품이다. 광고를 보면 계란 모양의 작은 공기주머니가 가느다란 관으로 벨 본체까지 이어져 있고, 벨은 일반 전기식 초인종과 같이 두 개가 달려 있다. '특약점 대모집'이라 하여 판매망을 확대할 계획임을 밝혔지만,

훗날까지 널리 쓰였다는 이야기는 들리지 않는다.

(조선일보, 1934.7.8)

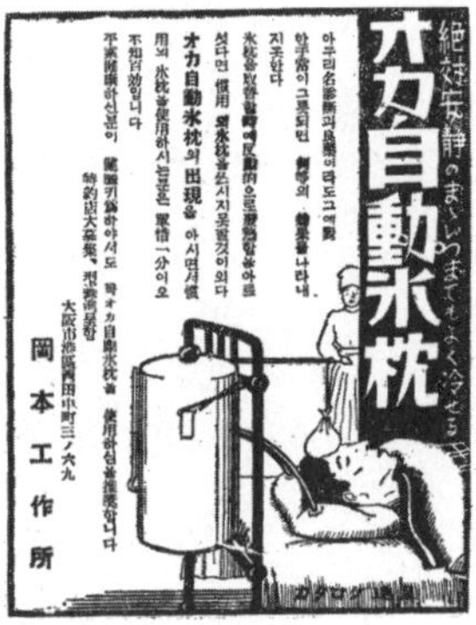

자동 얼음베개(빙침氷枕)

열이 나는 환자를 위한 발명품이다. 쿠션에 얼음을 넣은 얼음베개는 그전부터 사용됐지만 '자동 빙침'은 그보다 더 복잡한 장치다. 광고에 곁들인 그림을 보면 베개 속으로 들어갔다가 나오는 두 개의 관이 원통형의 장치와 연결되어 있다. 원통형 장치는 높이가 40센티미터는 족히 되어 보이는 작지 않은 크기다. 일종의 냉각장치처럼 보인다. 종래의 얼음베개는 얼음이 녹으면 새 얼음을 계속 넣어줘야 하지만, 자동 빙침은 이름 그대로 자동으로 냉기가 순환해 더 오랫동안 시원함이 유지되는 장치로 보인다.

(조선일보, 1937. 3. 20)

조명照明 안경

어두운 곳에서 작업할 때 쓰도록 안경에 전구를 달아놓은 발명품이다. '세계적 대발명품'이라고 했다. 광고에서 밝힌 용도를 보면 이러하다. 1. 농촌·어촌에서, 특히 야간 혹은 껌껌한 곳에서 여러 가지 작업과 보행, 점검, 순시할 때와 정전되었을 때, 2. 광산과 탄광의 지하철이 다니는 갱도와 터널 속에서 작업할 때, 3. 전신, 전화, 전등, 자동차, 전차 등을 수선·점검할 때. 안경에 붙이는 조명장치는 신사용, 대중용, 학생용의 세 종류가 있다고 했다.

하지만 안경테에 거추장스럽게 붙이는 두 개의 작은 전등이 얼마나 밝을지는 미지수다. 오늘날에는 머리띠에 붙여 앞머리에 달 수 있는 큼직한 랜턴이 이런 용도로 이미 보급되고 있다.

(조선일보, 1935. 12. 21)

백금회로(손난로)

혹한기에 가지고 다니며 몸을 녹이는 주머니 난로다. “따듯하여 봄과 갓”고 ‘혹한을 잊게 되어 동작이 자유롭고, 이와 함께 의료적 효과가 나타난다’며 “노약老弱을 물론하고 갖추어두라”고 광고했다. 사용법이 간단하고 체제가 미려하며 경제적이라고도 했다.

남녀가 이 물건을 사용하고 있는 광고 속 그림을 보니 오늘의 스마트폰 크기의 금속 물체에 작은 발열구멍이 뚫린 디자인까지도 요즘 발매되는 손난로와 거의 같은 모양이다.

(조선일보, 1930. 10. 1)

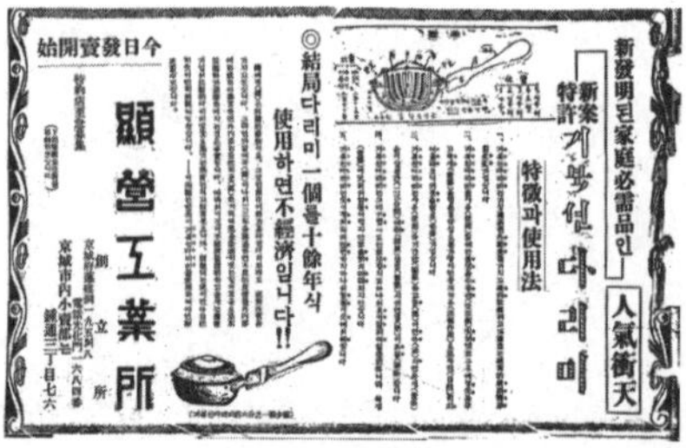

거북선 다리미

조선시대에 사용한 숯다리미도 진화했다. 경성의 한 공업소가 ‘신발명된 가정필수품’이라며 만들어 내놓은 ‘거북선 다리미’는 종래의 숯다리미에 뚜껑을 부착해 사용하는 사람의 얼굴이 화끈거리지 않도록 한 것이다. 또 뚜껑을 열고 닫으며 열 조절을 할 수 있다는 점도 재래식 숯다리미에 없는 장점이다.

거북선 다리미는 공기가 내부에서 순환되는 방식이어서 다리미 안에서 쉽게 숯을 피울 수 있다고 광고에서 밝혔다. 또 오래되어 녹이 난 철제 숯다리미를 계속 사용하면 녹 때문에 열이 잘 전도되지 않아 비경제적이니 신형 거북선 다리미로 바꾸어 쓰라고 권했다.

온돌 겸용 화덕

(조선일보, 1924. 10. 27)

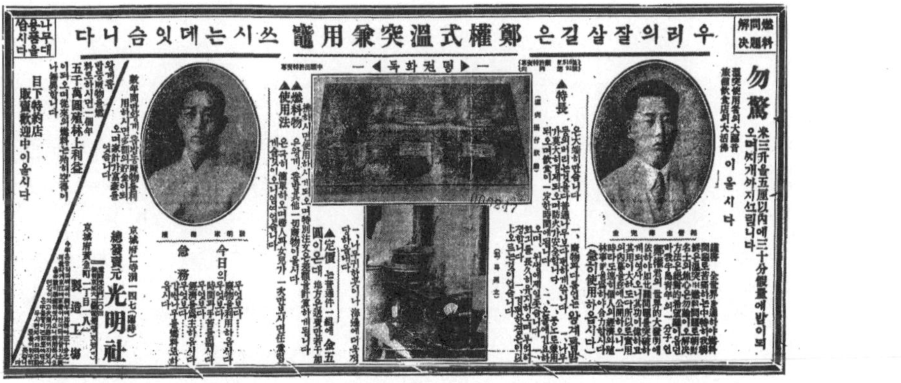

어느 '청년 발명가'가 '세계적 대발명'을 했다며 신문에 대대적으로 5단 통 광고를 했다. 이 물건은 왕겨나 톱밥 등을 때어 난방과 취사를 동시에 할 수 있는 화덕이다. 광고는 "놀라지 마시라. 쌀 3되를 (올려놓고) 30분 가량이면 밥이 되오며 찌개까지 끓입니다"라고 했다. "폐물을 이용하니 경제적"이고, "나무가 귀한 곳이나 해변에 더욱 적당"하다며 가정집은 물론 여관과 음식점 등을 겨냥해 '온돌 사용자의 대복음'이라고 목청을 높였다.

1920~1930년대 발명의 시대

1920~1930년대의 이 땅은 '발명의 시대'라 할 만하다. 신문에는 발명 진흥을 외치는 논설과 기획기사가 줄기차게 이어졌으며, 외국의 발명 뉴스들이 발빠르게 외신면에 보도됐다.

신문 지면을 보면 당시 사람들이 무엇을 필요로 했으며, 어떤 꿈을 꾸었는지 읽을 수 있다. 1928년 충남 당진군의 한 발명가가 고심 끝에 발명한 새로운 독서대는 "어떠한 곳에서든지 (…) 안저서나 누워서나 자유로 책을 보게" 해주는 도구였다. 1936년에는 전기를 이용해 탈모를 치료하는 장치가 발명되자 신문은 '대머리에 재생의 봄'이라는 제목 아래 "천하의 대머리당은 안심해도 좃습니다"라고 보도했다. 발명 붐이 절정에 이른 건 1927년경이다. 이해에는 조선인의 발명에 관한 기사가 가장 많이 나온다. 이때 '발명의 조선' '발명 조선'이라는 말은 유행어처럼 지면에 자주 등장했다.

이듬해인 1928년 1월 1일자 조선일보 신년호는 제3면 전체를 '발명 특집'으로 꾸며 1927년에 주목받은 조선인들의 발명 6건을 소개했다. 그중에는 '움푹한 가마솥의 국물을 쉽게 떠내는' 신개념 국자가 '마누라에게 선사할 거리'로 주목받았으며, '건전지를 이용해 물고기 잡는 장치'와 '나무를 적게 때고도 큰 화력을 내는 개량 온돌'이 우수 발명으로 꼽혔다.[53]

1927년 평안북도의 '궁벽한 산촌에 사는 한 무명 청년'은 공중에서 너울너울 날아가는 솔개를 보고 연구한 끝에 '날개를 치는 비행기'의 모형과 도면까지 만들었다. 실제로 제작에 성공했다는 후속 보도는 없었지만 도전 정신만은 높이 살 만하다. '발명 조선'의 무드가 최고조에 달한 1928년 12월 21일에는 조선인의 발명을 장려하는 '고려발명협회'가 창립됐다. "과학에 뒤진 조선 사람에게 과학사상을 보급시키고 발명의 천재를 배양하기 위하여" 생긴 단체였다. 과학과 발명에 대한 호기심과 연구열이 무척 높았던 시대였던 것으로 보인다.

『과학과 모형』이라는 잡지도 이미 1930년대에 발간되었다. 이 잡지는 '라디오 조립법'과 '모터보트 만드는 법'을 소개한다고 광고했다. 새로운 발명품에는 늘 '대복음'이라는 카피가 붙었다.

그 시대에 조선일보는 해외의 과학·발명 뉴스도 자주 보도했다. 1923년에는 '불국佛國'(프랑스)의 과학자 베르팅 교수가 "무선뎐신으로 활동사진을 보내는 법을 발견하야 성공하였다"며 "이는 한곳에 안져서 세계에서 발생하는 사실을 일일히 활동사진에 출현케 하는 신긔한 새 기관이라"는 뉴스도 보도됐다. 기사에는 '세계를 좌관坐觀하는 기계'라는 제목이 붙었다.[54] 텔레비전이 탄생하기 이전에 그 기초가 되는 발명을 했다는 내용으로 보인다. '스크린과 관객이 문답한다'는 '생각하는 영화 띙키'가 발명됐다는 소식도 신문에 실렸다. 오늘날의 인터랙티브 시스템을 연상시키는 방식이다.[55]

물론 외국발 발명 뉴스 중에는 신빙성이 의심되는 기사도 있다. '프랑스에서 황금 제조기를 발명'했다든가, 추락해도 안전한 비행기가 등장했다는 황당한 내용도 지면에 실렸다. 음성인식 기술이 발달한 오늘에도 완벽하게 구현하지 못한 '음성 타이프라이터'가 1923년에 이미 발명됐다는 보도도 있으나 사실인지 의심된다.

일제강점하의 조선일보는 왜 그토록 국내외 발명 소식에 많은 지면을 할애했을까. 민족의 운명이 발전하려면 발명이 긴요하다는 판단 때문이었다. 1928년 신년호의 발명 특집기사 첫머리에서는 발명에 대한 조선일보의 큰 관심이 민족 현실에 대한 각성에서 출발한 것임을 다음과 같이 분명히 밝히고 있다.

우리는 우리 힘으로 살자. 우리 것으로 먹고 닙고 쓰고, 그리하여 남에게 빌고 엇는 것이 업도록 하자. (…) 이(일본 등으로부터 들여온 수입품)에 대한 순이익은 결국 남의 주머니 속으로 들어가며 우리의 빈혈증은 나날이 심하야간다. (…) 그럼으로 우리는 우리의 소용所用을 우리가 발명하여 우리의 원료와 우리의 가공으로 우리가 수용需用하지 안흐면 우리의 주머니는 늘 대공황을 면치 못할 것이다.

4부

고통의 세상
만병통치약의 꿈

신체 비만하게 하는 묘약

비만제

'비만제肥滿劑' 광고가 신문에 조그맣게 실렸다. 1934년 어느 날의 일이다. 살쪄서 걱정인 요즘 사람들 눈에는 '비만 치료제'로 오인하기 딱 십상인데, 실은 정반대 용도의 약이다. "신체 수척瘦瘠하야 각종 요법도 효능 업고 곤란한 분"을 상대로 "해害 업시 신체 비만하는 묘약"을 알리고 있다. 쉽게 말해 몸을 오동통통 살찌게 해준다는 약이다. 비만이 건강의 적으로 취급되는 오늘날과는 달라도 너무 다른 시대였음을 실감한다. 비만제 광고는 사나흘에 한 번꼴로 꾸준히 눈에 띈다. 이런 약이 필요한 사람들이 꽤 있었다는 이야기다.

먹고살기 힘들었던 1920~1930년대 이 땅에서 '비만'이란 극복의 대상이 아니었다. 고도비만만 아니라면 적당한 비만은 많은 이들의 꿈이었다. 몸이 말랐다는 것은 '영양이 부족하다', 살쪘다는 것은 '건강하다'는 말의 동의어였다. 그러기에 웬만한 영양제들도 광고 카피에 다른 효능 다 제쳐두고 살찌게 해준다고 내세우기에 바빴다. 발육기 어린이 영양제로 히트한 '에비오스'라는 약의 광고는 "잘 살찝니다"를 대표적 효능으로 내세웠다. '식물호르몬 활용약'이라는 '네오네오기'는 6단이나 되는 대형 광고에 밤톨만한 큰 글씨로 '비대해지고 혈색 증가!'라고 굵은 제목을 붙였다. '비만체肥滿體가 된다'고도 했다.

이 시기 신문의 여성·가정면에도 살찌는 법을 알려주는 기사가 심심찮게 실렸다. 신문은 특히 주부나 어머니가 야위면 곤란하다고 경고하는 일이 많았다. "야윈 어머니, 영양 부족의 어머니에게서 낳은 아이들이 어떻게 건강하겠습니까"라고 개탄했다.[1]

이른바 '천고마비天高馬肥'의 계절이라는 가을로 접어들면, 신문에 살찌는 법을 알리는 기사가 더 자주 실렸다. '여름에 마른 살, 가을에 찌우자'라는 구호 같은 제목도 보인다. 음식물을 골고루 섭취하고 질병에 걸리지 않도록 좋은 생활습관을 들이자는 기사인데 이 모든 걸 아우르는 표현이 '살찌우기'였다. '에비오스'는 가을에 낸 광고에서 "살찌라! 건강의 추秋에 살 안 찐 분은 에비오스 정을!"이라는 카피를

'신체 비만하게 하는 묘약'이라는 '비만제' 광고.(조선일보, 1934. 5. 3)

病體에나、衰體에나·

肥大해지고 血色增加

이런新發見만은 못보면一生의損

動植物界를貫通한生命素

植物홀몬에對하야

食慾의急進體力의充實은곳알수잇다

'식물호르몬 활용약'이라는 '네오네오기'는 식욕을 증진시켜 살찌게 해주고 체력을 길러준다고 광고했다. 붓글씨로 주먹만하게 쓴 '비대肥大'라는 표현은 오늘날과 정반대로 많은 이들이 꿈꾸는 바였다.(조선일보, 1935.12.28)

'잘 먹습니다 잘 살찝니다 발육이 대단 조케 되습니다'라는 제목을 붙인 어린이 영양제 '에비오스 정錠' 광고.(조선일보, 1934. 8. 28)

썼다.[2] 어느 기사는 '너무 꼬치꼬치 마르는 것도 한 가지 고통'이라고 생각하는 여성들을 위해 살찌는 법을 소개했다. 기생충을 없애는 것과 함께 "질소를 많이 포함한 것(예컨대 어류, 육류, 계란, 콩, 해태류 등)을 위주로 잘 먹지 않으면 안 될 것"이라며 음식이 잘 소화되도록 천천히 먹으라고도 권하고 있다.[3]

살이 찌기를 바라는 사람들에게 서구인들의 살 빼기 노력은 이해하기 어려웠을지 모른다. 1939년 신문은 '살찌고 여위는 것도 노력에 따라 마음대로 하는 미국 여성들'이라며 미국의 다이어트 풍조를 신기한 해외토픽으로 소개했다.[4]

1930년대 후반의 이 땅에서도 일부 젊은 여성들 사이에서 몸매를 날씬하게 만드는 게 한때 유행한 듯하다. 그러자 신문은 살 빼기 노력이란 아주 잘못된 것이라며 이렇게 비판했다.

몸집이 호리호리한 것은 엡부다 하야, 작고 야웨여질 궁리만 내는 것이 요사히 일 업는 녀자들의 일반적 경향이라고 볼 수 잇습니다. 그러나 여긔 대하야 요사히 주네-브(제네바)의 련맹(국제연맹) 보건위원회에서는 아조 중요한 결론을 내렷습니다. 그 내용을 살펴보면 "젊은 녀자들의 야웨여지랴는 무리한 류행으로 말미아마 세계의 폐병 예방은 방해가 만타"라는 긔발한 론문이 위원회에 제출되엿답니다. 그 보고서에서는 "폐병 예방의 철저를 도모하랴면 위선 여자들의 몸단장을 못하도록 하여야 겟다"고 하엿습니다.[5]

"부인의 무자無子는 여자의 큰 불행이요 죄악"

아들 낳는 약

"자보子寶(보배 같은 아들)를 얻으라!"

1929년 가을, 신문에 실린 '비호'라는 약 광고 속 그림에는 토실토실한 아기가 기저귀를 차고 앉아 있다. '아들 낳는 약' 광고다. 불임 여성들이나 아들 못 낳아 한 맺힌 며느리들을 향해 '이 약 먹으면 아들 낳을 수 있다'고 유혹하고 있다.

정말 아들을 임신하게 하는 효능이 있었을까. 물론 아니다. 명백한 과장광고라는 사실은 광고문을 잘 읽어보면 알 수 있다. 생리불순 같은 여성의 병을 치료하고 체력을 회복시켜 임신할 여건을 조성해주는 '부인병 약'일 뿐인데, '아들 낳게 해주는 약'으로 포장한 것이다.

이러한 '아들 낳는 약' 광고들이 1920년대 신문에서는 숱하게 발견된다. '비호'의 광고는 차라리 점잖은 편이다. '태극임자환'이나 '옥동

귀여운 아기 그림까지 곁들여가며 '보배 같은 아들을 얻으라!'고 여성들을 유혹하는 아들 낳는 약 '비호'. (조선일보, 1929. 10. 17)

자환' 같은 약들은 그 이름부터 '아들을 임신하는 환약'이란 뜻으로 지어놓고는 '신약神藥'(신비한 효험이 있는 약)이라며 허풍으로 가득한 광고를 실었다.

'옥동자환' 광고는 "무효이면 약가藥價 전부를 반려返戾함"이라고 큰소리친다. 약을 구입하는 고객에게 이러한 조건을 적은 계약서를 준다고도 했다. 이 약은 또 "복용하시면 복용하시는 날부터 병마도 박멸되고 옥동자도 생산합니다"라는 솔깃한 카피도 썼다. 도대체 무얼 믿고 이렇게 큰소리친 것인지 궁금할 정도다.

하지만 이 약의 정체 역시 광고 한 귀퉁이에 깨알같이 작은 글자로 보일락 말락 하게 적어놓은 효능 설명에 드러나 있다. 이에 따르면 옥동자환의 효능에는 월경불순, 자궁허냉子宮虛冷, 적백대하赤白帶下(붉고 흰 여성 생식기 분비물), 불수잉태不受孕胎, 빈혈쇠약, 소화불량 등 열 가지 병세를 다스린다는 것만 있을 뿐이다. 항목 어디에도 '남아 출산' 같은 건 없다.

그런데도 광고 카피에서는 '아들 낳게 해준다'고 큰소리치고 있다. 과장광고를 제대로 규제하지 못한 구시대의 느슨한 시스템을 떠올리게 할 뿐이다.

광고들은 아들 못 낳는 게 큰 잘못이라도 되는 것처럼 묘사하기 일쑤였다. "남과 가튼 애기를 못 낫는 것은 가정부인에 큰 수치"라고 하는가 하면, 대형 제약회사인 화평당和平堂약방의 '태양조경환胎養調經丸' 광고는 "부인婦人의 무자無子(아들 없는 것)는 더할 수 없는 불행이요 가장 큰 죄악"이라고까지 했다.

하지만 현대의학으로도 완벽하게 극복하지 못하고 있는 불임증을

1920년대의 한약으로 쉽게 치료할 수는 없었을 것이다. 더구나 선택적으로 아들을 낳게 한다는 것이 가능했을 리 없다. 오늘의 의학계도 아들 딸을 골라 임신하는 이른바 선택 임신은 근거 없는 것으로 보고 있다.

그런데도 1920년대에는 '이 약 먹고 아들 낳읍시다'라는 과장광고들이 왜 그토록 많았을까. 전근대적 남아선호사상의 잔재가 꿋꿋이 버티고 있고, 근대 의약품에 대한 기대치가 한껏 올라가 있던 현실 속에서 여성들의 간절한 희망을 건드려 돈을 벌려는 상술이었다고 여겨진다.

1920~1930년대의 남아선호사상은 아들 못 낳는 여성들을 상상 이상으로 고통스럽게 했다. 신문에는 당시의 아들 선호가 얼마나 지독했는지 보여주는 사건들이 남아 있다. 딸 셋만 두고 아들이 없는 것을 비관해온 가장이 목을 매고 자살하거나, 아들을 보려고 부부가 합의하에 얻은 첩이 딸을 낳자 갓난아기를 살해한 끔찍한 일도 있었다.[6]

근거 없는 약 광고들이 횡행했던 것은 근대의 과학지식이 대중들에게 제대로 확산되지 못했기 때문이기도 하다. 당시 신문의 과학면에는 "생식세포 내에는 염색체라는 것이 잇서서 수정할 때에 그 방법에 의하야 남녀의 성性이 생生하는 것"이라는 과학지식이 소개되었다. 그러나 동시에 외신을 다루는 지면에는 '남편이 부인과 나이가 같으면 딸을 낳을 확률이 높고, 그 밖의 경우엔 아들을 많이 낳는다' '부부의 영양이 부족할 경우 남아가 많다' '여성의 오른쪽 난소에서 배란될 때 임신하면 아들을 낳는다'는 황당한 풍문들이 외국의 '학설'로 버젓이 소개되던 때였다.[7]

당시는 전근대와 근대가 뒤섞인 과도기였다. 시대를 앞서간 소수의

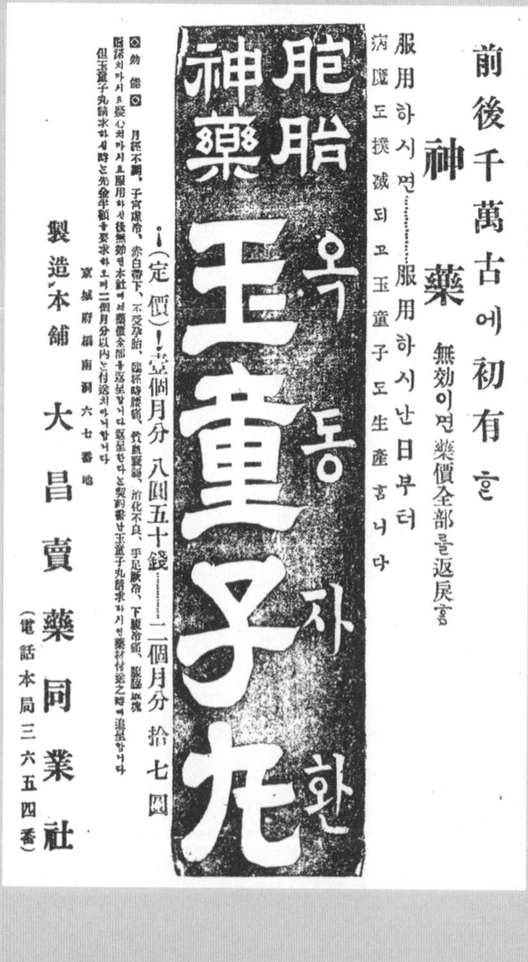

이름부터 '임자환'(아들을 임신하는 알약), '옥동자환'(옥동자를 낳는 알약) 등 '아들'이라는 말을 넣어 지은 1920년대의 '아들 낳는 약' 광고들.(조선일보, 1920. 6. 26, 1923. 6. 21)

근대적 의식은 낡은 인습과 끊임없이 충돌하기도 했다. 1933년 조선일보 '고민상담란'에 25세 기혼 남성이 "딸만 둘을 낳은 아내가 병에 걸려 더이상 임신을 못하게 됐는데 이혼하면 안 될까요"라고 어이없는 문의를 해왔다. 여성운동가 김활란金活蘭은 답변을 통해 "딸자식도 자식이다. 이혼은 절대 안 된다"고 따끔하게 꾸짖었다.[8]

의식의 변화는 약 광고에서도 드러난다. '태양조경환'은 1924년 광고에서 '아들 없는 것은 부인의 죄악'이라고 했으나[9] 1938년의 광고에서는 '생남생녀生男生女하게 해준다' 즉 '아들딸 낳게 해준다'로 바뀌었다.[10] '딸'이 슬그머니 추가된 것이다. 아들만 선호하던 전근대적 의식이 14년 세월 동안 '남녀평등'을 향해 몇 발자국 움직였다는 느낌이 든다.

"지는 나뭇잎보다 구슬픈 탈모" 대머리의 복음

탈모 치료제

탈모증을 '현대병'인 줄 아는 사람도 있지만, 머리 빠지는 사람들의 고민은 1920~1930년대에도 만만치 않았다. 이 무렵에 이미 탈모증 치료제가 신문에 열심히 광고를 싣고 있었다. 그때의 광고 카피는 좀더 원색적이다. '털 나는 약!'이다. 일본에 본사를 둔 '동경약원東京藥院'에서 '후미나인'이라는 상품명으로 내놓았다. '후미나인'의 광고는 이런 문장을 썼다.

근대 문화의 진보는 지금까지 곤란困難이라고 여겨오든 모생毛生에 관하야 놀낼 만한 발표를 보게 되엿습니다. (…) '털 부족에 고민하는 제형자매諸兄姉妹들'을 위해 모근에 대한 자극과 영양 부과 작용, 모경을 파먹는 세균 구제 작용 등으로 털을 번식繁殖케 하는 것이 다나카田中 의학박사의 창

제약創製藥 그것입니다.[11]

이 약은 또다른 광고에서 '머리털이 적은 이'는 물론이고 '남녀간 잇서야 할 곳에 털 업는 이'에게도 필요하다고 했다. 이후 1930년대 후반에 이르기까지 탈모증 치료제 광고는 꾸준히 계속됐다. 대부분 '후미나인'의 광고들이다. 워낙 유명해지자 '후미나인'은 탈모 치료제의 대명사가 됐다. 가령 1930년대 신문의 고민상담란에 투고한 탈모증 독자들의 글마다 "후미나인을 발랐는데 영 효과가 없어요"라는 표현이 눈에 띌 정도였다.

탈모증은 오랜 옛날부터 있었을 텐데 1930년대 전후에 특별한 관심의 대상이 된 까닭은 무엇일까. 갓·망건·족두리 등 머리에 무언가를 쓰던 시대가 끝나고 단발·맨머리의 근대로 접어들면서 모발의 상태가 확실히 드러나게 된 사정과도 무관하지 않은 것으로 보인다. 남녀 모두 머리를 치렁치렁 기르고 다니던 때와 달리 단발이나 하이칼라 머리는 탈모를 더욱 확실히 드러내 보였을 것이다.

또한 1930년대 들어서 '모자를 벗자'는 새로운 유행이 일어난 것도 탈모증 치료에 대한 관심을 늘게 했을 가능성이 있다. 개화 이후 갓이 사라졌어도 한동안 중절모, 맥고모자, 파나마모자 등 모자를 쓰는 게 일반적인 차림새여서 벗어진 머리를 가릴 수 있었으나, 모자를 벗는 새 유행은 탈모증 환자들을 불편하게 했을 것이다. '탈모脫帽' 때문에 '탈모脫毛'에 대한 관심이 늘어난 셈이다.

1930년대에는 모자를 벗는 게 '모던'한 것으로 여겨졌다. 오산고등보통학교는 외국에서 연구하고 부임한 신임 교장의 아이디어로 학생

탈모증 치료제 '후미나인'의 1938년 광고. '남자나 여자나 날 데 털이 안 나거나 털이 적어 보기 흉한 이는 곧 쓰라'고 권하고 있다.(조선일보, 1938. 10. 15)

들에게도 모자 벗는 것을 허용하자 조선일보가 이를 '오산의 모던 풍경'이라고 보도했다.[12] 모자는 '미개한 노인들'이나 쓰는 것으로 취급받았고, 모자를 벗는 건 '모던 풍경'이었다. 모자를 쓰지 않는 스타일은 '무모주의無帽主義' 혹은 '탈모주의脫帽主義'라고도 불렸다. 신문도 "모자를 벗으면 자외선이 모근을 자극하므로 모발이 잘 자란다"며 "맨머리로 나다니자"고 썼다.[13]

모자 벗기가 유행하던 시기의 지면에는 '대머리 예방 비결' 같은 모발 위생에 관한 기사가 부쩍 늘어났다. 모발 이식에 관한 연구 결과도 소개됐다. 미국에서 발모를 촉진하는 내복약을 개발했다는 외신 기사에는 '대머리의 복음'이라는 제목이 붙었고, 머리가 빠지는 건 "지는 나뭇잎보다 구슬픈 탈모"로 처량하게 묘사됐다.[14] 외모에 대한 관심이 높아지는 시대의 기류를 타고, '털 나는 약'은 한 병에 5원 50전(약 11만 원)의 고가임에도 불구하고 '전국 도처의 약점藥店에 있는' 대중적 약이 되어갔다.

"파리는 우리의 원수"
퇴치약 판촉에 50억 경품

파리약

1921년 6월 17일자 조선일보 사회면에 무척 전투적인 표현이 눈에 띈다. '파리는 우리의 원수이니 때려라, 죽여라.' 꼭 '벌레 규탄대회'에서 외칠 법한 군중들의 구호 같지만 실은 신문기사 제목이다. 날이 점점 더워지자 평안남도 위생과에서 자동차로 시내를 돌며 파리박멸운동을 했다는 기사에 이토록 '원색적'인 제목이 붙었다. 그깟 파리를 왜 이렇게 과격하게 규탄했을까.

그 시절에는 파리가 더러운 벌레라기보다 무서운 벌레였기 때문이다. 요즘은 파리가 입히는 피해라야 음식에 균을 묻혀 식중독을 일으키는 정도이지만, 시곗바늘을 1920년대로 돌리면 이야기가 전혀 달라진다. 그 시절 파리는 약간의 과장을 섞어 표현하면 '살인벌레'였다. 1920년 여름, 제주도 전체에 퍼져 4134명의 목숨을 앗아간 호열자(콜레라)를 옮긴 주범이 파리였다. 오죽하면 앞의 파리박멸운동 기사에는 "악마 갓흔 파리"라는 표현도 있다.

파리뿐 아니다. 모기도 그 시절에는 공포의 벌레였다. 자는 사람의 몸을 물어 가렵고 아픈 상처 하나 남기는 정도가 아니었다. 뇌염을 일으켜 숱한 사람을 숨지게 했다. 쥐벼룩은 또 어떤가. 치사율이 30~90퍼센트나 된다는 전염병 '페스트'를 옮겼다.

환경 위생이나 방역 시스템, 전염병 치료제가 오늘 같지 않았던 옛날에는 이런 벌레들이 훨씬 극성스럽게 번식했고, 벌레들이 옮긴 치명적인 전염병에 감염돼 숱한 사람들이 속수무책으로 죽어갔다. 파리·모기 퇴치약들이 불티나게 팔리지 않을 도리가 없었다. 당시의 신문광고를 보면 살충제 시장의 규모가 가늠된다. 1930년대에는 더위가 오기도 전인 4월 하순부터 파리·모기약 광고가 앞다퉈가며 신문에 실렸다. 살충제 광고는 소화제나 비누 같은 일반적 생활용품 광고 못지않게 자주 그리고 크게 실렸다.

파리를 어린아이 몸통보다 큰 괴물로 묘사

당시의 파리약 중 히트상품은 가루로 된 일본제 '이마즈 승취분蠅取紛' (파리 잡는 가루)이었던 듯하다. "파리는 물론, 엇던 가정 해충이라도 당장에 전멸!"이라는 캐치프레이즈를 내세워 가장 많은 물량의 광고공세를 펼쳤다. 이 살충제는 1935년 여름이 되자 7월 9일자 광고에 '경품 50만 원 제공!!'이라고 내걸고 대규모 판촉 행사까지 벌였다. 당시 50만 원은 쌀값 기준으로 환산해보면 무려 54억 원 정도 되는 거액이다. 파

파리 죽이는 약 '이마즈 승취분' 광고. 잠자는 아이 주변에 파리와 빈대 등을 괴물처럼 큼직하게 부풀려 그려넣고 '안면'이라는 글자를 크게 적어놓았다.(조선일보, 1937. 4. 23)

리약이 얼마나 많이 팔리는 제품이었는지 짐작할 수 있다.

광고마다 파리를 '증오'하는 군사적 표현들이 난무했다. 1930년대 중반 파리약 광고에는 이런 표현들이 카피로 쓰였다.

—파리와 모기의 정벌征伐

—파리를 철저적으로 박멸

—이마즈 승취분, 효력 무적無敵

—포위공격하여 전멸케 하시오

파리약 광고에는 파리를 '괴물'처럼 과장된 크기로 그린 일러스트를 곁들이기 일쑤였다. 잠자는 아기 위로 아이보다 더 큰 파리와 아이 몸통만한 벼룩, 빈대가 달려드는 그림을 넣고는 "안면安眠(편안한 잠)과

위생을 위하야"라는 캐치프레이즈를 써넣는 식이다.

빈대가 맛있게 먹고 죽는다는 '빈대 팔진미八珍味'

판촉전이 뜨거워진 탓인지 살충제 회사들은 저마다 자기 제품의 장점을 자랑하기 바빴다. 온갖 아이디어를 쥐어짜다보니 약간의 '무리수'까지 두었다. 한 살충제 광고는 아기가 살충제 병을 입으로 불어 분무하는 그림까지 넣고는 "아해들도 용이히(쉽게) 불 수 잇는" 분무형 제품이라고 설명했다. 사용하기 쉽다는 점을 강조한 것이지만, 맹독성 살충제 병에 아기가 입을 대는 모습은 보기만 해도 위험천만하게 느껴진다.

경성에서 판매한 어느 빈대약은 제품명을 '빈대 팔진미八珍味'라고 붙였다. "빈대가 꿀보다 더 달게, 맛있게 먹고는 즉사함으로 왼 집안 빈대가 몰사전멸한다"는 뜻이란다. '전멸 안 되면 책임진다'는 약속도 했다.[15] 벌레가 잘 먹는 약이라는 점을 강조하려고 '진미珍味'라는 단어를 제품 이름에 넣었겠지만 감탄보다는 쓴웃음이 나온다. 한 살충제 광고는 약을 맞고 우수수 떨어지는 파리를 지켜보는 여성의 사진에 "어머, 재밌어"라는 대사를 말풍선처럼 크게 넣기도 했다.

파리와의 전쟁에 살충약만 쓴 것은 아니다. '포승기捕蠅機'(파리 잡는 기계)까지 개발해 판매됐다. 1924년 5월 23일자 조선일보에는 파리 잡는 기계의 광고가 신문의 얼굴인 제1면에 실렸다. 아기 주먹만한 크기의 괴물 파리를 그려넣었다.

그 시절 벌레에 대한 사람들의 분노는 우리가 짐작하는 것 이상이었다. 여름만 되면 신문에는 '여름의 평화를 깨는 작은 악마, 여러

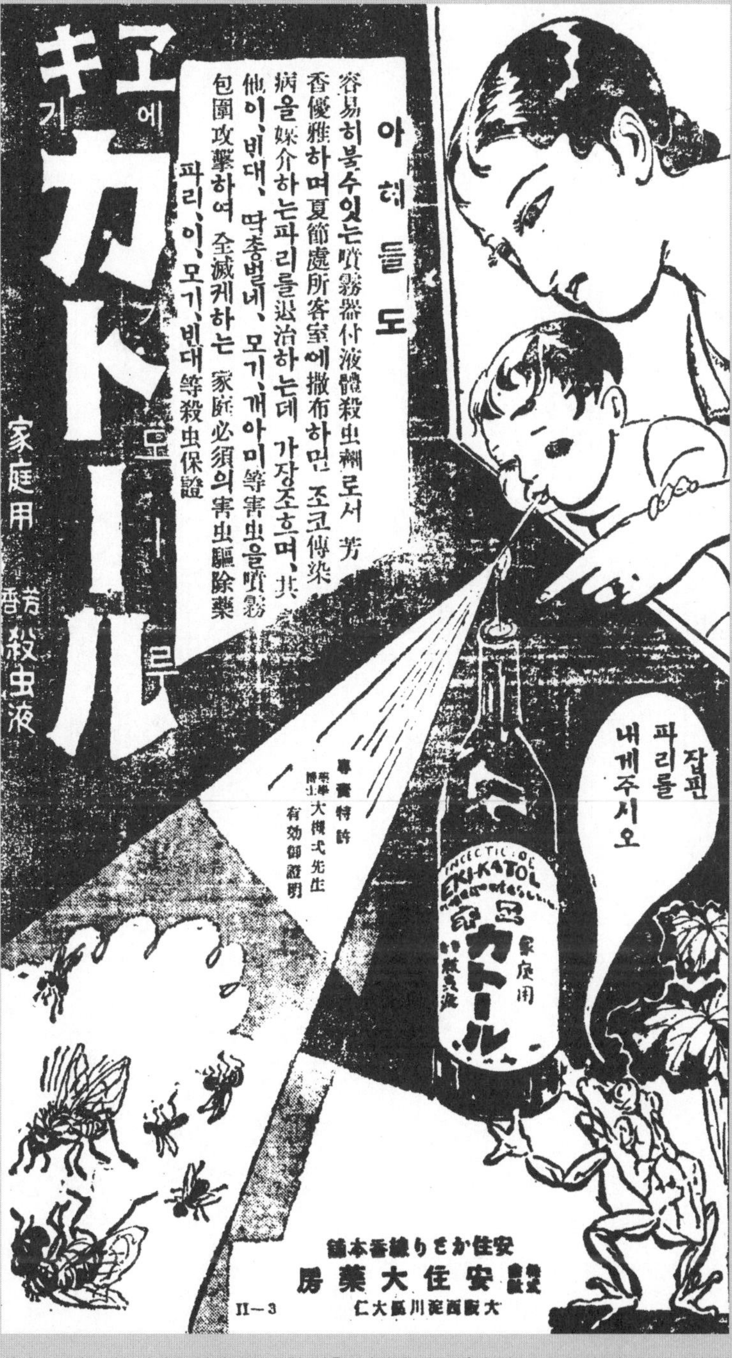

파리, 모기, 이, 빈대를 없애는 분무형 살충제 '에기 가도루'의 광고. 요즘의 캔스프레이와 달리, 작은 관에 직접 입을 대고 불어서 약을 뿜는 방식이다. 사용하기 쉽다는 점을 강조하려고 했는지 "아해(아이)들도 용이히 불 수 잇"다며 아기가 입으로 부는 그림까지 그려놓았다. 오늘날 같으면 위험천만하다고 지탄받을 광고다.(조선일보, 1935. 7. 14)

분은 쳐서 물리치시오' 같은 제목의 파리 박멸에 관한 기사가 끊이지 않았다. 파리를 죽이자는 내용의 동요까지 지어졌다. 1938년 여름, 어린이면에 실린 독자 작품의 동요 〈파리〉는 이렇게 노래하고 있다.

朝鮮日報

日本維新後의 政治上得失(下)

物質的으로는興隆 精神的으로는損失

六週年을回顧하는勞農露國의經濟觀

「로리스」學說의槪觀

南征日記

寫眞의喜消息

特別二割引

信聖寫眞館

요놈이여

요놈의인홈을파리라합니다

그러나요놈의大敵이出現

衛立型 鏡台型 蠅捕機

感謝廣告

やまま屋商店

海州墨

1923년 5월 하순 어느 날 신문의 얼굴인 제1면 하단 가운데에 승포기(파리 잡는 기계) 광고가 크게 실렸다. 파리 때문에 겪는 문제들이 얼마나 심각했는지 단적으로 보여준다.(조선일보, 1924. 5. 23)

입술에서 바알바알
눈섭에서 바알바알
요리조리 단이면서
간즈람 테워
자는 애기 깨워놋는
파리란 놈 죽여라

수까락에 바알바알
국그릇에 바알바알
고수하고 맛난 것은
먼 첨 맛보며
오좀똥을 싸고 뛰는
파리란 놈 죽여라[16]

동요의 내용도 웃기지만 끝에 붙은 편집자의 '평評'도 걸작이다. "파리란 놈은 아주 나쁜 놈이지마는 이 동요를 읽고 나니 더 한층 밉습니다. 잘 썼습니다." 어린이 지면에서조차 파리에 대한 '불타는 적개심'을 실감할 수 있다. 벌레들이 사람을 지금보다 몇 배 더 괴롭혔던 시대의 웃지 못할 풍경이다.

파리를 잡아오면 돈으로 바꿔드립니다

1920년대 초 총독부 위생당국은 파리 박멸을 위해 여러 아이디어를 짜냈다. 매월 1일과 15일을 '승취일蠅取日'(파리 잡는 날)로 정하고 일제 포획 작전을 벌였다.

심지어 관청에서 죽은 파리를 사들이는 '파리 수매제'까지 시행했다. 1921년 4월 25일부터 이 제도를 시행한 경성부(오늘의 서울시)의 파리 매입 가격은 한 마리당 3리(약 60원)였다. 단 10마리 이상 잡아와야 하며 얼마든지 다 사들였다. 역시 돈의 유혹은 엄청났다. 경성부청 건물은 파리를 팔려는 사람들로 대혼잡을 빚었다. 첫날 사들인 파리는 무려 16만 마리. 파리 값으로 지급된 돈이 480원(약 960만 원)이나 됐다. 가장 많이 잡아온 사람은 혼자서 파리 1만 5천 마리를 들고 왔다.[17]

하지만 수단 방법 가리지 않고 파리를 화끈하게 소탕해보려던 총독부의 파리 수매제는 이내 난관에 부딪친다. 예상보다 파리 구입비가 너무 많이 지출된 것이다. 경성부는 시행 하루 만인 26일, 매입가를 3분의 1로 줄여 마리당 1리로 내렸다. 그래도 예산 지출이 너무 많자 27일에는 다시 100마리에 3전, 즉 첫날 가격의 10분의 1로 내리더니, 29일부터는 아예 파리를 사들이지 않겠다고 발표했다. 결국 파리 수매제는 4일 만에 시행이 중단됐다. 신문은 "(관청이) 날마다 파리값을 깎을 뿐 아니라 인제는 사지도 않는다"며 졸속으로 제도를 급조했다가 며칠 만에 중단한 당국의 경솔함을 꾸짖었다.

그후에도 관청이 파리를 수매하는 일이 간간이 있었지만 1924년부터 경성부는 파리 수매를 완전히 중단한다. 생각보다 큰 효과가 없기도 했지만 또 한 가지 이유가 있었다. 당국으로서는 대도시 경성의 환경 위생을 위해 파리를 퇴치하려고 사들인 것인데, 돈에 눈먼 일부 사람들이 경성 파리는 물론이고 경기도의 파리까지 닥치는 대로 잡아와 팔았기 때문이다. 파리의 출신지를 일일이 확인할 수도 없는 노릇이니 답답할 뿐이었다. 조선일보는 파리 수매제의 중단을 보도하며 이런 제목을 붙였다. '파리 장사도 다 해먹었다.'[18]

"여보시오 아편장이" 이것 한번 먹어보오

아편 해독제

1930년 연초 조선일보에 실린 단성사 영화광고 바로 옆에는 3단짜리 특별한 약 광고가 있다. '모루히네'(모르핀) 중독을 해독해준다는 '안치모힌' 광고다. 마약중독자로 보이는 수척한 몰골의 사내를 그려넣은 이 광고는 "여하한 중증重症이라도 20회 이내의 정맥주사로 적확히 전치全治할 수 있는 공전무비空前無比의 신약神藥"이라고 선전하고 있다. 약값은 10회분에 8원(약 16만 원)이나 됐다. 이런 마약중독 치료제 광고가 의외로 자주 실렸다. 1934년에는 '모루히네 복 모나루'라는 마약 해독제 광고가 8단의 대형으로 실리기도 했다.

도대체 당시 마약중독자가 얼마나 많았으면 일간지에 해독제 광고가 이렇게 잦았을까 하는 생각이 든다. 실제로 일제강점하의 이 땅에서 아편 등의 마약은 우리의 상상을 초월할 만큼 만연했다. 1920년 3월부

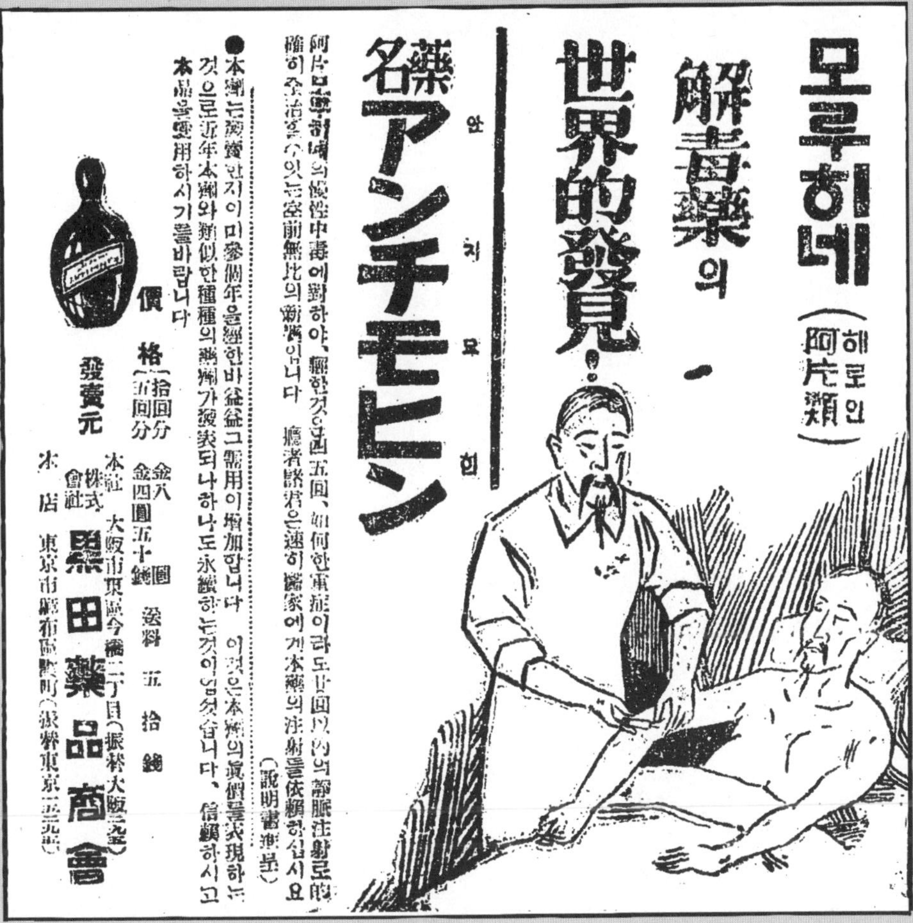

'모루히네'(모르핀)에 중독된 환자를 치료한다는 해독약 '안치모힌'의 광고. 아편 해독제가 일간신문에 광고됐다는 것으로 미루어 당시 사회에 마약중독자가 얼마나 많았는지 짐작할 수 있다.(조선일보, 1930. 1. 8)

터 1940년 8월까지 제목에 '아편' '마약' '모루히네' 등이 들어간 조선일보 기사를 검색해보니 2290건이나 된다. 대부분 마약흡입자 단속 기사, 혹은 중독자 증가에 관해 문제 제기를 하는 기사들이다.

조선 말기 이 땅에 들어왔다는 아편은 일제강점기에 점점 확산됐다. 1919년까지는 아편의 원료인 양귀비의 재배나 아편 흡입에 대해 별다른 규제가 없었다. 1919년 6월부터 조선총독부는 아편 전매제를 실시해 허가받은 사람들에 한해 양귀비를 재배하거나 의료용 아편을 만들 수 있게 했으나 간단한 신고만 하면 재배자격을 딸 수 있어서 사실상 신고제에 가까웠다.

조선총독부가 1935년 4월 25일에는 '조선 마약 취체령'을 발포發布하여 아편을 비롯해 총독이 지정한 마약을 정부 외에는 제조 또는 수입할 수 없게 했다. 또 의약업자와 관청, 병원, 학교 외에는 마약을 매매 또는 양여하지 못하도록 했다.[19]

그러나 마약은 일제강점기 내내 근절되지 않았다. "조선총독부는 식민지 조선에 있어서 아편의 생산과 소비를 겉으로는 이모저모로 감시 억제하는 것처럼 보이지만 실제로는 방임-장려했다"는 학계의 연구도 있다. "조선인 중 유식층有識層과 유산층有産層을 되도록 많이 폐인으로 만들어 반일反日 인구를 감소시키려는 데 더 큰 목적"을 두었다는 것이다.[20]

느슨한 규제 속에 '의료용'으로 제조된 아편이 흘러나와 풀리면서 말초적 쾌락을 좇는 마약중독자들이 양산될 수밖에 없었다. 1920년 함경북도 경성군 어대진 산속에서는 주민 300여 명이 경찰에게 뇌물을 줘가며 40만 평의 토지에 양귀비를 몰래 재배하다가 단체로 발각됐다.[21]

개성에서는 한 마을 주민 40~50명이 아침저녁으로 한집에 모여 모르핀 주사를 맞는 일이 있었다.[22] 심지어 신문에 「중독 사망자에게」라는 4·4조의 시詩가 실렸다. 내용은 이렇다.

> 모루히네 중독되야
> 제 일신을 제가 망쳐
> 망신 패가 자취하니
> 어느 누가 동졍하랴
> 여보시오 아편장이
> 이것 보고 자성하오[23]

아편중독자들은 주삿바늘로 몸을 찌른다 하여 '자신귀刺身鬼'로도 불렸다. 마약이 얼마나 휩쓸었던 시대였는지, 단속하던 경찰관들마저 마약에 중독됐다. 1928년 아편 범죄를 맡았던 용산경찰서 고등계 주임인 일본인 경찰관이 아편범으로 구속되는 충격적 사건이 일어나더니, 며칠 뒤에는 경기도경 형사들이 속속 마약범으로 붙잡혔다.[24] 1930년 이 땅의 아편중독자는 무려 2만 명에 이르는 것으로 추정됐다. 조선일보는 사설을 통해 '추악한 인간 세상의 암흑면'이라며 개탄했다.

아편이 흔하다보니 1920년대에는 가정에서 질병 치료에 아편을 이용한 민간요법을 함부로 쓰다가 어처구니없는 변을 당하는 일도 있었다. 1929년 경성에서 3세 여아가 심한 설사를 하자 '아편이 설사를 멎게 한다'며 어른들이 아편을 먹였다가 아이가 숨졌다.[25] 공교롭게도 이 사건이 보도되기 3일 전 조선일보에는 〈설사에 아편 잘못 먹으면 큰일〉

이라는 기사가 실렸다. 무지無知가 사람 잡던 시절이었다.

1920년대에 위험 약물에 대한 규제가 얼마나 느슨했는지를 알려주는 광고가 또 있다. 1923년 신문에 실린 '독일 베링가 요힘빙'의 광고다. 최음제 '요힘빈yohimbin'을 '춘약春藥' 즉 정력제이자 보양강장제로 신문에 버젓이 광고한 것이다. 그것도 1면에 광고했다. 오늘 같으면 상상할 수 없는 일이다. 약물의 부작용에 얼마나 둔감했으며, 약물의 오남용이 얼마나 심각한 시대였는지를 단적으로 보여준다.

결국 광복 후에야 이 땅의 마약에 브레이크가 걸린다. 1957년 마약법이 제정돼 본격적인 국가관리가 시작됐으며, 1961년 5·16군사정변 이후 군사정권이 강력한 단속을 벌인 끝에 마약중독자가 현저히 감소해 오늘에 이르렀다. 오늘날 한국이 국제사회에서 '마약 청정국'이 되기까지는 수십 년간 이렇게 어지러운 고통의 시대를 겪었다.

2012년에는 탈북 여성들이 방송에 출연하여 "북한은 외화벌이용으로 국가 차원에서 아편을 재배하며, 아편은 마약 성분이 있어 진통제로 쓰이거나 배앓이나 설사 등 만병에 효과적인 치

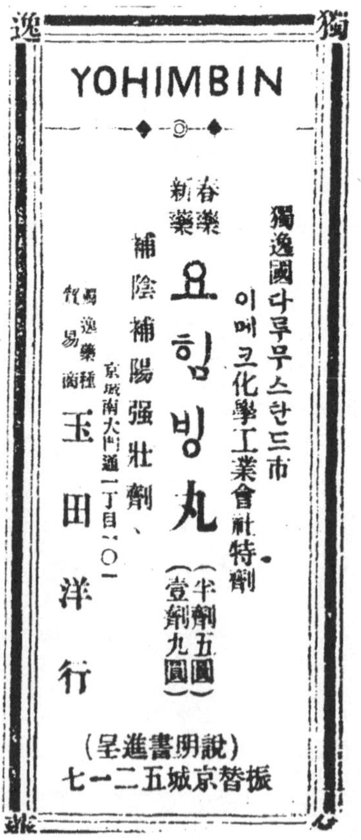

경성의 한 회사가 독일에서 수입했다는 '요힘빙환'을 판다고 낸 신문광고. 최음제 요힘빈까지 '정력제'로 신문에 광고하고 있다는 사실이 놀랍다.(조선일보, 1923. 1. 31)

료제로 쓴다"고 밝혀 사람들을 놀라게 했다.[26] 1920년대 일제강점기 조선의 실태를 떠올리게 하는 이야기다.

"세상에 화류병처럼 두려운 건 없소" 신문 1면에 진출한 성병약 광고

성병약

1924년 어느 날, 신문의 얼굴인 제1면 하단에 5단으로 크게 실린 야릇한 광고가 시선을 붙든다. 그림 속에는 젊은 여성 3명이 취한 듯 아픈 듯 몸을 못 가누며 반쯤 쓰러져 있다. 성병약 광고다. 광고의 제목은 '화류병花柳病(성병) 이야기'. '세상에 화류병처럼 두려운 것은 없소. 재능 있는 영재英才가 이 병 때문에 얼굴이 창백해지고 두뇌의 명석함도 잃어 활동이 불능함에 이르는도다'라며 몹쓸 병의 공포에 관해 준엄하게 훈계한다. 이 광고는 1920년대 이 땅의 성 문화가 어느 지경에 이르렀는지를 짐작하게 해준다. '성병약'도 아니고 발음조차 다소 민망한 '화류병 약' 광고들이 소화제 광고보다 더 많이 신문에 실렸다. 임질·매독의 뿌리를 뽑는다는 뜻의 '임질단근약' '매독단근약'을 비롯해 '옥도가리환' '임질환' '매독전치환' 등 종류도 일일이 세기

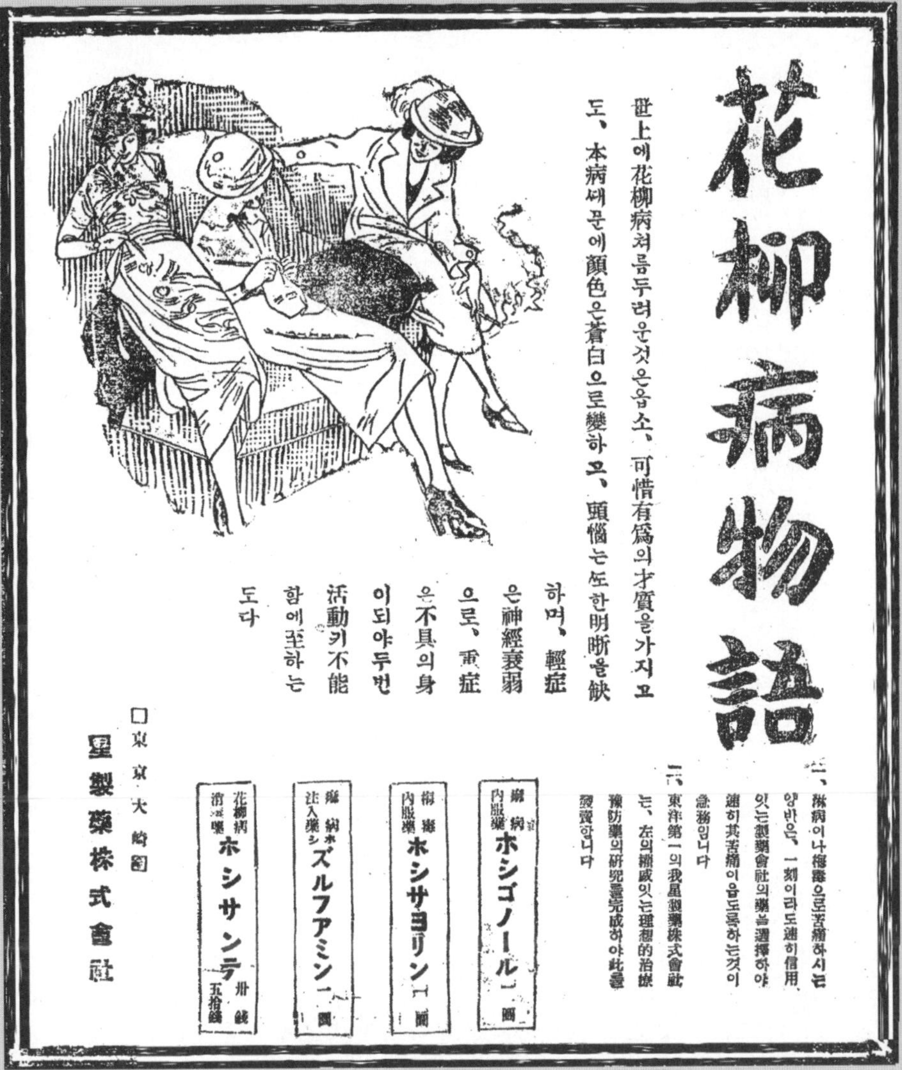

성병으로 몸이 망가진 듯 흐트러진 자세로 앉아 있는 여성들의 그림을 넣어 게재한 화류병 약 광고. "세상에 화류병처럼 두려운 것은 읍소"라며 임질, 매독 등 치료제의 가격을 알리고 있다. 신문의 얼굴인 제1면에 5단이나 되는 크기로 성병약 광고가 실렸다. 당시 성병이 얼마나 만연했는지를 알려준다.(조선일보, 1924. 7. 28)

가 벅찰 만큼 많다.

성병약 광고들은 신문의 귀퉁이도 아니고 대부분 신문 제1면에 보란 듯이 자리잡고 있다. 1920년 7월 한 달간 조선일보 제1면에 실린 성병약 광고는 무려 32개로, 하루 평균 1개가 넘는다. 많을 땐 제1면에 3개씩 실렸다. 전면광고도 심심찮게 했다. '모던 뽀이'와 '모던 껄'들이 활개치던 1920년대 내밀한 사생활의 단면을 적나라하게 보여주는 대목이다.

일제가 식민지 체제 유지의 한 방편으로 공창公娼 등을 도입해 문란한 성 풍속을 은근히 조장했기에 성병은 더 확산됐다. 총독부가 1925년 조선의 예기와 창기 6967명을 진단해보니 임질이 4094건 발견됐다. "림질병 같은 것은 거진 다 가지고 잇다"고 할 정도였다.[27] 1929년 조선박람회를 보고 귀향한 사람들을 통해 성병이 전국으로 번져 전라남도와 강원도에서는 환자가 각각 6천 명이 넘었다.[28]

대표적 성병인 임질의 치료제인 '경성해림약京城解痳藥'과 매독을 뿌리부터 다스린다는 '매독근치환梅毒根治丸'의 광고.(조선일보, 1920. 7. 4)

경성의 한 병원은 '비뇨기과'라는 진료과목 대신 '화류병과花柳病科'라고 광고했다. 오늘날에도 일본에서는 '성병과'라고 간판을 내건다.

병원은 멀고 약국은 가까운 시절이었기에 제약회사들의 성병약 판촉전이 병원 판촉전보다 더 뜨거웠다. 처음에는 병의 공포를 알리는 데 치중하는 광고가 많았다. "한번 병에 걸리면 하체의 기운을 잃는 건 물론, 병환이 후손들에게까지 미치니"라며 약간 겁을 줘 약을 사게 하는 식이었다. 혹은 아무런 그림도 사진도 없이 '성병은 망국병亡國病'이라고 훈계하듯 한마디 제목을 적어놓고는 "긴급고緊急告! 망국병을 속키 구축합시다"라고 외친 딱딱한 성병약 광고도 있다.[29]

무미건조하게 효능만 설명하던 성병약 광고들은 1924년부터 재미있는 그림도 넣고 다채로운 표현법을 동원해가며 '소비자'들을 더 많이 끌어보려고 애쓰기 시작한다. 일본 호시 제약의 성병약 광고가 대표적이다. '화류병 이야기'라는 광고를 통해 좀더 부드러운 분위기로 성병약을 판촉한 것도 이 회사다.

호시 제약은 성병약 광고에 만화처럼 유머러스한 삽화도 사용했다. 한 여성이 자신에게 접근하려는 남자에게 "성병이나 치료하고 와" 하는 듯한 태도로 퇴치약을 분사하는 만화가 그려져 있다. 누드 사진집 광고처럼 음지에 머물던 성병약 광고들이 양지로 나온 느낌이다. 그만큼 성병이 더 만연하고 '대중화'됐다는 반증으로 보인다.

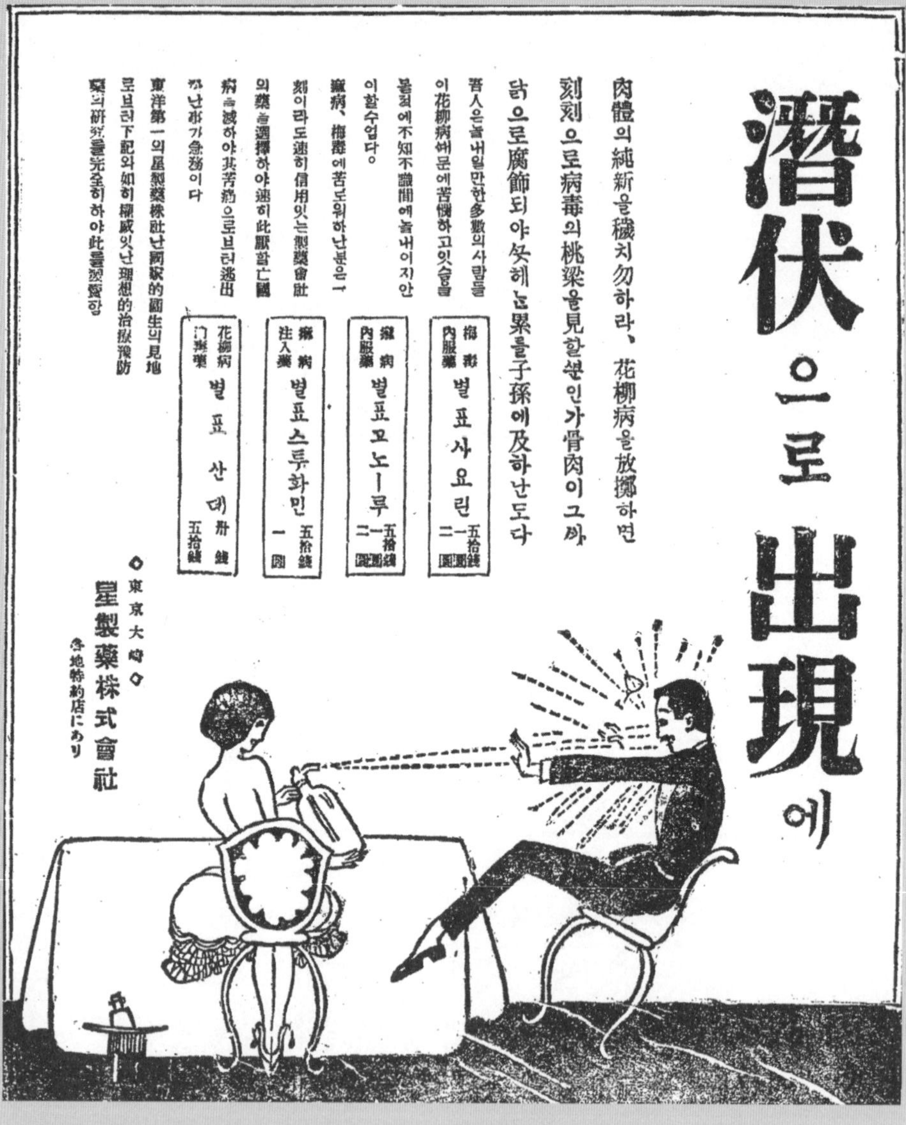

무미건조하게 효능만 나열하던 성병약 광고와 달리 익살맞은 삽화까지 넣은 광고. 한 여성이 자신에게 접근하려는 남성에게 무언가를 분사하여 쫓아내는 그림이다. '내게 오려면 성병부터 치료하라'고 말하는 듯한 느낌이다.(조선일보, 1924. 4. 14)

"마누라 친정 갈 줄 알엇드면 아니 먹엇슬 것을" 허풍 떤 정력제들

성기능 장애 치료제

성병약 광고만큼은 아니어도 보는 사람을 좀 민망하게 하는 또 한 부류가 '정력제' 광고다. 1920~1930년대 신문에 차고 넘친다. 그 시절 사람들은 도대체 힘쓸 일이 얼마나 많았던 것일까 하는 생각이 들 정도다.

완전한 상태로 남아 있는 가장 오래된 조선일보인 1920년 3월 9일자에는 1면부터 4면까지 '대력환大力丸' '익지보심원益智補心元' 등 큼지막한 정력제 광고들이 7개나 실려 있다.

정력제 광고들은 그저 '힘이 솟는다'가 아니라 '너무 힘이 솟으니 주의하라'는 허풍도 서슴지 않았다. 대륙제약공사의 '삼용보익환蔘茸補益丸' 광고는 "60 노인이라도 쾌락을 임의로 만족케 할 것이요! 청년 제위는 복용중 일주일 내로 신경을 과도히 흥분케 할 염려가 유有하니 (…) 정도

를 보아서 이삼일씩 복약을 정지하얏다가 복용하시옵"이라고 했다.[30]

남성들 정력에 좋다는 해구신海狗腎의 인기는 1930년대에도 대단했던 것 같다. 일제가 1937년 중일전쟁을 벌이면서 이 땅에 전시체제를 선포해 온 나라가 비상일 때에도 해구신은 줄기차게 광고됐다. 워낙 귀해 잘 입하되지 않았던 해구신이 어쩌다 수입되면 도착한 사실 자체가 광고의 소재였다. "양기 업서 한탄하시는 분이여. 신기 신비한 천혜적 영효를 가진 해구신이 도착하얏습니다. 백발백중은 이를 두고 하는 말"이라며 '신품 도착!'을 알렸다.[31] 소비자들이 해구신을 얼마나 앞다퉈 찾았는지 나중에는 1인당 판매량도 제한됐다. 1939년 설치된 '해구신 배급소'는 해구신을 1인당 1개씩만 제한해 판매한다며 큼지막한 광고를 통해 알렸다.

"아무리 돈이 많아도 생식기가 약한 남자는 소위 산송장"

화류병 약뿐 아니다. 성생활의 고민을 풀어준다는 광고들은 또 있었다. 바로 성기능 장애 치료제 광고다. 발기부전을 비롯한 남성의 성기능 장애를 치료해준다는 약도 많았고 치료기구도 자주 광고됐다. 이런 광고들은 봄철이 되면 꽃밭에 남녀가 엉킨 모습을 그려놓고는 "산과 들에 여러 가지 즐거운 행락 중에 정력 왕성과 성 능력 무기를 가지면 인생 도처에 환락의 무도장"이라고 읊어댔다.[32] 성기능 장애 치료제 광고들은 성 능력의 쇠퇴가 '남자로서의 사망 선고'라도 되는 것처럼 이렇게 호들갑을 떨었다.

정력제 '대력환' 광고. 장근보혈壯筋補血하게 해주며 신경쇠약이나 음허화동陰虛火動(오후에 춥고 열이 나는 병) 등을 다스린다고 했다.(조선일보, 1920. 7. 15)

한 업체가 남성용 '조루 방지약' '생식기 강대약强大藥' '나체화' 등 세 가지 상품을 함께 알리고 있는 광고. 이 상품의 주된 사용자가 결국은 거의 같은 소비자들이라는 사실을 말해준다. 조루 방지제는 '발매 불과 2년에 애용자가 3만 명 돌파! / 감사장感謝狀이 우하중雨下中'이라고 자랑하고 있다.(조선일보, 1936. 2. 8)

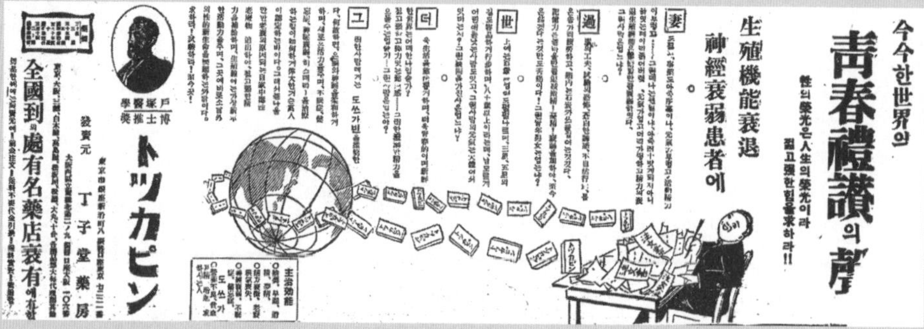

남성의 성기능 쇠퇴를 치료해준다는 '도쓰가빈'의 광고. "아즉 40밧게 되지 아니하엿는데 이리 늙어버렷고 원기가 업고 머리가 띵하고 정력의 쇠퇴 생식기능은 참담할 만큼 쇠약하엿다. 그런 사람은 업느냐?"라며 중년에 접어든 남성들에게 광고하고 있다.(조선일보, 1927. 1. 20)

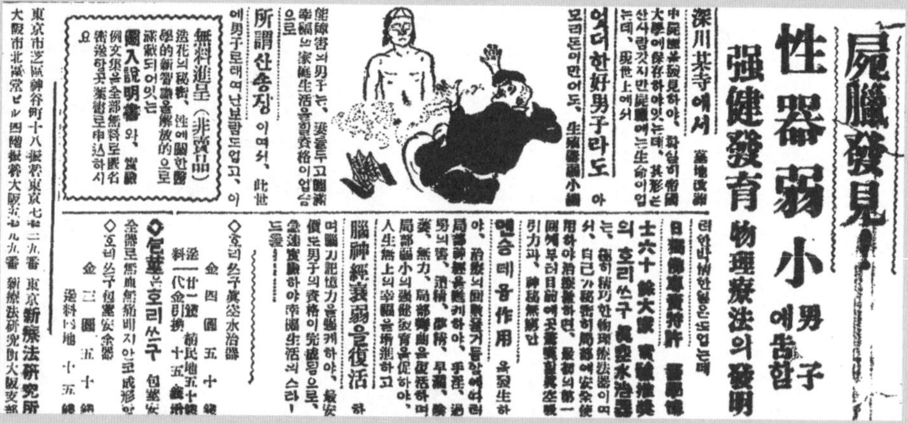

약소弱小한 남성의 성기를 강건하게 발육시켜준다는 치료기의 광고. "아모리 돈이 만어도 생식기 약소 기능장해의 남자는, 처를 두고 원만 행복한 가정생활을 할 자격이 업슴으로 소위 산송장이여서 차세此世에 남자로 태여난 보람도 업고"라고 자극적인 표현을 쓰고 있다.(조선일보, 1933. 1. 25)

—아모리 돈이 만어도 생식기 약소弱小 남자는 소위 산송장

—양기陽氣 부족은 남아의 본성을 멸망하는 것임니다. 본성을 회복하시오.

—생식기를 건강히 하야 인생의 봄을 맞으라.

—남男의 성기 단소短小, 기능 장해는 부인을 히스테리로

—부인의 신체 컨디션과 일상 기분은 성기가 중심

—생식기 약소의 비애로부터 강대强大의 행복으로

성기능 장애 치료약 혹은 치료기구들이 내세운 효과는 과장 일색이다. "백 파-센트의 성적 위력" 같은 단순한 과장도 있지만, 다채로운 수사법을 구사한 고단수의 허풍도 있었다. 이 분야에서 가장 재미있는 카피를 많이 써낸 성기능 장애 치료제는 '도쓰가빈'이다. 1926년에는 "마누라 친정에 갈 줄 알엇드면 도쓰가빈이나 아니 먹엇슬 것을"이라며 독자들을 미소짓게 하더니, 이듬해 4단통의 대형 광고에서는 "80세 이상이라는데 남모르게 어린애를 낳는 사람도 잇고… 그런 사람의 원기元氣는 대체…"라는 익살맞은 카피를 썼다.

성 관련 용품 광고에서 성기를 지칭하는 단어들은 일부 글자를 지웠다. 남성 성기를 키워준다는 기기의 광고에서 제목과 본문의 '생식기生殖器'가 '생O기'로 표기되었다.(조선일보, 1937. 2. 23)

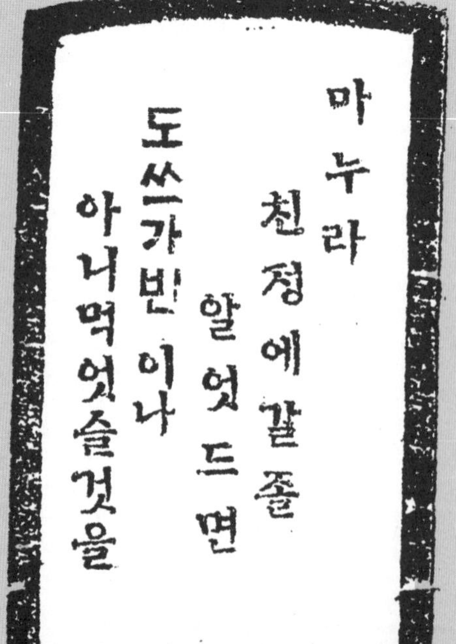

"마누라 친정에 갈 줄 알엇드면 도쓰가빈이나 아니 먹엇슬 것을" 남성 성기능 쇠퇴를 치료해준다는 도쓰가빈은 익살맞은 카피 하나로만 채운 세련된 광고를 1920년대에 선보였다.(조선일보, 1927. 2. 17)

"당신의 소와 말이 고통시에 홀연히 완쾌되오"

동물용 내복약

1924년 봄, 손꼽히는 일본 제약회사인 호시 제약이 낸 위장약과 상처치료제 광고의 일러스트레이션 속에는 온통 소와 말과 닭들뿐이다. 자세히 보니 사람이 먹는 약 광고가 아니다. 소나 말이 배탈 나면 사다 먹이라는 '우마牛馬 위장약'부터 개·고양이에게 먹이는 '견묘犬猫 위장약' 등의 동물약 광고다. '개나 소나 먹는' 약 광고가 신문에 게재된 것이다. 광고에 그려진 동물들은 하나같이 아픈 기색이 역력하다. 소는 힘없이 고개를 떨군 채 일하고 있으며, 말은 뭔가 심기가 불편한 듯 몸을 뻗대고 있다.

광고 속 동물약은 종류도 다양하다. 배 아플 때 먹이라는 위장약 외에도 다친 부위에 뿌리는 외상外傷 살포약, 소나 말의 관절염에 먹이는 약, 닭·오리의 기생충을 없애는 구충제 등을 소개하며 동물들이 아플 때 이런 약을 쓰면 '홀연히 나아 완쾌'된다고 선전하고 있다.

가격은 덩치 큰 소나 말에게 쓰는 약이 조금 비싸서 우마용 위장약과 관절염 치료제 '리이멘도'가 각각 50전(약 1만 원)씩이다. 나머지 개·고양이용 위장약, 닭·오리 구충제 등은 개당 30전(약 6천 원)씩이다. 호시 제약은 "사람을 위해 가장 양호한 약을 제조한 회사는 우마에게 대해서도 제일 양호한 약을 만들고 있습니다"라며 일류 제약사의 긍지를 동물약 광고에도 내세웠다.

이 광고는 우리에게 다소 낯설다. 오늘날 개와 고양이를 비롯한 수많은 반려동물들이 인간과 가족처럼 어울려 지내지만 어떤 매체에서도 '동물 배탈약' 같은 광고는 찾아볼 수 없다. 동물이 아프면 동네마다 있는 동물병원으로 가서 치료하는 게 오늘의 상식이다.

1924년 이 땅의 동물 의료시스템은 오늘과 달랐다. 1909년부터 수원농림학교에서 1년제 과정으로 수의獸醫 속성과를 마친 수의학 전공자들이 배출되고 있었지만, 1937년 '조선 수의사 규칙'이 시행되면서 비로소 수의사 면허제도가 도입됐다.[33] 동물 위장약을 신문에 광고한 1924년은 수의사에 대한 국가면허제도조차 실시되지 않았던 시기다. 기르는 동물들이 아프면, 웬만한 배탈이나 외상 정도는 약을 사다 직접 먹여가며 자가치료해야 했다. 그런 시절의 사정이 동물약 광고에 고스란히 드러나 있다.

요즘 우리들은 감기에만 걸려도 병원으로 직행하지만, 1970~1980년대에 많은 사람들은 병원비가 부담스러워 웬만한 병은 동네 약국에서 약을 사다 먹었다. 경제가 더 어려웠던 1920년대였고, 사람도 아닌 동물이라면 아파도 약을 사다 자가치료하는 게 당연했을 것이다.

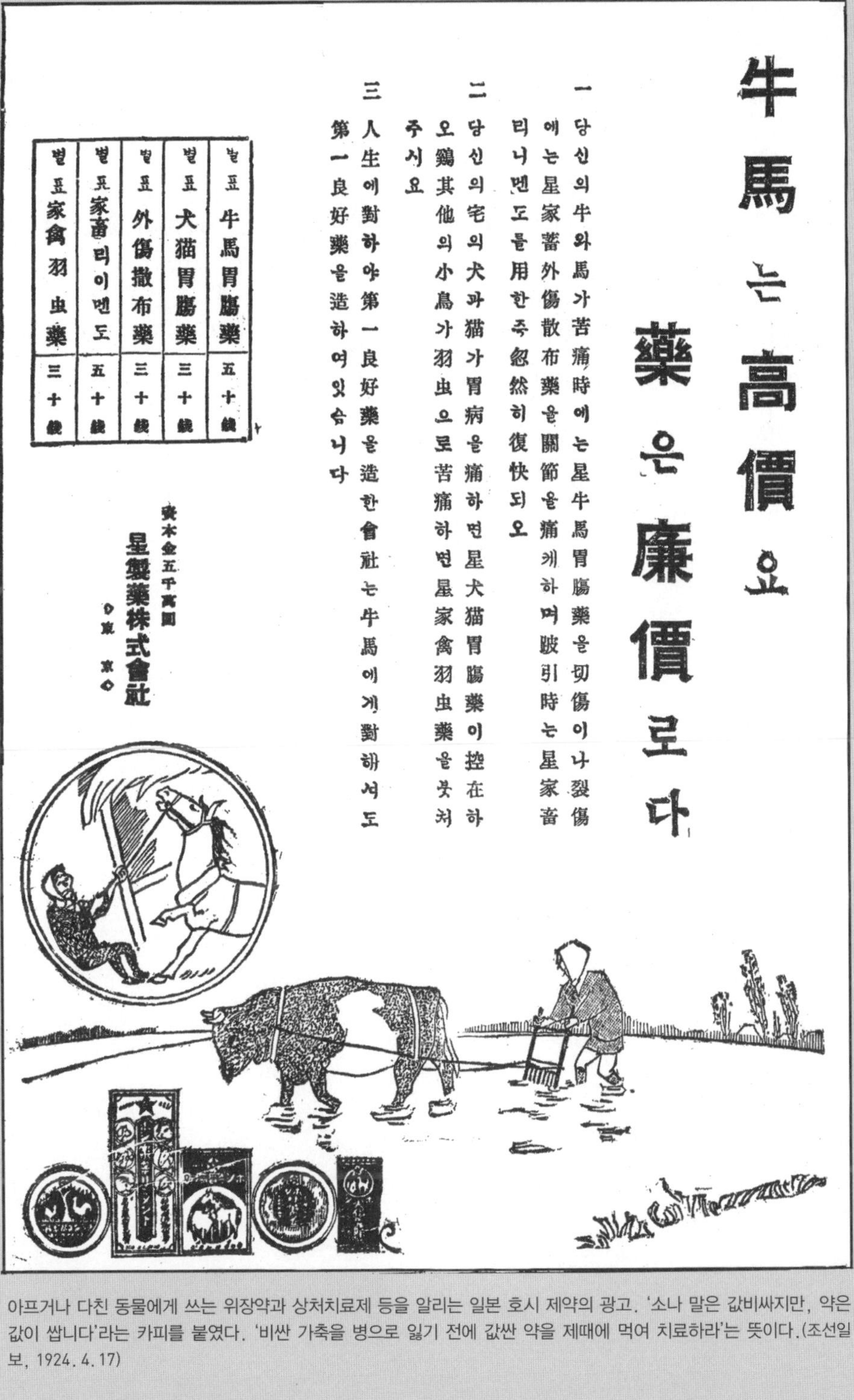

아프거나 다친 동물에게 쓰는 위장약과 상처치료제 등을 알리는 일본 호시 제약의 광고. '소나 말은 값비싸지만, 약은 값이 쌉니다'라는 카피를 붙였다. '비싼 가축을 병으로 잃기 전에 값싼 약을 제때에 먹여 치료하라'는 뜻이다.(조선일보, 1924. 4. 17)

동물약 광고의 크기가 신문 지면의 절반이 넘는 7단 대형이라는 점도 주목할 만하다. 사람 먹는 약도 이렇게 크게 광고하는 일은 많지 않았다. 광고 크기가 시장의 규모를 반영한다는 사실을 상기하면, 그 시절 반려동물 혹은 가축을 자가치료하는 '동물 내복약'의 판매량이 적지 않았던 듯하다.

이 광고의 가장 재미있는 부분은 "우마牛馬는 고가高價요 약은 염가廉價로다"라는 헤드 카피다. 풀어서 말하면 '그 비싼 소와 말을 병으로 잃고 후회하지 말고 값싼 약으로 치료하라'는 것인데, 어쩐지 '병원은 비싸고, 약은 쌉니다'처럼 읽힌다.

은단이 입냄새 제거제?
NO, 만병통치약

은단

"품속에 가지고 다니면서 매일 아침, 저녁 복용하면 심신이 상쾌해집니다."

대단한 '회중약懷中藥'(휴대용 약) 광고가 조선일보 지면에 떴다. 1923년 5월 19일의 일이다. 일본에서 만든 '인단仁丹'이었다. 깨알보다 조금 큰 은빛 알갱이들. 오늘날까지 판매되고 있는 '은단銀丹'의 전신이다. 1905년 일본인이 감초, 계피, 백삼 등 10여 가지 한약재를 섞어 개발한 것이 대히트를 기록해 이 땅에도 들어왔다고 알려져 있다. 하지만 인단이 조선일보 광고면에 모습을 보이기 시작한 건 1923년 5월이다.

오늘의 은단은 의약품이라기보다 치약과 같은 '의약외품'으로 취급된다. 입안을 시원하게 하고 입냄새를 없애는 정도의 효능만을 지닌 껌과 같은 상품이다. 하지만 초창기의 인단은 한약재로 만든 질병치료약이었다. 광고에 적힌 효능이 한두 가지가 아니다. '두통, 설사, 과음·과식, 어지럼증에도 인단'이라고 했다. 인단을 먹으면 '두뇌가 명석케 되고 피로가 조금도 없다'고 했고, '위장의 강건을 위해서는 건위력健胃力과 살균력 겸비'한 인단을 복용할 것을 권했다. 여름에는 "인단을 잡수는 사람은 여름을 알지 못함"이라고 광고하더니, 겨울에는 "추운 때의 활동에 인단은 제1의 강장제强壯劑"라고 했다. 또, 흡연할 때 인단을 먹으면 담배의 맛이 좋아지고 담배의 독을 청소한다고까지 선전했다. 거의 '만병통치약' 수준이다.

1924년의 한 인단 광고는 신문 지면의 절반 정도인 6단통 크기에 아기자기한 일러스트레이션을 넣었다. 그림에서는 몸져누운 한 사내를 아리따운 처자 셋이 돌보고 있다. 상반신을 노출한 채 누워 있는 남자와 그 주변에 세 여성이 함께 있는 모습은 통상적인 병간호를 넘어서 '야릇한' 분위기까지 살짝 풍긴다. 여성들의 얼굴 옆에는 만화 속 말풍선처럼 인단을 치켜세우는 대사들이 적혀 있다. 한 여성은 "갑자기 아픈 환자에게 의사는 멀리 있고, 와도 변변치 못한 때, 인단이 있으면 즉시 낫는다고 시방도 이야기하고 있소"라고 말하고 있다. 일종의 가정상비약처럼 광고한 것이다.

1920년대 인단 시장이 얼마나 컸는지는 광고 물량에서도 드러난다. 1924년 조선일보에 단일 상품으로 가장 압도적인 물량을 광고한 게 바로 인단이다. 7월부터 9월까지만 살펴봐도 조선일보에 실린 인단 광고는 20개나 된다. 그것도 대부분 대형 광고들이다.

1920년대 초에는 일본산 인단에 맞서 조선인 이경봉李庚鳳의 제생당약방濟生堂藥房이 '청심보명단淸心保命丹'이라는 약을 개발하기도 했다. 해질

인단은 일종의 약처럼 광고됐다. 여름에는 “인단을 잡수는 사람은 여름을 알지 못함”(위)이라며 열심히 먹으라고 하더니, 겨울에는 겨울대로 “추운 때의 활동에 인단은 제1의 강장제”(아래)라고 권했다.(조선일보, 1923. 8. 29, 1924. 12. 19)

"의사는 멀리 있고, 와도 변변치 못할 때 인단이 있으면 즉시 낫는다"며 인단을 가정상비약처럼 알린 광고. 신문 지면의 절반이나 되는 6단통 크기로 웃통을 벗고 누워 있는 남자 환자를 간호하는 세 여성을 묘사한 그림을 실어 단연 눈길을 끈다.(조선일보, 1924. 8. 15)

녘이면 인력거 수십 대가 '청심보명단'이 쓰인 울긋불긋한 깃발을 꽂고 대로를 질주하는 선전행렬이 장안의 명물로 등장했다. 여기에 피리, 징, 꽹과리, 태평소를 동원한 구경거리 풍물과 명기名妓들이 가세해 애교와 추파를 던졌다. 청심보명단은 한때 대중들의 호응을 얻었지만 이 땅에서 인단의 기세를 꺾지는 못했다.[34]

일본의 인단이 1930년대에 들어서는 마케팅 활동을 더 강화했다. 1936년 이 땅에 인단선전부를 신설했고, 그해 가을에는 '인단 특매 선전대'가 악대樂隊를 선두로 지방까지 순회하며 대대적인 선전 퍼레이드를 벌여 사회면에도 보도됐다.[35]

1920~1930년대 모든 인단 광고에 트레이드마크처럼 등장했던, 나폴레옹 모자를 쓰고 콧수염을 기른 서양 남자 캐릭터는 이 땅에 밀려온 일본 신문화의 상징이었다. 동남아와 남미까지 진출했던 일본제 인단은 "아시아 각국에 천황의 대중적 이미지를 전시했으며, 실제의 제국을 대리해 군사적 강력과 유교적 인의仁義를 결합한 이상적이고 허구적인 제국의 표상을 전파했다"는 학계의 연구도 있다.[36]

해방 후에는 국내 기업이 은단 생산을 시작했다. 육군본부는 담배를 끊는 장병에게 은단을 지급하기도 했다.[37] 그만큼 은단은 국민들이 가까이한 필수 구강청량제로 자리잡아 오늘에 이르렀다.

치과의 옛 이름은 '이 해 박는 집'

치과

조선일보 창간년도인 1920년 6월에 실린 한 광고는 삽화가 독특하다. 한복 차림의 여성이 의자에 앉아 입을 있는 대로 크게 벌리고 있다. 마주앉은 남자가 여성의 입안으로 기구를 넣어 무언가 시술을 하고 있다. 치과 광고로 보인다. 그런데 광고의 하단을 보면 이 '업소'의 명칭이 '치과의원'이 아니다. 경성 관철동 74번지에 개업했다는 이곳 이름은 '동양 치술원東洋齒術院'이다. 광고문을 오늘의 표현으로 옮기면 이렇다.

본인이 이번에 우미관 극장 옆 두남 이발관 위층으로 이전하옵고 제반 설비를 빠짐없이 완비하였사오니 고객 여러분께서 이전보다 훨씬 더 애호해주시기를 엎드려 바랍니다.

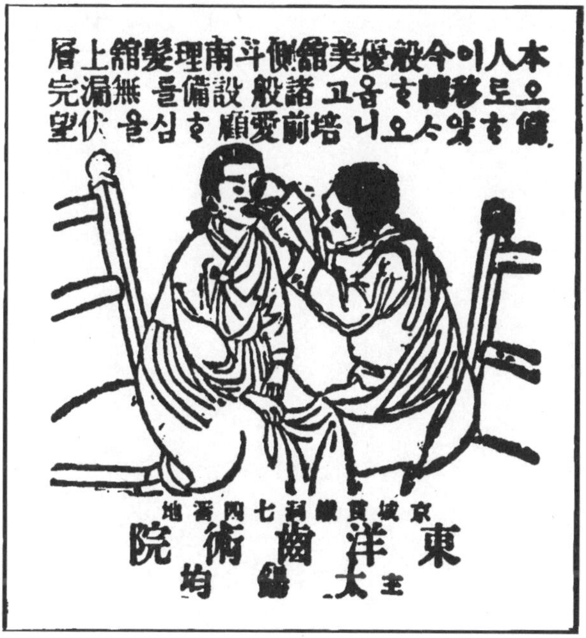

초창기 치과 역할을 일부 맡은 '치술원' 광고. 의료시설 광고로는 이례적으로 일러스트레이션을 넣었다. 한복 입은 여성 환자를 진료하고 있는 모습이다. 광고문에는 '제반 설비를 빠짐없이 완비하였습니다'라고 썼는데 그림에는 달랑 의자만 보인다.(조선일보, 1920. 6. 16)

그런데 의료시설이라기에는 볼수록 엉성하다. '제반 설비를 빠짐없이 완비했다'고 자랑하고 있지만 광고 속 그림만 보면 이 '치술원'은 아직 제대로 된 치과의원 수준에 이르지 못한 것으로 보인다. 의사는 그저 나무의자에 환자를 앉혀놓고 진료하고 있다. 특별한 의료기구도 보이지 않는다. 환부를 비추는 조명등도 없다.

1920년 경성에는 치술원뿐 아니라 치과의사가 진료하는 치과의원이 이미 개업중이었다. 일본에서 치과 개업시험에 합격한 노다 오지野田應治의 치과의원이 1894년 남대문에 첫선을 보였다. 또한 조선인 최초로 치과의사 면허를 딴 함석태는 1914년 봄 일본에서 귀국하여 서울 삼각동(광교)에 '한성 치과의원'을 열었다. 그는 "일본 아동들은 칫솔을 사용하지만 조선 아동들은 손가락에 소금을 묻혀 이를 닦는다. 그나마 자주 닦지 않아 입안 위생이 얼마나 나쁜지 모른다"고 신문에 기고하기도 했다.[38]

하지만 그 시절 치아의 문제를 해결하는 곳은 치과의원만이 아니었다. 치과의사와 별개로 1902년부터는 일본인 입치사入齒士들, 즉 인공치아를 만들어 심는 이들이 치과의사의 영역에 도전하기 시작한 것이다. 당시는 '치과의사'와 '입치사'를 구분하는 법률이 없을 때였다.

입치사에게 기공기술을 배운 조선인들이 하나둘씩 늘면서 1907년에는 최승용이 서울 종로에 처음으로 치과시술소를 열었다. 그후 안중수·김한표·신정휴 등이 뒤를 이었다. 치의학 전반을 이수한 치과의사와 달리 충치 진료나 인공치아 심기 등의 시술법을 제한적으로 배운 사람들이 진료소의 문을 연 것이다. 이런 시술소들이 '이 해 박는 집' '잇방' '치방' 등의 명칭을 사용했다.

이 시절 경성에 걸린 치과시술소 간판 중 가장 재미있는 건 '이 해 박는 집'이라는 소박하고 직설적인 이름이다. 경성 치술원, 금옥당 치술원, 김기경 치술원 등은 모두 신문광고에 "이 해 박는 집은 치술원"이라는 똑같은 카피를 썼다.

입치사들이 세운 치술원, 잇방, 치방 들은 치과의원들과 경쟁하는 관계가 됐다. 치술원들은 광고도 다양하게 했다. 동양 치술원이 광고에 진료 장면까지 넣은 것은 당시의 의료시설 광고로는 이례적이었다. 1920년대 치술원이 마케팅에 적극적인 자세를 취했음을 보여준다. 치술원들의 공세적 마케팅에 맞서 치과의원들도 적극적으로 광고를 했다. 일본인 치과의사 노다는 "6개월간 치과 진료비를 3할 깎아주고, 병

자病者와 15세 미만자는 반액으로 할인합니다"라며 파격적인 의료비 '세일' 광고를 냈다.[39]

서대문의 '반도 치과의원'은 '친절한 진료' '견고하고 아름다운 치아 가공' '요금은 바르게'의 세 가지 캐치프레이즈를 만들어 광고에 내걸었다. '빈곤 환자는 무료 치료' 같은 사회적 봉사까지 하겠다고 밝혔다. 이 치과의원은 검은 바탕에 흰 글씨로 광고를 만들기도 했다. 눈길을 끌어보려 애쓴 흔적이 역력하다.

1920년대 치과진료소들의 적극적인 광고는 당시 구강 위생에 관한 대중의 의식 수준이 높지 않았기 때문이기도 하다. 치통이 생기면 누구나 치과를 찾는 그런 시대가 아니었다. 신문기사조차 황당한 치통 처치법을 전문가의 조언이라며 소개할 정도였다

> 압흔 니에 구멍이 뚤리엇스면 거긔에다 가는 이쑤시개 가튼 것으로 그 구멍에 끼인 더러운 물건을 파내바리고, 그런 뒤에 미즉은한 물로 양치를 한 뒤 중탄산소다 또는 크러오소트던지 옥도정긔를 구멍 가운대로 넛는 것이 조흡니다. 그러한 약픔이 업스면 우이스키(위스키)나 알콜로 하는 것도 무방합니다.[40]

이런 현실 속에서 치과의사들은 1930년대 후반부터 충치 예방을 위한 계몽운동을 활발히 전개했다. 1936년 한성치과의사회는 매년 6월 4일을 충치예방일로 정했으며, 해마다 이날에 한해 일반에게 무료로 치과진료를 하고 보통학교 아동들에게 '구강 위생 사상'을 선전했다.[41]

초창기 치과진료소들의 소박한 모습은 오늘의 치과의사들에게 소중

1920년대 경성에는 오늘과 같은 '치과의원'도 광고하며 개업중이었다. 동시에 '이 해 박는 집'으로 불린 '치술원'들이 치과 기능의 일부를 맡아 환자들을 받았다. 경성에 있던 '이 해 박는 집'들의 광고문은 모두 '이 해 박는 집은 OO 치술원'이라는 형식을 취하고 있어 특이하다.(조선일보, 1921. 4. 18, 1923. 7. 31, 1923. 10. 5, 1923. 10. 25)

한 역사로 추억된다. 국회의원과 과학기술부 장관을 지낸 치과의사 김영환씨가 2009년 6월 경기도 안산에 진료비 거품을 없애겠다는 취지의 '창고형' 치과를 열면서 내건 간판이 '이 해 박는 집'이었다. 대리석을 바른 인테리어부터 각종 시설에까지 과잉투자를 하고 그 본전을 뽑기 위해 진료비를 높게 받는 악순환을 거듭하는 것이 요즘 병원들의 추세다. 이에 반발한 치과의사가 신개념의 병원을 차리면서 떠올린 것은 바로 꼭 필요한 설비들만 갖췄던 초창기의 '이 해 박는 집'이었다.[42]

5부

흰옷 입은 민족의 슬프고 기발한 시, 모던 광고 파노라마

동물 서커스 광고에 '동원'된 비운의 순종

왕족 마케팅

신문광고 제목에 조선의 임금님이 언급됐다. 1923년 초여름에 실린 '동물 서커스' 광고다. 황금정 2정목黃金町 二丁目(오늘의 을지로2가) 공터에서 열린다는 서커스를 선전하면서 광고 제목을 '창덕궁 양 전하兩殿下께압셔 천람天覽을 사賜하압신 / 맹수 놀림 사-가스'라고 뽑았다.[1] '창덕궁 양 전하'란 나라를 빼앗긴 뒤 일제에 의해 '이왕李王'으로 격하돼 창덕궁에 머물던 순종 황제 내외다. 즉 광고 제목은 '순종 황제 내외분께서 친히 관람하셨던 맹수 서커스!'란 뜻이다.

사람과 말이 어우러진 동물 서커스 광고가 신문 1면에 실린 것도 튀어 보이지만, 곡마단 광고에 임금님을 끌어들인 점도 뜻밖이다. 실제로 순종 황제 내외가 이 서커스를 관람했는지는 확인할 길이 없지만, 어쨌든 '대곡마단 야노矢野 동물연예부'라는 서커스단은 손님 좀 끌어보려

말 위에서 곡예하는 사진을 넣은 '맹수놀림 / 사-가스 대곡마단 야노 동물연예부'의 공연 광고. '창덕궁 양 전하께압셔 천람天覽을 사賜하압신' 공연이라고 제목을 붙였다.(조선일보, 1923. 6. 21)

고 임금님을 팔았던 것이다. 현대적 '스타 마케팅'이 싹도 트지 않았던 시절에 돌발적으로 출현한 '왕족 마케팅'이다.

왕족을 광고에 끌어들인 건 서커스뿐만이 아니었다. 이보다 앞서 1922년 연말에는 '대륙 고무신'이 역시 '이왕 전하'를 이렇게 광고에 내세웠다.

이왕 전하 어총용御寵用 / 대륙고무, 아我 조선 고무화의 원조元祖

대륙고무가 제조한 고무화의 출매함이 이왕 전하께서 어용하심에…

순종 황제께서 좋아하시고 신으신 고무신이라는 것이다. '이왕 전하'를 내세운 대륙 고무신 광고는 이듬해 1월까지 이어졌다. 고故 이규태 조선일보 논설고문은 "국왕이 고무신을 신었는지 백 프로 확신할 수는 없지만 고무로 만든 신발은 당시에는 최신식 고급상품이었으니 궁궐에서 사용했을 가능성은 높아 보인다"고 했다.[2]

대륙 고무신에 질세라 라이벌인 '만월표 고무신'은 순종의 동생인 의친왕 이강李堈의 이름을 광고에 넣었다. '이강 전하께서 손수 고르셔 신고 계시는'이라는 카피가 광고에 들어갔다. '지구표 고무신은 강철보다 견고함' 같은 터무니없는 과장까지 서슴지 않던 1920년대 고무신 판촉 경쟁에 왕족 마케팅까지 가세한 것이다.

이강 전하는 구두 광고에도 등장한다. 1921년 경성 관훈동의 창흥 양화점은 이강 전하가 자신들의 구두가게를 찾아 장화 1족을 구입했다면서 "본점의 대광영大光榮"이라고 자랑하는 광고를 냈다.

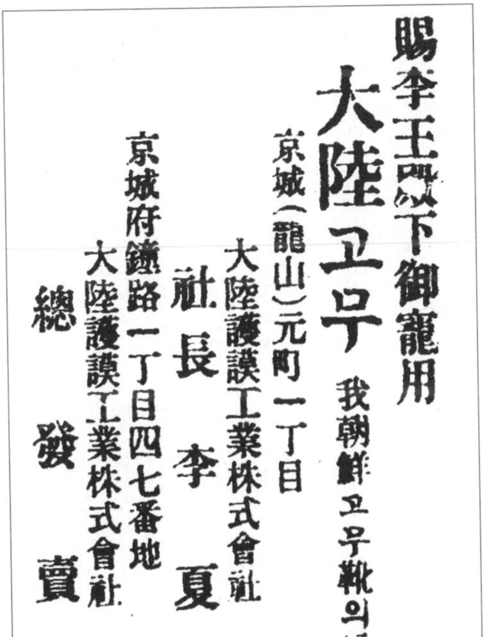

"이왕 전하 어총용李王殿下 御寵用"(이왕 전하께서 사용하심)을 내세운 대륙 고무신 광고. 항일적 태도를 지녔던 이왕은 당대의 대중들에게 큰 지지를 받는 인사여서 광고들이 즐겨 거론했다.(조선일보, 1922. 12. 1)

경성 관훈동 창흥 양화점이 낸 광고. "이강공李堈公 전하게옵셔 본점에서 제조 발매하는 양화洋靴의 견고미려함을 특히 애호하사 장화 1족"의 구매를 원하셔서 "특별히 제조 헌상獻上하온바 무한히 상찬賞讚"하셨다고 자랑하고 있다.(조선일보, 1921. 3. 31)

광고들이 왕족 중에서도 하필이면 이강을 내세운 까닭이 무엇일까. 이미지가 매우 좋은 분이었기 때문이다. 나라 잃은 그 시절, 이강은 항일의 기개를 잃지 않았던 왕족으로 온 국민의 마음속에 남아 있었다. 1919년 독립투사들과 접촉해 임시정부가 있는 상해로 탈출하려다 만주에서 붙잡힌 적도 있다. 축음기 광고에서도 "이강 전하께서 손수 틀어 육자배기를 들으신 축음기"[3]라는 문구까지 있었던 것을 보면 당시 백성들의 심정 속 이강의 위상을 짐작할 수 있다.

왕실의 VVIP들을 특급모델처럼 끌어들인 광고들이 왕실측과 계약을 맺거나 양해를 얻었는지는 알 수 없다. 아직 광고모델이라는 개념조차 정립되지 않았던 시대였으니 돈 한푼 안 내고 성명권을 침해하지 않았을까 추정된다. 엉성한 시대에 왕실 고위층들이 생각지도 않던 광고모델로 데뷔했을 가능성이 크다.

천하를 호령했던 국왕이 어제의 존엄은 간데없이 동물 서커스와 고무신 광고에 동원되던 일제강점기의 현실은 안타깝고 씁쓸하기도 하다. 다른 한편으로, 대중의 마음을 읽어내는 데 '귀신'인 광고업자들이 이들을 마케팅에 이용했다는 사실은 그 암울한 시대에 비운의 조선 왕족들이 백성들에게 얼마나 큰 사랑을 받고 있었는지를 가늠하게도 해준다.

"허리를 끈흘 만치 웃키는 밋키 마우스"
조선에서 스키 타다

미키 마우스

오늘날 한 해 60억 달러를 긁어모은다는 세계 최고의 만화 캐릭터 '미키 마우스'가 이 땅에서 귀여움받기 시작한 건 언제부터일까. 대략 1960년대인 것으로 아는 사람들이 많다. 디즈니의 명작 애니메이션들이 그 무렵 국내 극장에서 개봉되기 시작했기 때문이다. 하지만 일제강점기인 1930년대의 신문광고에서 이미 미키 마우스의 깜찍한 모습을 발견할 수 있다. 1935년 2월 조선일보에 실린 기침약 '아사다아메淺田飴' 광고의 한복판에서 미키 마우스가 열심히 스키를 타고 있다!

이 광고는 쥐, 원숭이, 펠리컨, 토끼, 거북이, 꿀벌, 곰, 말 등 온갖 동물들이 스키장과 스케이트장에서 겨울스포츠를 즐기는 모습을 만화로 꾸몄다. 감기약을 손에 든 동물들이 "스키에는 목이 아니 앞흔 아사다

토끼, 거북이, 원숭이, 말, 펠리컨 등의 동물 그림을 곁들인 감기약 '아사다아메'의 1935년 신문광고. '어린이와 동물의 나라'라는 카피 아래 한복판에서 스키를 타는 미키 마우스를 그렸다. 미키 마우스가 미국 월트 디즈니의 손에서 태어난 지 7년밖에 안 됐을 때였다.(조선일보, 1935. 2. 26)

아메가 좃타!"는 식의 홍보 문구를 열심히 외치고 있다. 대충대충 어설프게 그린 동물 무리의 한복판에 가장 크고 귀엽고 또렷한 쥐 한 마리, 미키 마우스가 단연 돋보인다. 동그랗고 큰 귀, 밧줄같이 가느다란 팔다리, 장갑처럼 그린 손 모양 등이 디즈니의 미키 마우스 그대로다. 오늘의 미키 마우스와는 약간 달리 흰자가 없이 검기만 한 눈동자는 한 조각 베어내고 남은 파이처럼 생겼다. '파이 아이Pie eye 미키 마우스'라 불린 초창기의 모습을 정확히 재현하고 있다. 오리지널 미키 마우스와 다른 점을 굳이 찾자면 광고 속 미키 마우스의 손가락은 5개로 오리지널보다 1개 더 많다는 것 정도다.

미키 마우스가 등장하는 1930년대 신문광고는 또 있다. 1939년 경성 화신 백화점이 벌인 '유행 의상 등 특가 봉사', 말하자면 '봄맞이 바겐세일' 광고는 장난감 판매 광고문 위에 미키 마우스 한 마리를 귀엽게 그려넣었다.

1928년 애니메이션 〈증기선 윌리〉를 통해 대중에게 큰 사랑을 받았던 미키 마우스가 7년 만에 이 땅의 광고에까지 사용된 것이다. 국제 저작권 보호제도가 미비했던 때였으니 무단으로 사용했을 가능성이 크다. 애니메이션 제작자 김혁은 "1930년대에는 이 땅에 일본으로부터 디즈니 만화책이 소량 반입된 것으로 알려져 있는데, 당시 신문광고에서까지 미키 마우스를 썼다는 것은 대중적 인지도가 꽤 있었다는 사실을 알려준다는 점에서 흥미롭다"고 말했다.

사실 1920~1930년대 이 땅의 광고에서 미국 애니메이션 캐릭터가 사용됐다는 것은 아이러니한 일이다. 미국과 미국 문화에 대해 그리 호의적이지 않았던 시대였기 때문이다. 이 땅을 강점했던 일본 제국주의는 미국·영국을 맹비난하고 있었고, 갓 쓴 조선 어른들은 그들대로 '상스러운 양키'들을 손가락질하고 있었다. 그러한 국민감정을 고려한 듯 신문은 미국 남성들이 '입이 큰 여성'을 매력 있게 여긴다는 조사 결과를 보도하면서 "상스런 양키들은 미인을 골라도 상스런 미인만을 고르는 것이나 아닐까요?"라고 토를 달던 때였다.[4]

하지만 '양키'에 대한 그런 반감과는 별개로 전 세계를 휩쓴 미국 대

화신 백화점 봄철 대매출 광고 한 귀퉁이에 그려진 미키 마우스. 봄맞이 장난감 판매장을 안내하는 문구 아래에 미키 마우스를 넣었다.(조선일보, 1938.1.25)

중문화는 이미 그때부터 이 땅에도 조금씩 뿌리내리기 시작한 것이다. 경멸하고 비판하면서도 받아들이고 따라 하는 모순적 행동이 서양문화의 수용과정에서 빚어졌다.

1934년 신문에는 전 세계적인 미키 마우스 열풍을 화제로 다룬 기사도 보인다. "어린애들이나 어른이나 작금 전 세계인이 허리를 끈흘 만치 웃키는 밋키 마우스 외 기다幾多의 골계적滑稽的 교향악 필림을 창작한 워-드 듸즈니가 영국 예술가 조합으로부터 표창을 받고 명예회원에 추천됐다"는 보도다.[5]

1936년 '색다른 영화인 소개'라는 시리즈 기사는 "우올트 디스니 군은 믹키 마우스를 맨드러낸 아버지"라며 "금년에 겨우 33, 4세박게 안되엇지만 그가 맨든 믹키 마우스는 벌서 과연 수년간 세계 영화계에서 제일 인기 잇는 스타가 되어 빗나는 존재가 되어 잇다"고 소개했다.[6]

1937년에는 미키 마우스를 이용한 캐릭터 산업까지 신문기사에서 언급했다.

> (미키 마우스 그림이) 의상 완구 책 시계 할 것 업시 모든 일용품의 데사인(디자인)으로 사용되고 잇다. (…) 믹키 마우스가 이러케 여러 방면으로 이용되여서 버러드리는 금액은 (…) 1933년에는 30만 불의 돈을 어덧스나 1936년에는 일약 365만 불이란 거액을 어더서 소위 '믹키 마우스 기업'에 속하는 회사가 미국만으로도 11사에 달하야 믹키 마우스는 본직本職인 스크링에서의 활약을 압도하고 세계인의 일상생활의 모든 부문에 삼투滲透되고 잇다.[7]

우리의 예상보다 훨씬 이른 시기에 상인들은 세계적인 애니메이션 캐릭터에 대한 대중들의 열광을 장사에 이용하기 시작했고, 신문은 캐릭터의 산업적 성과까지 조명한 것이다.

"치질은 생명을 뺏는다!"
목숨 들먹인 약 광고들

겁주기 마케팅

겨울바람 매섭던 1930년 초, 8단이나 되는 크기로 신문에 실린 일본제 기침약 광고는 헤드카피부터 무시무시하다.

> **긔침으로 하여곰 죽는 때는 지금이 만타!**
> **전율할 이 통계를 엇더케 보는가!**

줄마다 모두 느낌표를 찍었다. 기침하다가 죽을 수도 있다니…… 감기 환자들이 이 광고를 봤다면 일단 겁부터 먹을 만하다. 광고문 속 '전율할 통계'의 구체적 숫자는 한술 더 뜬다. "1월부터 3월까지 백일해, 유감流感(독감) 기관지염, 폐렴 등의 호흡기병으로 죽는 사람은 9만 4천인이란 다수"라며 1928년 내각통계국의 자료를 들이밀고 있다. 그리고 본론이 이어진다. "빨리 삼천參天 기침약을 복용하야 위험한 기침병을 손쉽게 곤치시오." 사실을 과장하여 소비자들에게 공포심을 느끼게 함으로써 약을 사게 만들려는 것이다. 오늘날에도 가끔 보이는 이른바 '겁주기 마케팅'의 전형적인 사례다.

'삼천 기침약'은 감기 등으로 인한 기침을 진정시키는 '진해거담제' 일 뿐이다. 그런데도 광고는 엉뚱하게도 기침뿐 아니라 기관지염과 폐렴까지 포함한 전체 호흡기병의 사망자 수를 들이밀며 과장된 문구로 기침하는 병 모두가 치명적인 듯한 착각을 일으키도록 만들고 있다. 치명적인 호흡기병에 걸렸다면 이런 기침약으로는 치료할 수도 없다. 하지만 '이 기침약을 복용하여 위험한 병을 손쉽게 고치시오'라고 광고했다. 의학 지식이 부족한 대중들을 속이는 혹세무민에 가까워 보인다.

기침약뿐 아니다. 겁주기 마케팅은 1920~1930년대의 여러 약 광고에서 많이 발견된다. 자기네 약을 안 먹으면 죽을 것 같은 불안감부터 고조시킨다. 광고 규제 제도도 제대로 갖춰지지 않았고 소비자들도 현혹되기 쉬운 시대였기에 더 성행했던 듯하다. 특히 일본 회사들이 이런 상술을 많이 구사했다. 도쿄의 한 제약회사는 치질 치료약 광고에 "치질은 생명을 빼앗는다"라는 무시무시한 카피를 붙여 환자들을 떨게 했다. 구체적 근거도 제시하지 않고, 치질로 죽을 수도 있다는 문구로 일단 사람들에게 겁부터 줬다. 그러고는 "여하한 치질에든지 탁월 적확的確한 효과를 보이는" 약이라며 제품 홍보에 열을 올리고 있다.

일본 도쿄에 있는 한 제약회사의 귀·코 질환 치료제 광고 역시 "중이염은 생명까지 빼앗는 위험이 있다"며 겁을 줬다. 복통·설사 치료제 '헤루푸' 광고는 "설사는 장위腸胃 질환 중 가장 위험률이 많아 해마다

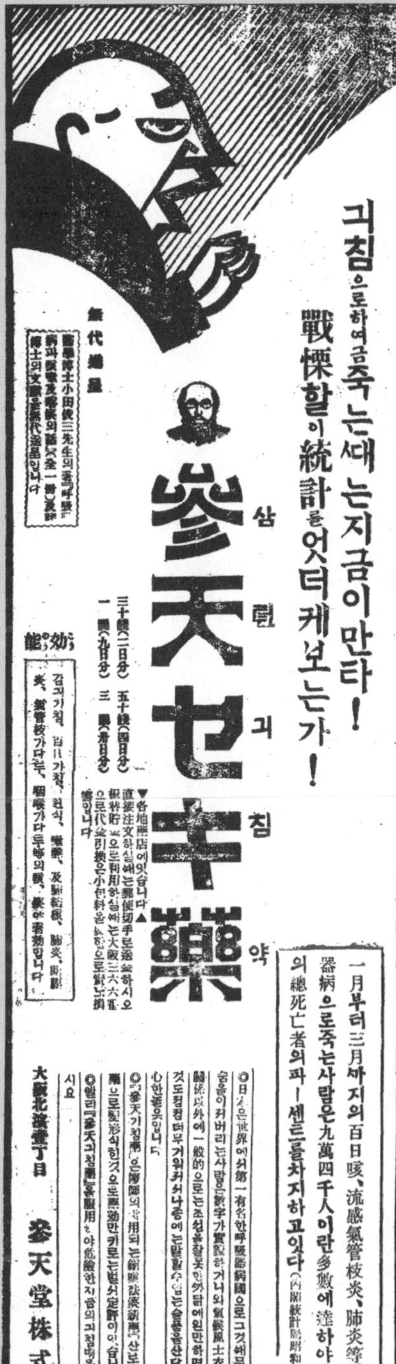

일본제 '고마쓰小松 치질약'은 광고문에 "치질은 생명을 빼앗는다"라는 무시무시한 말을 우리말과 일어로 적어놓았다.(조선일보, 1925. 6. 11) 일본의 삼천당주식회사가 발매한 '삼천 기침약' 광고는 기침하는 사람을 겁주는 표현으로 가득하다. '1월부터 3월까지 백일해, 폐렴 등 호흡기병으로 죽는 사람은 9만 4천 인'이라며, "기침으로 하여금 죽는 때는 지금이 많다! 전율할 이 통계를 어떻게 보는가!"라고 했다.(조선일보, 1930. 1. 9)

수십 만의 인명을 뺏"는다고 했다. 얄팍한 상술이다.

약 광고들의 '겁주기 마케팅'은 오늘날까지도 국내외에서 논란이 되고 있다. 호주 방송의 의학 전문기자 레이 모이니헌 등은 현대의 제약회사들이 약을 팔기 위해 사람들에게 질병에 대한 두려움을 각인시키고, 심지어 질병의 정의마저 뜯어고쳐왔다고 비판하기도 했다.[8]

제약회사들의 겁주기 광고는 사실을 침소봉대로 부풀리는 전형적인 과장광고다. 1920년대 신문 지면들은 건강에 대한 불안감을 건드려 약을 파는 겁주기 마케팅의 뿌리가 무척 깊다는 것을 생생히 보여주고 있다.

설사약 '헤루푸'도 광고에서 '목숨'을 들먹이고 있다. 하단의 광고문에서 '(급격한 설사 등을) 그대로 두든지 치료를 그르치든지 하면 전 생애를 위장병으로 고통받거나 그렇지 않으면 나쁜 병에 감염되어 한 목숨을 손실할 우려가 많다'고 했다.(조선일보, 1935. 8. 21)

"이 은혜는 사후라도 잊지 않고 보답하겠습니다"
과장 섞인 고객편지 인증샷 열풍

감사편지 광고

경성의 '한희원韓熙垣 화장품 제조소'가 1921년 어느 날 낸 '순무연명월백분純無鉛明月白粉'의 광고는 다른 화장품 광고와 딴판이다. 3단이나 되는 제법 큰 크기인데도 제품 그림이나 사진을 싣지 않았다. 대신 이 화장품을 사용해본 고객이 보냈다는 '감사장感謝狀' 한 장의 앞뒷면 사진을 실물 크기로 큼지막하게 실었다. 붓으로 흘려 쓴 엽서의 내용을 오늘의 표현으로 옮기면 '명월백분을 받아 써보니 가격도 저렴하고 귀소에서 광고하신 바와 같이 품질의 우량함에 실로 경탄하며, 우리 여자계女子界 화장품의 유일唯一이 됨을 알며 더욱 번창하기를 바랍니다'라는 것이다. 엽서의 앞면 사진에는 '고객'의 주소·성명과 이름도 노출돼 있다. 우편국 소인까지 찍힌 엽서를 사진으로 찍어 실은 것은 실제로 엽서가 왔다는 것을 애써 강조하려는 의도로 보인다. 요즘

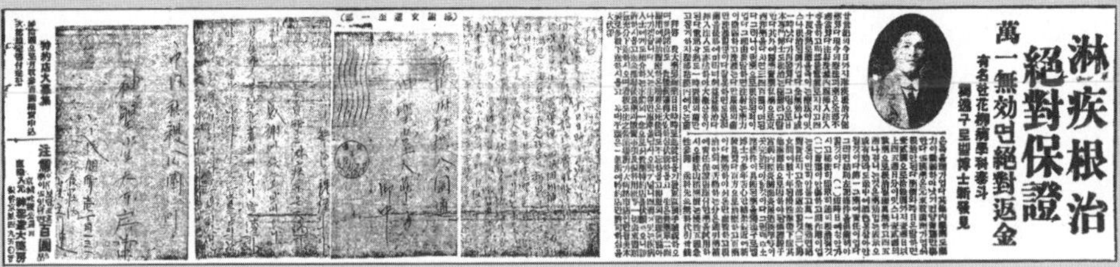

'귀부인 화장료化粧料'라는 '순무연명월백분'의 광고와 성병인 임질 치료제의 광고는 모두 고객이 보내왔다는 '감사엽서'를 광고에 실어 품질과 효능을 강조하고 있다. 두 제품 모두 실제로 온 편지임을 강조하기 위해 엽서의 사진을 찍어 실었다.(조선일보, 1921. 3. 20, 1929. 12. 11)

말로 '인증샷'을 올린 셈이다.

이렇게 신문광고에 소비자의 감사편지를 넣는 게 이 무렵 유행처럼 번졌다. 틀에 박힌 광고보다 색다르고 재미있다고 여긴 듯하다. 주로 화장품이나 정력제 광고가 이런 수법을 '애용'했다. '노소老少가 함께 먹는 정력강장제'라는 '자춘설滋春屑'은 1921년 광고에 고객편지를 세 통이나 실었다. 황해도 해주군, 전북 익산군, 경기 이천군의 고객들이 '이 약 먹고 큰 효험 봤다'는 내용을 썼다는 편지의 전문을 소개했다. 내용은 대동소이하다. '남자 구실을 제대로 못해 힘들었는데 이 약 먹고 성적 능력을 갖춰 섹스의 즐거움을 처음 알았다. 더 구매하겠다'는 내용이다. 일부 대목을 요즘 말로 옮기면 이렇다.

> 귀사의 '자춘설'을 한 첩 복용했더니 불과 2주일 만에 그 효능이 위대하옵기 감사하지 않을 수 없습니다. (…) 또다시 특제 한 제를 보내주시오.(해주)

> 제 몸이 허약하고 음경이 쇠약하여 수십 년간 성기가 발기되지 않고 조루早漏, 유정遺精의 증세가 있어 온갖 약을 써봐도 효과 없어 탄식했더니 친구의 권고에 따라 귀당의 자춘설을 특제를 주문 복용하온 지 불과 2주 사이에 놀라운 효능을 보아 (…) 평생토록 못 느꼈던 부부 사이의 즐거움을 알게 되어 (…) 몇 자 적어 사례합니다.(이천)[9]

두 편지는 서로 다른 사람이 보냈다는데, 모두 비슷한 느낌의 상투적 표현들을 쓰고 있다. 약효를 본 기간조차도 모두 '2주일'이라고 똑같게 쓰고 있는 점도 우습다.

보약 '백보환百補丸' 광고도 신문 지면 하나를 할애해 전면광고를 하면서 감사엽서들을 잔뜩 실었다. 자기네 약을 먹고 원기가 솟았다는 감사장이 '산적山積'했다고 광고 제목을 달았다. 고객 중 한 사람은 '효력이 뛰어나 다시 3개를 주문하니 즉시 보내달라'고 했다. 또다른 고객도 '전보다 몇 배 원기가 솟아나오게 하는 신약神藥이기로 다시 또 주문하며 이 약을 무한히 애용하겠나이다'라고 썼다.[10]

1936년 신성당의 폐병·늑막염 치료제 '나오삐'는 전면광고를 내면서 절반 가까이 되는 지면을 감사엽서 사진 6장으로 도배했다. '천만 가지 설명보다 실지로 약효 보신 분들의 이 편지를 보십시오'라는 것이다.

이런 광고들을 보면 의문이 든다. 소비자가 약효를 봤다고 해서 굳이 제약회사에 감사편지까지 쓸 이유가 있을까? 별로 없을 것이다. 혹시 업체의 부탁을 받은 사람이 보낸 편지이거나 아예 조작된 편지를 실은 것은 아닌지 의심이 든다.

광고 속 '고객편지'들은 표현부터가 대부분 부자연스럽다. '위대한 효력'과 '미망지후은未忘之厚恩'(잊지 못할 두터운 은혜), '백골난망白骨難忘'(백골이 되도록 잊기 어렵다) 같은 판에 박힌 미사여구로 일관하고 있다. 1929년 어느 성병약 광고에 실린 고객편지는 '약을 두 번 먹고 놀랍게 치료됐다'며 "은혜는 사후死後라도 잊지 않고 보답하도록 밟아나가겠습니다"라며 '다른 환자들에게도 소개하는 사업의 일념으로 귀 약 특약점을 운영하기를 원하니 허락해달라'고 요청하고 있다. 그런데 같은 광고에 "특약점 대모집 / 30원으로 월수 300원 확실"이라는 구절이 보인다.[11] 회사가 특약점을 모집하기 시작하자 마침 편지를 보내온 고

신문 1개면 전면을 차지한 폐병약 '나오삐'의 광고. 하단에는 이 약으로 병을 치료했다는 고객들의 감사엽서 3통의 앞뒷면 사진을 실었다.(조선일보, 1936. 11. 22)

객도 특약점을 하고 싶다고 신청을 했다. 속된 말로 '짜고 치는 고스톱' 같다.

이러한 의심과 의문에 관해 그 시절 광고 하나가 답을 준다. 폐병약 '나오뻬' 광고는 사용자들이 보냈다는 편지 3통을 실으면서 "(우리 편지는) 억지로 청하야 바든 글(추장문推奬文)과는 다릅니다. 어리석은 꾀임에 빠질 사람도 업겟지요"라고 썼다. 뒤집어 말하면, 업체가 누군가에게 청탁하여 받아낸 편지를 순수한 고객편지로 가장해 광고에 싣는 일이 당시에 있었다는 이야기다.

감사편지 광고는 광복 후까지 참으로 끈질기게도 이어졌다. 1955년 을지로2가의 '동무당東武堂약방'의 광고에는 을지로3가에 사는 고객이 보내왔다는 편지가 실렸다. '화류병으로 고통받아 온갖 약을 써도 효험을 못 봤는데 친구 소개로 이 약방의 치료를 받고는 15일 내에 뿌리까지 치료가 되어 여러분들에게 소개한다'는 내용이다.[12] 이 무렵 가끔 실린 '폐병 완치 감사광고'나 '소아마비 완치 감사광고' 역시 1920년대 '감사편지' 광고의 복제판 같다.

오늘의 일부 TV 홈쇼핑 등에서도 순수 고객인지 의심스러운 출연자가 나와 '이 제품, 써보니까 너무 좋더라고요!'라며 바람을 잡는다. 이처럼 '연출된 사용소감'을 이용하는 마케팅 기법은 1920년대 광고에서 시작된 셈이다.

"앞 못 보다가 눈뜨게 되어 감사" 수상한 체험기

사례광고

1920~1930년대 광고 속 감사편지와 비슷한 것으로 '체험기'가 있다. 감사편지는 업체가 내건 상품광고 속에 고객편지가 소개되는 형식이지만, 체험기식 광고는 소비자가 직접 특정 상품이나 업체를 '띄워주는' 체험 내용을 개인 이름으로 광고하는 것이다. 1929년 2월 신문에 실린 '사례광고'가 전형적인 예다. 함경남도 원산에 사는 어느 개인이 낸 광고인데 내용이 묘하다. '일본 생명보험을 들었던 어머니가 가입 3개월 만인 작년 12월 25일에 별세하셨는데, 보험회사에 알렸더니 군말 없이 보험금 3천 원(약 6천만 원)을 내줬다'며 '보험사에 감사드리며 이 회사의 신용을 주변에 알리고 싶다'는 것이다.[13] 거액의 보험금을 선뜻 내준 보험사에 고마움을 느낀 것은 이해할 수 있지만, 적지 않은 비용을 들여 신문에 광고까지 할 만한 일이었을까.

보험회사의 지능적인 광고 수법이 아닌지 의심할 수밖에 없다.

이보다 앞서 1925년 5월에는 더 '드라마틱'한 스토리의 '감사광고'가 보인다. 충북 영동군의 개인이 2단으로 제법 크게 낸 광고의 내용은 이렇다.

누나가 자녀가 세상을 떠나는 참혹한 일을 당한 후 시력을 잃어 17년간 앞을 못 보고 고통스럽게 살아왔습니다. 경성 각 병원을 비롯해 전국의 손꼽히는 의원을 다 다녔으나 치료할 수 없다는 선고를 받았으나 대구 송정의원 안과 의사의 진찰을 받고 2개월간 치료한 결과 점점 시력을 찾더니 10여 일 전부터는 17년간 못 보던 맑은 하늘을 보게 됐고 편지를 읽고 손자 얼굴도 보았습니다. 의사 선생님에게 감사합니다. 이런 안질로 고통받으시는 이들에게 이 병원을 소개하고자 합니다.

이 감사광고는 첫머리에 "장님이 눈을 떴다고 하면은 세간에는 허무맹랑한 광고와 풍설도 많이 있음으로 (…) 신용치 않을 터이나, 이것은 풍설도 아니오, 세상 사람이 흔히 하는 광고술도 아닙니다"라는 글까지 써놓았다. 하지만 '도둑이 제 발 저린' 듯한 표현이어서 오히려 더 수상하다.

황해도 평산군의 모씨가 낸 감사광고는 '여섯 살 손자가 10개월째 두 다리에 힘이 없고 제대로 일어서서 움직이지 못하는 중병을 앓다가 경성의 심령의학연구회의 장모씨에게 치료받고 4주 만에 완쾌했다'고 알리고 있다. 앞 못 보던 이가 눈뜨고, 걷지 못하던 사람이 벌떡 일어서는 등 마치 예수가 행한 기적을 연상시키는 치료들을 알리고 있다.

廢眼者의喜消息

장님이눈을떳다고하면은 世間에는虛無孟浪한廣告와風說도만히
잇슴으로 嘲時듯는바로는信用치안을터이나 이것은風說도안이
오 世上사람이흔히하는廣告術도안입니다 本人의누님은忠南永
同郡積山里에사는故文溫陽令金永鎬氏의夫人으로 資齋으로보든
지門閥로보든지남의後될바는조금도업스나 子女의慘狀을보신후
廢眼이되아爾來十七年間을내려오며 與가튼子孫의얼골도보시못
하시고 片庭出入도下人의손이안이면往來을못하야 世間消息을
모르시게됨으로 本人은勿論이지만은 親弟된저로서도徹天의恨
이되야 京城各病院을始하야 其他各地의有數醫院은거의다訪問
하얏스나 할수업다는最後의宣告를밧은우리男妹의슬품이果然엇
더하얏사오릿가? 그리다가天運이든지 造物의指示이든지 約二
個月前에누님을모시고大邱에왓다가 大邱松井醫院眼科醫師의賢
明하다는말을듯고萬一을想望하야訪問後診察한結果에 처음으로
고치겟다는말을듯고虛言갓기는하나 고친다는말이반가와서 爾
來二個月동안을治療한結果에 날과달로다르기를始作하더니 十
餘日前부터十七年間못보든晴天을보시게되얏고 本宅에서온편지
를보시며 말소리만드르시든孫子의얼골을비로소相對하시게되얏
는바 우리로서야同醫師의感謝는終身難忘이겟지만은病者는同病
者라야苦痛을안다고이러한眼疾로苦痛을바드시는이에게도紹介할
必要가잇겟기에이에紙上에發表하야만흔同胞에게紹介코저하노라

忠北永同郡積山里

李承仁弟李承九白

感謝廣告

本人의孫子、珙亨(六)이가、昨年
四月부터、兩脚이無力하야起動
을、任意로하지못하는、難病을得
하야 漬間各病院、漢醫電氣治療
와精神療法의、施療를바덧스나、
何等의効를엇지못하고病勢는漸
次沈重하야仰天長嘆하든中、何
幸京城府孝子洞一六四番地"心
醫學研究會長張世淡氏에게"心
靈治療를受한지 不過四週間에完
快하얏삽기玆에 에게感謝하는
一方衆하야同病難治患者諸位에
게그神術을廣告하나이다

平山郡漏川里 吉昇德白

'앞 못 보던 누나를 눈뜨게 해준 의사에게 감사한다'는 광고와 '두 다리를 못 쓰던 손자가 심령의학연구회장에게 치료받고 완쾌돼 감사한다'는 개인의 광고. 이러한 체험기 광고 중에는 '시각장애인이 눈을 뜨고 지체장애인이 일어났다'는 식의 믿기 힘든 치료체험을 말하는 것들이 많다.(조선일보, 1925. 5. 23, 1929. 2. 1)

이런 광고들 속의 감사편지가 모두 허위라고 단정할 증거는 없다. 하지만 1920년대 중후반의 우리나라 신문광고계는 온갖 세련된 신新기법의 광고들이 치열하게 각축을 벌이던 때라는 점을 고려하여 판단할 필요가 있다. 구한말의 광고처럼 '학질약을 발매하고 있으니 병 있는 이들은 찾아오시오' 같은 소박·단순하고 직설적인 광고에서는 이미 벗어나고 있었다. 체한 데 먹는 '재생당再生堂'의 '전기신액'은 한 소비자가 지인의 전화를 받고는 이 약의 효과를 상세하게 말하는 '전화통화 지상중계식' 광고까지 하고 있었다. 이런 시대에 나온 개인들의 '체험담 광고' 역시 다채로운 광고기법의 하나로 시도됐을 가능성이 높다.

오늘날에도 기업들이 체험기를 거짓으로 꾸며 광고하는 일은 사라지지 않고 있다. 보도에 따르면 2008년부터 2011년까지 국내 식품·의약품 회사들이 소비자의 거짓 체험기를 홈페이지에 올렸다가 적발된 게 176건이나 된다. 이러한 변칙 광고술의 출발 역시 1920년대로 거슬러올라가는 것 아닐까.

"사실 때에 반다시 등록상표를 자서이 보시고 속지 마시압"

짝퉁과의 전쟁

"지급경고至急警告!"(매우 급하게 경고함)

1920년 여름, 신문 1면에 심상찮은 제목의 광고가 크게 실렸다. 독일제 바늘을 수입·판매하던 인천의 세창양행世昌洋行이 낸 것인데 상품 광고가 아니라 경고문이다. 당시 히트한 독일제 바늘의 인기에 편승하여 '짝퉁 독일제 바늘'이 나돌자 위조업자들에게 즉각 시정을 요구한 것이다. 경고문 내용은 이렇다.

독일제 '세창世昌' 표 바늘의 품질이 우량하고 다대多大히 팔님을 선망하야 조악한 바늘에 본행本行 전용권이 잇는 여상如上의 등록상표를 위조 첨부하야 판매하는 부덕한 상인에게 고하노라.

본년 8월 31일까지 시장에 재在한 해該 위조 바늘 전부를 회수하야 각자

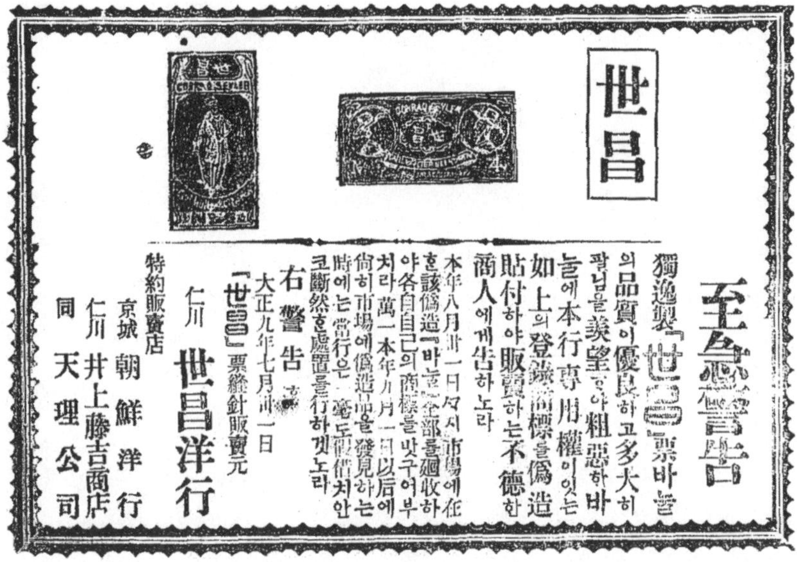

당대의 히트상품이던 독일제 바늘에 가짜가 나돌자 수입사인 세창양행이 신문에 낸 '경고광고'. 위조품 제조업자들에게 '시장에 있는 위조 바늘 전부를 회수하여 각자 자기의 상표를 바꾸어 부치라'고 요구했다. 광고 주변에 삐죽삐죽 가시 같은 그림을 그려넣었다.(조선일보, 1920. 8. 1)

자기의 상표를 밧구어 부치라. 만일 9월 1일 이후에 상尙히 시장에 위조품을 발견하는 시에는 당행은 일호一毫도 가차치 안코 단연斷然한 처치를 행하겟노라.

세창양행은 이 격렬한 어투의 경고광고를 1920년 8월 1일부터 4일간 똑같은 크기와 내용으로 계속 실었다. 광고 테두리에는 날카로운 톱날 모양을 삐죽삐죽 그렸다. 상표권을 도둑맞은 사실에 단단히 화가 났음을 보여준다.

이 경고문에서 세창양행이 위조업자들에게 '짝퉁 회수 등의 후속조치를 취하라'고 직접 요구하고 있는 점도 눈길을 끈다. 위조품 회수 같은 후속조치를 당국이 명령하는 오늘날과 달리, 피해를 본 원제작사가 자기 권리와 이익을 스스로 지키는 '자력구제自力救濟'를 한 것이다.

세창양행은 구한말 독일 함부르크 출신의 마이어H. E. Meyer가 독일 외교관 묄렌도르프의 지원을 받아 이 땅에 설립한 외국계 회사였다. 상표권에 관한 인식과 권리수호 의지가 당대의 어느 회사보다도 확실했기에 위조업자들에게도 초강경의 단호한 태도를 취했다.

1920년대 광고에 드러난 독일제 바늘 소동은 위조품과 진품의 숨바꼭질이 근대 문물의 도입 초기부터 시작됐음을 생생하게 보여준다. 가늘고 정교한 독일제 바늘은 최고 히트상품의 하나였다. 서양에서 새로운 옷감들이 속속 들어오면서 굵고 투박한 조선 바늘만으로는 바느질이 불편했던 때에 수입된 독일제 바늘이 불티나게 팔려나가자 위조품까지 활개를 친 것이다.

위조품이나 유사품이 따라붙었던 상품은 독일제 바늘뿐이 아니다. 어느 시대나 그러하듯 짝퉁이 나도는 상품의 목록은 당대 최고 인기 상품의 목록과 일치한다. 대표적인 히트상품으로 종기에 붙이면 고름을 쏙 뽑아내는 고약에 가짜들이 많았다. 그 실상이 당시 광고에 고스란히 드러나 있다. 유명 브랜드였던 '됴趙 고약'은 1922년 12월 4일부터 '가짜 됴 고약에 속지 말라'는 광고를 시작했다. 진짜 '됴 고약' 봉투의 사진을 크게 실은 이 '가짜 주의' 광고는 이듬해 초까지 한 달이 넘도록 계속 실렸다.

우리나라 최초의 화장품으로 큰 인기를 누린 '박가분朴家粉'에 위조품이 없을 리 없었다. 박가분은 1929년 7월 "간상배奸商輩(간교한 상인들)가 박가분 모양과 가티 제조 발매"한다며 "속지 마시압"이라고 광고했다.

1897년 탄생해 온 국민의 상비약으로 히트한 동화약방同和藥房의 급체 소화제 '활명수活命水'는 1929년의 광고마다 "이 약 사실 때 반드시 부채 상표를 주의하시오"라는 문구와 부채 그림을 넣었다. 우리나라 최장수 상표로 꼽히는 '활명수'는 오늘날까지도 이 광고문을 쓰고 있다. 짝퉁 논란에 모피가 빠질 수 없다. 경성모물毛物 동업조합은 1924년 11월 18일 자로 토끼털을 염색해 여우털로 속인 저질 모피 제품이 나돌고 있으니 주의하라는 '특별급고特別急告'를 냈다.

1920년대의 위조품 관련 광고를 보면 재미있는 사실이 또하나 있다. 위조업자가 원제조사의 관용으로 형사처벌을 경감받는 일이 있었음을 알 수 있다. 1929년의 한 고무신 광고가 그런 사정을 밝히고 있다. 즉 '별표 고무신'과 유사한 '칠성표 고무신'을 팔다가 걸린 위조업자는 "준

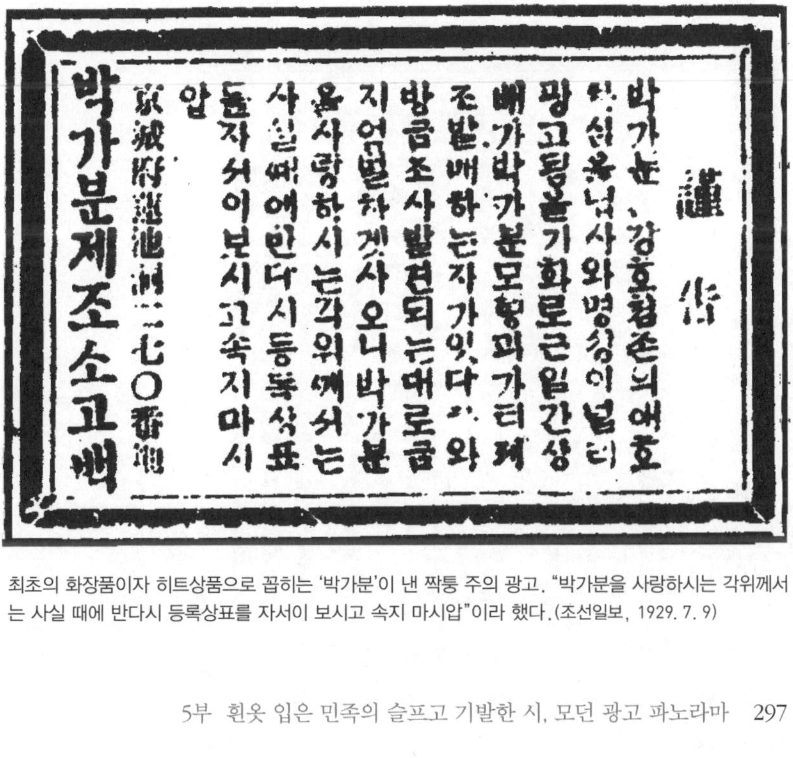

최초의 화장품이자 히트상품으로 꼽히는 '박가분'이 낸 짝퉁 주의 광고. "박가분을 사랑하시는 각위께서는 사실 때에 반다시 등록상표를 자서이 보시고 속지 마시압"이라 했다.(조선일보, 1929. 7. 9)

당대의 히트상품인 '조 고약'에 짝퉁이 나돌자 1922년 연말 제조사인 천일약방天一藥房이 신문에 낸 광고. 소비자들에게 '고약을 살 때 겉봉을 주의'해달라며 상표가 그려진 겉봉을 크게 넣었다. 조 고약은 이듬해 초까지 같은 광고를 한 달이 넘도록 계속했다.(조선일보, 1922. 12. 4)

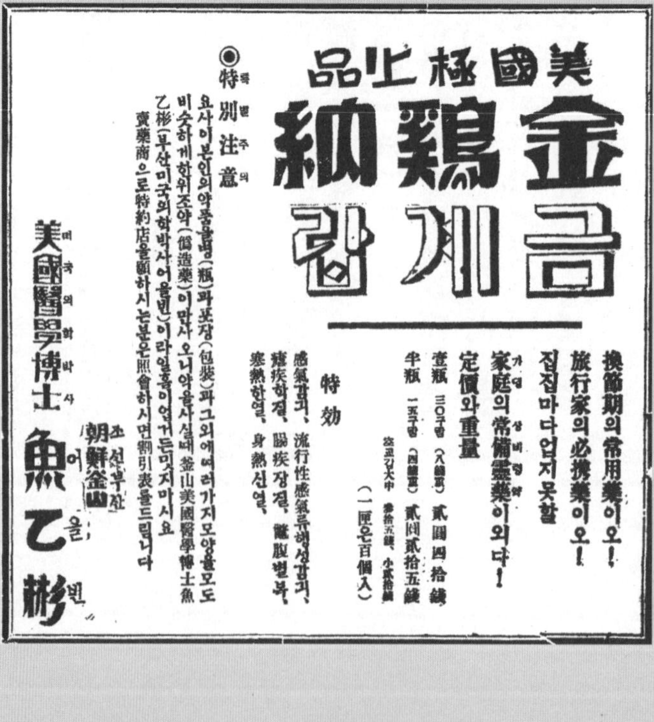

학질 특효약인 '금계랍金鷄納' 광고. "위조약이 많사오니 포장에 미국 의학박사 어을빈魚乙彬이라는 이름이 없거든 믿지 마시오"라는 '특별 주의' 문구를 넣었다.(조선일보, 1929. 3. 29)

"이 약 사실 때 반드시 부채 상표를 주의하시오." 오랜 히트상품인 급체소화제 '활명수'는 초창기부터 '부채표'를 내세웠다.(조선일보, 1929. 6. 29)

엄한 처분을 당연히 감수할 바이오나, 귀사貴社의 관대한 처분하에 차此를 용서하여주신 후의는 깁히 감사"한다는 '사죄광고'를 실었다.[14] 마치 오늘날 폭행 피의자가 피해자와 합의하면 형사처벌을 감경받듯 원제작사의 의사가 위조범 처벌에 영향을 미쳤던 것으로 보인다.

기와집 한 채, 원숭이 한 마리, 몽고 여행비…
기발하고 괴상한 경품행사들

경품

'일확천금이라는 달콤한 미끼를 내건 장사꾼들의 고객 낚시'인 '경품 마케팅'은 이미 1920~1930년대부터 있었다. 있었던 정도가 아니라 매우 성행했다. 근대적 유통시스템이 굴러가기 시작하면서 여러 기업과 상인들마다 라이벌을 제치고 소비자를 가장 강하게 자극하기 위해 경품부대매출景品附大賣出을 했다. 연말만 되면 백화점은 물론이고 종로통 상인들, 극장, 그릇 가게, 약방, 담뱃가게까지도 경품행사를 하는 게 유행이었다. 소비자들에게는 강력한 유혹이었다. 춘원 이광수는 경품당첨을 바라며 자꾸 물건을 사들이는 아내의 모습을 이렇게 그렸다.

세말이 되면 진고개와 종로에서 장欌, 단스 같은 것을 일등상으로 걸어

놓고 경품부대매출을 한다. 그때마다 안해는 장이 빠지기를 바라고 물건을 삿다. 그러나 뽑는 것마다 타올 수건, 화저까락 따위요, 바라는 장은 아니 빠졌다.[15]

포도주, 치약, 심지어 파리약까지도 경품행사를 크게 벌였다. 경품광고에서 가장 재미있는 부분은 경품으로 내건 물건들의 목록이다. 어느 시대나 그렇듯 경품 이벤트에서 내거는 상품은 최신 트렌드로 떠오른 인기상품들이다.

1920~1930년대 경품행사 광고에서 가장 많이 내건 상품은 손목시

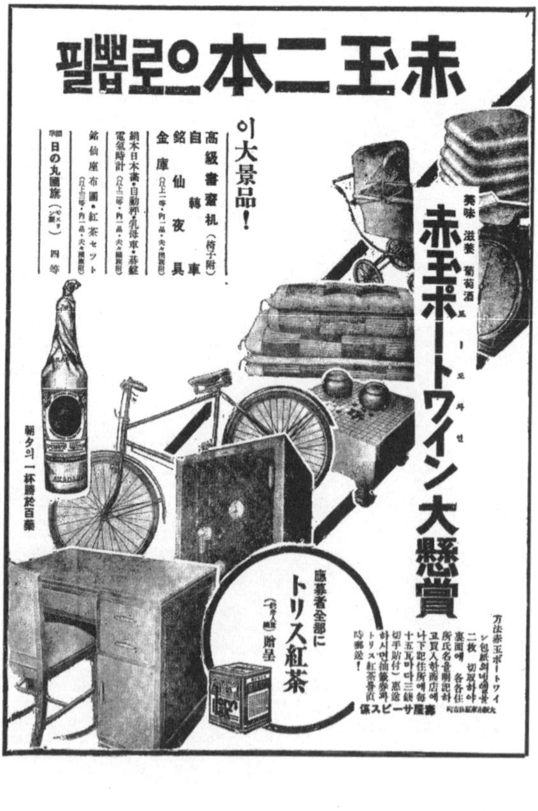

대규모 경품행사를 알리는 '적옥 포도와인'의 광고. 고급 책상과 의자 세트, 자전거, 금고, 원목 바둑판과 바둑돌, 전기시계, 유모차 등 광고 속에 그려진 상품들은 모두 그 시대 사람들이 가장 갖고 싶어하는 물건들이었다.(조선일보, 1934. 5. 29)

계와 모피옷이다. 금시계라도 되면 그 이상의 상품이 없었다. 1934년 적옥 포도와인은 '대현상 행사'에 10여 가지 상품을 내걸었는데 최고상은 고급 서재궤(책상)였다. 뒤이어 금고, 자전거, 바둑판, 유모차, 전기시계 등이 상품목록에 보인다. 대부분 근대 문명이 낳은 '모던한' 생활용품들이다.

경품 중에는 기발한 것들도 많았다. 1933년 화신 백화점의 가을 경품은 '김장권'과 '한겨울 땔 장작권'이었다. 김장 배추와 양념류를 증정하는 김장권이야 오늘의 경품행사에도 여전히 내걸 만하지만 '장작권'은 특이하다. 보편적인 가정용 연료가 연탄도 가스도 아닌 화목火木이었던 1930년대를 실감하게 한다. 당시 신문은 〈엄동과 싸울 준비되셨습니까〉라는 생활정보 기사를 실으며 겨울나기를 위한 의식주 준비의 3대 요소로 '옷가지' '김장'과 함께 '장작 미리 사두기'를 꼽았다. 총독부 당국도 산촌의 소득 증진을 위해 땔나무를 심는 '연료림'을 조성하라고 장려했다. 장작은 매우 중요한 생필품이었기에 종종 절도의 대상이 되기도 했다. 강원도의 어느 산골 주민은 자신이 애써 해놓은 장작들을 두 달간 계속 도난당하자 잠복 끝에 범인을 붙잡아서는 너무 분했던 나머지 '무수히 난타'하여 숨지게 한 사건까지 일으켰다.[16]

경품행사에 걸린 상품 중에는 기발하다못해 괴상한 것도 있었다. 1927년 삼세약원三世藥院은 현상퀴즈를 내면서 1등에게 '원성猿猩'(원숭이) 한 마리를 내걸었다. 원숭이를 무슨 용도로 증정했는지는 미스터리다. 업체들의 경품행사 경쟁이 더 치열해지고 있음을 보여주는 것임은 분명하다.

상품의 금액으로 보면 역시 통 크게 행사를 벌인 건 백화점들이었

여러 업체들이 경쟁적으로 경품행사를 벌이면서 경품의 규모도 점점 커졌다. 화신 연쇄점이 1937년 연말에 벌인 경품행사의 광고. 특등 15명에게는 '소 한 마리' '양복장' '이층 옷장'의 3개 중 하나를 준다고 했다.(조선일보, 1937. 12. 25)

다. 화신 백화점은 1932년 5월 증축 기념으로 경품부대매출 행사를 하면서 1등상에 '20평 와가瓦家'(기와집) 한 채를 내걸었다. 그뿐만 아니다. 2등 상품은 '만몽滿蒙'(만주 몽고) 시찰 왕복 여비 또는 백미 20가마, 3등 상품은 금강산 왕복 여비 또는 삼층장三層欌이었다. 사람들의 눈을 휘둥그레지게 만들 만하다. 이 어마어마한 경품행사는 사회면에 화제기사로 보도됐다.[17]

화신 연쇄점은 1937년 연말 대목엔 1원(약 2만 원)어치 이상의 물건을 산 고객들을 대상으로 최고상에 '소 한 마리'를 내건 대형 경품행사를 벌여 장안의 화제가 됐다. 광고 문구는 "일 원어치 물건 사시면 소 한 마리"로 달았다.

1929년 가을, 경성에서 조선박람회가 개최될 때 경성상업회의소는 백미 1천 가마니와 자동차 한 대 등을 내건 경품행사를 벌여 1원어치 이상 사는 사람에게 경품권을 뽑게 했다.[18] 이러한 경품행사는 1937년을 끝으로 일제하에서는 더이상 보이지 않는다. 일제가 중일전쟁을 도발하고 이른바 전시체제를 선포한 이후에 경품행사를 금지했기 때문이다.

악기점에서 공기총을 판매한 이유

사냥총

서울 안국동 금희琴喜 악기점이 1929년에 낸 광고 속 상품목록에 악기는 단 한 대도 없었다. 독일에서 수입한 사냥용 공기총 10여 종의 모델명과 가격이 빼곡히 적혀 있을 뿐이다. 이 악기점은 따로 '공기총 판매부'를 두고 있다고 밝혔다. 사냥총과 악기, 한없이 낯선 조합이다. '악기점' 간판을 내건 가게에 바이올린, 첼로, 클라리넷과 나란히 사냥총들이 진열된 풍경을 상상해보라. 오늘의 상식으로는 이해하기 어렵지만 1920년대 경성에서 사냥총은 많은 사람들에게 필수품이었다는 사실을 짐작할 수 있다. 1920년대 중후반, 조선일보에는 외국제 총기 광고들이 오늘날의 냉장고 광고처럼 자주 보인다. '박래舶來(수입한) 공기총 특별 염가 제공' 등의 문구를 내건 총기 광고는 신문의 얼굴인 1면에까지 진출했다. 1925년의 경우 11~12월 두 달간 사냥총 광고가 5회 실렸고 이중 3건은 1면에 실렸다. 사냥총 1정의 가격은 20~30원(40~60만 원) 선이었다. 연말이면 총포상들은 백화점처럼 '공기총 세모 대매출'을 알렸다.

이런 사냥총 광고는 누구를 겨냥한 것일까. 당대의 부유층이다. 1920~1930년대 이 땅의 부자들에게 한 자루의 총이란 필수품에 가까웠다. 우선, 수렵의 도구였다. 그 시대에 수렵은 오늘날보다 더 널리 허용됐다. 20세기 초 이 땅에 들어온 서양 엽총으로 시작된 근대적 수렵 역사의 첫 페이지에는 갖가지 동기의 사냥이 있었다. "장쾌한 자미에 팔려서 탄환 갑이 꿩 갑보다 몃 배나 더 드는 한이 잇드라도 틈만 잇스면 총을 메고"[19] 하는 일부 부유층의 귀족 취미 같은 사냥이 있었다. 다른 한편에는 야생동물을 잡아 생계를 잇는 포수의 직업적 사냥이 있었다. 맹수의 공격에 맞서 자식들의 목숨을 지키려고 총을 든 절박한 사냥도 빼놓을 수 없다.

맹수로부터 목숨을 지키고자 자구책으로 벌인 사냥 중에서 대표적인 것은 1920년대의 '늑대 사냥'이다. 날뛰는 늑대들 때문에 인명이 희생당하자 수백 수천 명의 주민들이 몽둥이까지 들고 산으로 올랐다. 늑대 사냥과 관련된 기사들은 지금 봐도 처절하다. 1920년 봄, 평북 태천·영변 등지에서는 20명이나 되는 아이들이 늑대에 희생되자 전 주민이 사냥에 나섰다.[20] 1926년 8월에는 경북 달성군 현풍면과 구지면에서 늑대의 공격으로 숱한 아이들이 희생되자 분노한 전 주민 1850명이 엽총과 죽창 등을 들고 산으로 올랐다. 1933년부터 1942년 사이에만 사살·포획된 늑대가 1040마리였다.

이런 사냥에도 불구하고 늑대의 난은 쉽게 그치지 않았다. 1920년대

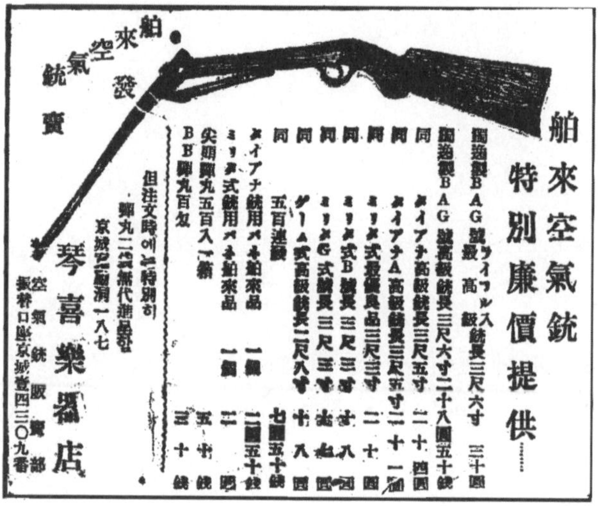

'수입 공기총을 특별 염가로 제공'한다며 독일제 공기총 9가지 모델의 이름과 가격을 알린 광고. 뜻밖에도 이 사냥총 광고는 경성 '금희 악기점'의 '공기총 판매부'가 냈다. 악기점에서 나란히 총을 팔았다는 사실은 그 시절에 총이 오늘날보다 훨씬 더 일상에 필요한 물건이었음을 알게 한다.(조선일보, 1929. 1. 6)

신문 지면에는 늑대로 인한 인명사고와 대규모 '늑대 사냥' 기사가 매년 서너 건씩 크게 보도됐다. 서울도 예외가 아니었다. 서대문 밖 죽첨정에 늑대가 출현하여 주민을 공포에 떨게 했다. 1926년 1월 14일 밤에는 경성 도심의 관철동 주택가에서 늑대로 보이는 동물이 주민을 무는 일까지 일어났다. 1930년 한 해에 호랑이·표범·곰·승냥이에 물려 죽은 사람이 모두 58명인데, 늑대에 물려 죽은 사람은 68명이나 됐다.[21]

조선시대에는 심각하지 않았던 늑대 피해가 일제의 식민통치와 함께 늘어난 것을 겨냥한 듯 조선일보는 1면 논설을 통해 "본래 늑대란 자 업더니 (…) 표랑견축豹狼犬畜(표범·이리·개)이 서로 덤비어 사람을 먹음이냐? 소연騷然히 난세亂世의 정황을 생각할 만하다"고 탄식했다.[22] 신문 지면에 사냥총 광고가 부쩍 늘어난 것은 이와 같은 늑대의 난과 무관하지 않다.

1920~1930년대 부유층에게 엽총은 사냥의 도구만이 아니었다. 치

안이 오늘 같지 않던 시절, 집에 침입한 강도로부터 재산을 지키기 위한 자위적 수단으로도 총은 필요했다. 부의 불균형이 심각했으며, 식민지 수탈의 경제체제 속에서 민중들이 극도의 빈곤한 삶을 이어가던 때였다.

부유한 집에 침입하는 건 잡범들뿐만이 아니었다. 만주 등지를 근거로 무장 독립운동을 펼치던 독립군들은 수시로 조선땅에 들어와 부잣집을 습격해 군자금을 내놓으라고 요구했다. 독립투사들은 친일 모리배들의 집을 덮쳐 군자금도 얻고 친일파도 응징했다. 이래저래 부잣집 거실에는 사냥총이 걸려 있어야 했다.

"금땅 우헤서 사는 우리는 왜 요다지 구차한지?"

조선판 황금광 시대

1935년 4월 10일자 조선일보 1면 광고 중에는 책 광고가 가장 크게 실렸다. 소설도 아니고 수필도 아니다. 『조선광업령요론朝鮮鑛業令要論』이라는 꽤 묵직한 법률책 광고다. 땅에서 광물을 캐내려는 사람이 반드시 알아야 할 법령과 제도를 변호사 신태악辛泰嶽이 해설한 책이다. 전혀 대중성 없어 보이는 광업 전문서적을 왜 이렇게 1면에까지 크게 광고했을까. 1930년대에 '조선판 골드 러시'가 엄청났기 때문이다. 전국 방방곡곡에서 금광을 찾으려는 사람들의 곡괭이 소리가 요란했다.

『조선광업령요론』은 석탄, 철, 구리 등 23가지 광물을 캐내는 광산업을 위해 필요한 법령을 해설했지만 핵심은 단 하나, 황금이었다. 제국주의 일본이 군비 확충을 위해 금광 탐사를 지원하고 금을 비싸게 사

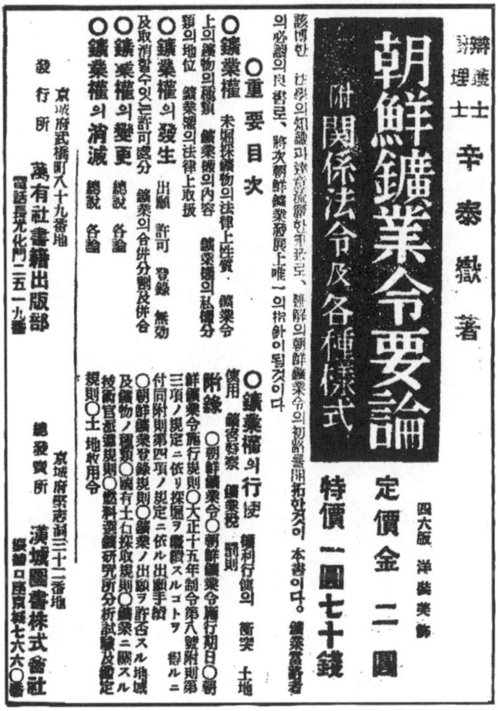

1930년대 이 땅에 금광 찾기 열풍이 뜨겁던 시절, 신문 1면에 등장한 광업 전문서적『조선광업령요론』광고. 광산을 경영하기 위해 필요한 법령 지식을 정리한 이 책은 베스트셀러가 됐다.(조선일보, 1935. 4. 10)

들이자, 일확천금을 꿈꾸는 모든 사람이 산과 들을 방방곡곡 헤매고 있었다. 금광이 로또였다.

당시 평양에서 백여 리 떨어진 성천온천에서는 "돈에 목마른 사람들은 길을 가면서도 황금 덩어리라도 떨어졌을가 하여 땅에 구녕이 뚫어지도록 보고" 다녔고 금광이 발견되자 "꿀통에 개아미떼 모히듯 사람이 모혀"들었다.[23] 함남 영흥군에서는 "전 군郡 각지 어느 산섭이나 냇바닥을 안 파본 곳이 업을" 지경이었다.[24]

1930년 한 해에만 광산 출원 건수가 모두 1400건이다. 1933년에는 5200건, 1935년엔 1만 500건이나 됐다. 총독부 광산과에서는 '매일 밤

10시까지 야근을 하면서 처리했음에도 3천 건밖에 처리 못해, 아직 미처리한 2만 4천여 건을 처분하자면 앞으로 8년이 걸릴 것'으로 예상했다.[25]

조선일보 안석영의 만문만화 〈황금광 시대〉는 "너도나도 금광 금광 하며 리욕利欲에 귀 밝은 량민들이 대소동"이라며 "금땅 우헤서 사는 우리는 왜 요다지 구차한지? (…) 금을 어드면 어듸다 쓰겟다는 생각이나 잇는지. 모두가 촵푸린이 보혀준 황금광들이다"라고 혀를 찼다.[26]

이 시기에는 일부 문인과 지식인들도 금광에 관심을 쏟았다. 소설가 김유정은 충청도 금광에서 몇 달 동안 현장감독을 한 적이 있었고, 고향 부근의 개울 바닥이 금을 찾느라 거의 전부 파헤쳐져 황폐해진 풍경을 목격하기도 했다. 김유정은 이런 체험을 바탕으로 일확천금을 노리는 인간 군상들의 풍경을 「노다지」「금 따는 콩밭」 등의 작품 속에 그려냈다. 이태준의 「영월 영감」「패강랭」 같은 작품에도 금에 빠진 1930년대의 사회상이 담겼다.

금 찾기 대소동
"시시각각으로 사람들은 졸부가 되고, 또 몰락해갔다"

금 찾기 '대소동'이 그토록 뜨거웠던 것은 일제가 1915년에 공포한 '조선광업령'을 통해 광물을 발견해서 허가원을 먼저 제출한 사람이 채굴권을 가지도록 규정했기 때문이었다. 말하자면 '먼저 보는 놈이 임자'였다. 이는 일확천금의 꿈을 꾸는 모든 조선인들의 무한경쟁을 부추겼다.

금 찾아 돈 벌려는 사람들을 겨냥해 1936년 발간된 또다른 종합 가이드북 『광산 발견 급及 경영법』도 '재판 돌입!'을 자랑하는 광고를 신

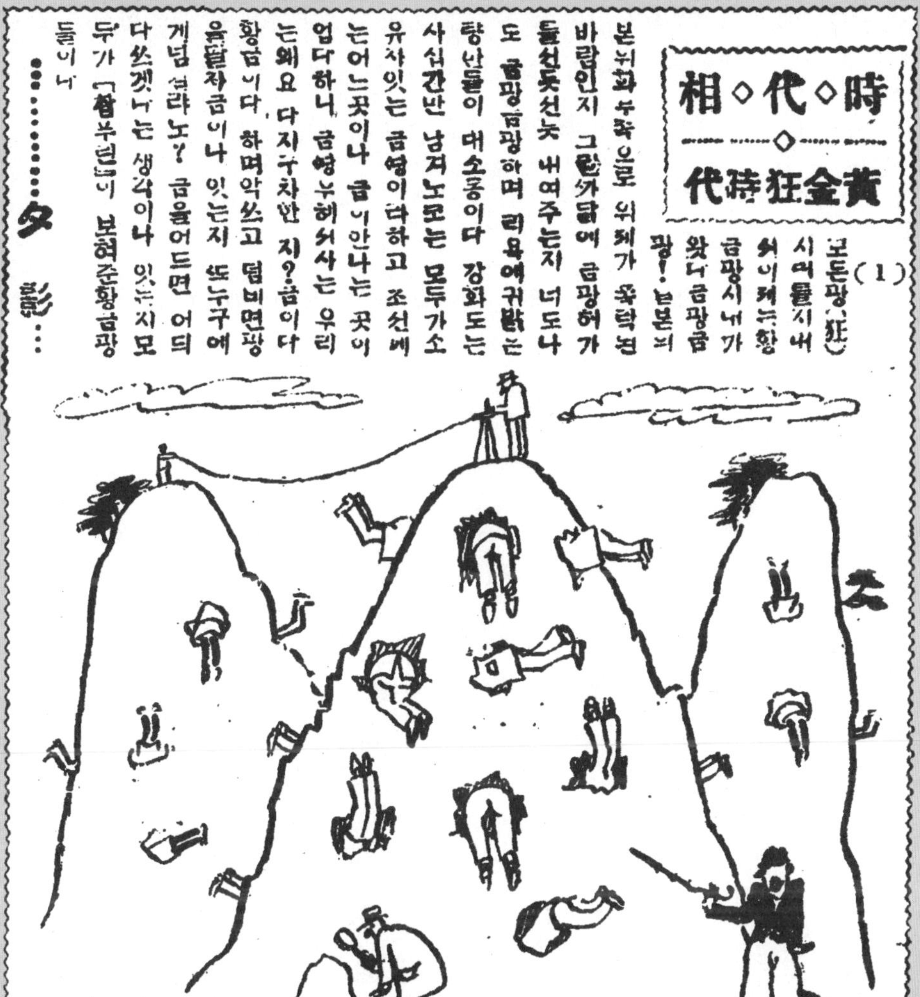

1930년대 금광 열풍을 꼬집은 안석영의 만문만화 〈시대상—황금광 시대〉. "너도나도 금광 금광 하며 리욕에 귀 밝은 량민들이 대소동이다"라며, "조선에는 어느 곳이나 금이 안 나는 곳이 업다 하니 금땅 우헤서 사는 우리는 왜 요다지 구차한지? (…) 금을 어드면 어듸다 쓰겟다는 생각이나 잇는지. 모두가 촵푸린이 보혀준 황금광들이다"라고 썼다.(조선일보, 1932. 11. 29)

문 1면에 냈다. 이 책도 말이 '광산 발견법'이지 실제 내용은 '금광 발견법'이다. 광고문부터 표현이 자극적이다. 마치 몰라서 못 캐는 금이 여기저기 수두룩한 듯 표현하며 당장 삽 들고 파내러 가고 싶도록 꼬드기고 있다.

우리 조선은 고래古來로 산금지産金地(금 생산지)로 유명하였고, 금일에도 각지에 분포 매장된 광량이 상당히 풍부함에도 불구하고 차此를 채취하지 못하고 내버려두는 상태에 잇다. 이것은 일반적으로 광업에 관한 지식이 부족하야 기 감식鑑識이 불능하므로 눈으로 보면서도 인식치 못하며……

1938년 조선총독부 기사라는 공학박사 김성호金聖浩의 저서인 또다른 광업 안내서의 제목은 '광산경영법'인데 목차를 보면 '조선의 금상金床'(금 묻힌 곳) '금광 제련법' '금·은 건식 분석법' 등 오로지 황금 캐내기에만 집중돼 있다.[27]

광업 경영을 위해 필요한 서류 작성 등의 사무를 대행해주는 '광무소鑛務所'도 신문 한 귀퉁이에 광고했다. 광무소란 쉽게 말하면 금광에 빠진 '황금 열병' 환자들이 뻔질나게 드나드는 공간이다. 박태원은 「소설가 구보씨의 일일」에서 거리에 즐비한 광무소를 비롯해 황금에 미친 시대의 풍경을 그렸다.

저도 모를 사이에 구보의 입술은 무거운 한숨이 새어나왔다. 황금을 찾아, 황금을 찾아, 그것도 역시 숨김없는 인생의, 분명히, 일면이다. 그것은 적어도, 한 손에 단장과 또 한 손에 공책을 들고, 목적 없이 거리로 나온 자기보다는 좀더 진실한 인생이었을지도 모른다. 시내에 산재한 무수한 광무소鑛務所. 인지대 백 원, 열람비 오 원, 수수료 십 원, 지도대 십팔 전…… 출원 등록된 광구, 조선 전토全土의 칠 할. 시시각각으로 사람들은 졸부가 되고, 또 몰락해갔다.[28]

1935년 신문에 실린 '대일광무소大一鑛務所'의 광고는 상호와 연락처를 제외하면 광고문은 딱 8자, '비밀엄수, 절대책임'뿐이다. 금광 찾는 일을 도와주며 그걸 의뢰한 사실을 누구에게도 발설하지 않고서 은밀하게 책임지고 진행한다는 것이다. 금 캐내기 경쟁이 얼마나 뜨겁고 팽팽했는지 실감된다.[29]

'흰옷 입은 나라의 시가 되리라' 책 광고란에 꿈틀댄 민족혼

책

수주樹州 변영로 시인의 첫 시집 『조선의 마음』이 1924년 가을 평문관에서 출간되었다. 그런데 당시 신문에 실린 시집 광고를 읽다보면 '언론의 자유를 박탈당했던 일제강점기의 광고가 맞나?' 하는 생각이 든다. 광고문은 민족의 울분을 거침없이 쏟아내고 있다.

> 슬픔과 오뇌懊惱를 맛보는 조선 청년 남녀여!! (…)
>
> 기대일내야 기대일 곳 업고(…) 발부칠 터이 업스며, 무엇 붓잡을내야 붓잡히이는 것 업는 우리 힌옷 입은 사람들의 애끈힐 만큼 슬프고, 하욤업스며 지향할 수 업는 심정……

변영로의 시집 『조선의 마음』 광고문은 조선총독부가 모든 출판물과 광고를 검열하던 때의 광고가 맞을까 하는 생각이 들 정도로 거침없이 썼다. '기대려야 기댈 데 없고 (…) 무엇 붙잡으려야 붙잡히는 것 없는, 우리 흰옷 입은 사람들의 애끊는' 심정을 노래했다며 시집을 알렸다. 그러나 시집은 일제에 의해 판매금지됐다. (조선일보, 1924. 10. 9)

아니나다를까, 시집 『조선의 마음』은 "사상 내용이 불온하다"는 이유로 발행과 동시에 총독부에 의해 압수됐다. 식민지하의 조국을 '님'에 대한 그리움으로 형상화하며 조선의 마음을 탐구한 시집에는 족쇄가 채워졌다.

이처럼 식민통치에 대한 분노와 민족의 울분은 광고에서도 꿈틀거렸다. 민족에게 '깨어 있으라'는 메시지를 전하는 광고들이 꽤 있었다. 역시 역사서 광고들이 의미심장했다. 검열관의 눈을 피해 광고문 한 줄 한 줄에 피 끓는 민족애와 조국애를 담으려 했던 흔적이 역력하다. 1923년 덕흥서림德興書林이 편찬한 『반만년 조선역사』나 1929년 단재 신채호의 『조선사연구초』 같은 책은 광고의 제목 자체가 나라 잃은 현실을 상기시켰다. 『조선사연구초』의 광고문은 "조선에는 유구한 역사와 찬연한 문화가 있었으나 여러 가지 원인으로 손상됐다"는 의미심장한 말로 시작했다. 『동방역사』는 "천하 인사가 여러 해 동안 갈망하던 조선 역사가 출판됐다"고 했고 민세 안재홍의 『백두산 등반기』 광고는 "조선의 장래는 백두산에 있다!"고 카피를 썼다.

1923년 김억의 시집 『해파리의 노래』에 이르면 광고문이 민중의 마음을 움직일 만큼 빼어나다. 일부를 보면 이렇다.

> 오늘날 흰옷 닙은 사람의 나라에는 여러 가지 애닯고 구슬픈 일이 만타. 이러한 세상사리에셔 흘너나오는 수업는 탄식과 감동과 감격과, 울음과 또는 우슴과 엇던 때에는 원망과 그런 것이 모도 우리의 시詩가 될 것이다. 흰옷 닙은 나라의 시가 될 것이다. 이천만 흰옷 입은 사람! 결코 적은 수효가 안이다.[30]

1931년 출간된 『아일랜드의 민족운동』이라는 번역서는 광고문에서 "불우한 아일랜드 민족은 영국인과 어떻게 싸워왔으며 그 자체 내에 분립된 좌우 양파는 어떠한 관계로 분합되어왔나"를 다뤘다며 남의 나라 이야기를 빗대어 민족에게 말을 건네고 있다. (조선일보, 1931. 4. 9)

때로는 남의 나라 역사서의 광고에도 우리 민족끼리 하고 싶은 말을 담았다. 1931년 발간된 『애란愛蘭(아일랜드)의 민족운동』이라는 번역서는 영국의 지배에 맞선 아일랜드인들의 운동을 기술한 책이다. 그 광고문은 "불우한 애란 민족은 영국인과 어떻게 싸워왔으며 그 자체 내에 분립된 좌우 양파는 어떠한 관계로 분합되어왔나"를 다뤘다며 "최근 세계 약소민족운동의 현세를 조감하려는 이는" 또다른 책인 『약소민족운동의 전망』을 읽어야 한다고 했다. 책 소개에만 그치지 않고 우리 민족의 현실과 세계 약소민족의 운동에 관해 일깨우고 있는 것이다.

나라 잃은 민족의 마음을 드러낸 책이나, 이러한 책을 거침없는 표현으로 알린 광고의 문구들이 일제하에서 온전할 수는 없었다. 『조선병합 10년사—부附 조선독립문제의 진상眞相』이라는 책은 1921년 초에 발매 광고가 나갔으나 7월에 책을 시중에 판매한다던 조선출판협회는 7월 초에 갑자기 '배부를 연기한다'는 광고를 2회나 싣는다.[31] 그 연기한 시기마저도 지키지 못하고 이 책은 결국 그해 연말에야 발간광고를 냈다. 자세한 사정은 알기 어렵지만 총독부로부터 제재를 받아 책을 대폭 수정하느라 연기됐을 가능성이 크다.

광고문의 격정적 표현이 수정되기도 했다. 이선근李瑄根 저 『조선 최근세사』의 1931년 첫 광고문은 "읽으라 2천만 민중이 갈망하던 조선사 (…) 이조 말엽기 조선의 비분참절한 내외정세를 꼭 알려는 조선의 민중아!!"라고 독자들에게 외쳤다.[32] 그러나 이듬해의 광고를 보면 '2천

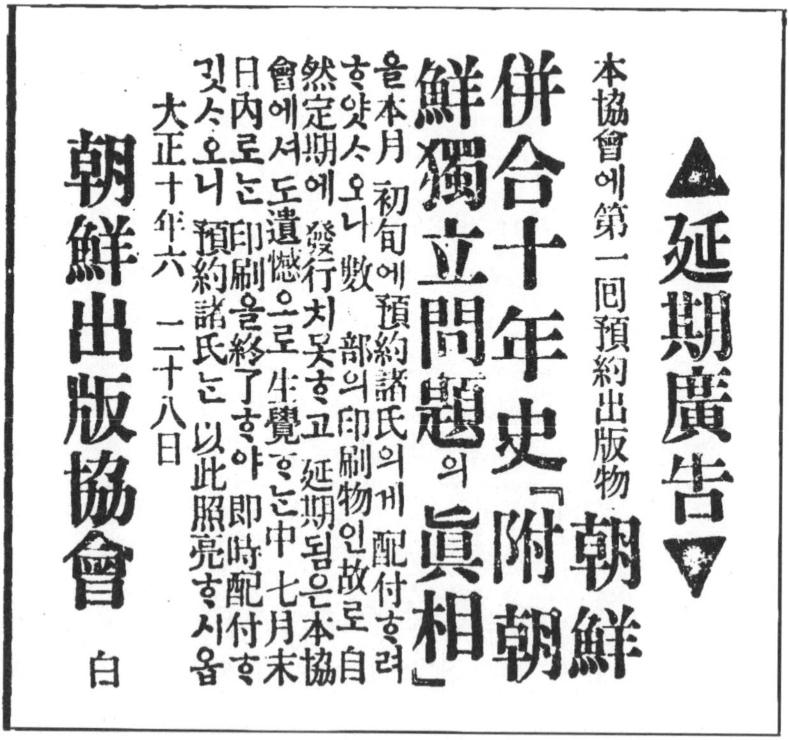

조선출판협회가 편찬한 『조선병합 10년사—부 조선독립문제의 진상』이라는 책이 1921년 7월 초순에 배부될 예정이었으나 연기됨을 알리는 광고. 광고에서는 인쇄 부수가 많아 늦어진 것처럼 표현했으나 책의 내용이 내용인 만큼, 총독부의 검열 과정에서 모종의 문제가 발생한 것이 아닌가 추측된다.(조선일보, 1921. 7. 3)

만 민중'이나 '조선의 비분참절' 같은 대목이 싹 사라졌다. 새 광고문은 "대원군 집정 10년간의 파란 많은 사안 / 이 사회 이 민족의 오늘날 이 꼴을 확실히 인식할 수 있는" 책이라고만 했다. 알맹이 없이 어딘가가 무뎌진 광고문에는 검열관의 가위질 자국이 느껴진다.[33]

총독부 검열도 피한 태극 없는 태극기

광고의 금기, 태극기

"우리도 남과 가치 사라봅시다. 남과 갓치 살랴면 자작자급自作自給이 제일 급무急務이요 (…) 조선 민족이시여."

민족경제를 걱정하는 연설문 같지만 그렇지 않다. 1925년 1월 14일자 조선일보에 실린 '장백長白 치마분齒磨粉'(가루치약) 광고문의 한 대목이다. 1923년 1월 9일, 20여 개 민족단체 대표 160여 명이 서울에 모여 발기 준비대회를 열어 물산장려운동을 시작한 이래 방방곡곡에 울린 '조선인은 조선 토산품을 쓰자'는 목소리는 치약 광고에서까지도 민족을 언급하게 만들었다. 동포애를 자극한 마케팅 전략일 수도 있지만, 어쨌든 일제강점기의 신문 독자들은 광고면에서도 나라 잃은 민족의 현실을 체감했고, 광고는 동포들과 함께 울고 웃었다.

특히 모시·광목 등 전통 옷감 광고문의 어투가 비장했다. 민족의 목

1925년의 '장백 치마분' 광고에는 "우리도 남과 가치 살아봅시다. 남과 가치 살려면 자작자급이 제일 급무이요 (…) 조선 민족이시여"라는 구절이 보인다. 치약 광고에서도 민족의 현실을 논하던 때였다.(조선일보, 1925. 1. 14)

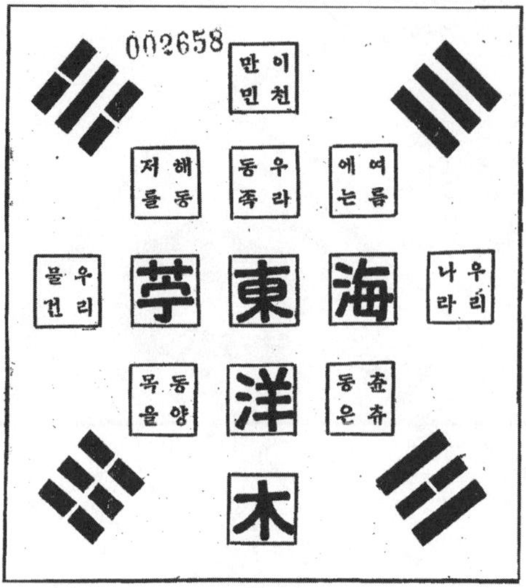

조선인들은 조선 옷감인 해동저와 동양목을 쓰자는 광고. 태극만 없을 뿐 네 귀퉁이에 4괘를 그려넣어 태극기를 분명히 연상시키는 디자인인데도 일제의 검열을 용케 피해 삭제당하지 않고 신문에 실렸다. "이천만민 우리 동족, 여름에는 해동저를, 춘추동春秋冬은 동양목을"이라고 광고문을 썼다.(조선일보, 1927. 6. 7)

소리를 광고에 내는 데 앞장선 업체는 우리 옷감인 해동저海東苧(모시)와 동양목東洋木(광목) 등을 판 홍일사였다. 이 가게는 "우리 손으로 만든 2천만 민족 옷감 (…) 조선 사람은 누구든지 반듯이 입어야만 됩니다"[34]라고 목청을 높였다.

마침내 옷감 광고는 1927년 6월에 일제강점기 최대의 금기에 도전했다. 광고에 태극기까지 그려넣은 것이다. 물론 일제의 서슬이 퍼런 시절이었기에 태극은 생략했지만, 정사각형 광고 네 귀퉁이에 뚜렷이 4괘卦를 그려넣은 이 광고는 누가 봐도 태극기를 분명히 연상하게 만드는 것이었다. '독립선언' 같은 광고다.

모시와 광목으로 옷을 해 입자는 이 광고에는 제품 설명도, 가격 표시도 없다. 판매자 상호나 연락처조차도 안 적었다. 그저 밑도 끝도 없이 '2천만민이 여름엔 해동저로, 봄가을엔 동양목으로 옷을 지어입자'는 말만 썼다. 아마도 '후환'을 염려해서 그랬을 것이다.

일제하에서 태극기는 금기 중의 금기였다. 3·1운동 때, 삼천리 강토에 피맺힌 독립만세 소리와 함께 휘날리던 태극기에 충격받은 총독부와 일경은 태극기를 내거는 것은 물론, 가지고 있기만 해도 무겁게 처벌했다. 보통학교 정문에 분필로 태극기가 그려져 있자 전교생에 대해 신체검사와 취조를 할 정도였다.[35] 독립운동가들이 어느 날 갑자기 공공건물에 커다란 태극기를 내거는 거사를 벌이는 것은 항일 시위의 대표적인 방법이었다. 1923년 봄에는 경성 한복판 창의문에 독립운동가들이 대형 태극기를 매달아 경성 경찰에 초비상이 걸렸다. 1925년에는 전남 완도군 어느 면 주재소에 누군가가 태극기를 거는 사건이 일어나 청년 6명이 체포됐다. '자라 보고 놀란 가슴 솥뚜껑 보고도 놀란다'는 속담처럼, 일본 경찰은 평남의 한 야학이 학예회를 하면서 어린이들이 태극기 비슷한 형상을 그려 걸었다고 어린 학생들까지 모조리 잡아다 가혹하게 취조하기도 했다.[36] 일본 경찰은 떡에 태극 문양을 찍는 것도 단속했으며, 상점이나 단체 이름에 '한韓'이라는 글자도 못쓰게 했다. '한韓'자가 들어간 단체의 공연 포스터를 모조리 떼어버릴 정도로 신경질적인 반응을 보이기도 했다.

태극기는 물론, 태극기 비슷한 형상만 그려도 경찰에 잡혀갔던 일제강점기에 민족의 상징인 태극기를 약간 변형한 광고가 신문에 3단 크기로 실린 건 하나의 '사건'이라 부를 만하다. 태극은 생략하면서도 태극기를 선명하게 떠올리게 하는 기발한 아이디어 덕인지 총독부의 사전 검열에는 걸리지 않았지만, 광고가 나간 뒤 무사하지는 못했을 듯하다. 대부분의 옷감 광고들이 여러 번 반복해 게재됐던 것과는 달리, 이 태극기 형상 광고는 이날을 끝으로 두 번 다시 보이지 않는다.

우리 옷감인 동양목과 해동목의 광고. 활자 대신 붓글씨로 흘려 써 조선시대의 문서를 보는 듯한 느낌을 준다. '3천만 우리 형제'나 '우리 동포' 등의 단어를 써서 민족의 마음을 건드리고 있다. '해동목' 광고에서 복자로 숨겨야 했던 글자는 '민족'일 것으로 추정된다.(조선일보, 1927.12.14, 1930.1.30)

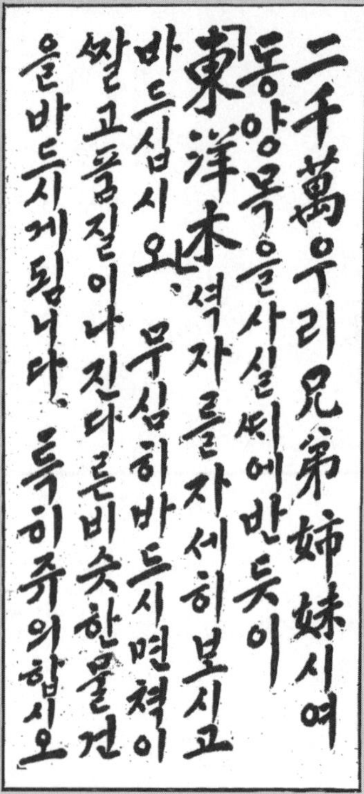

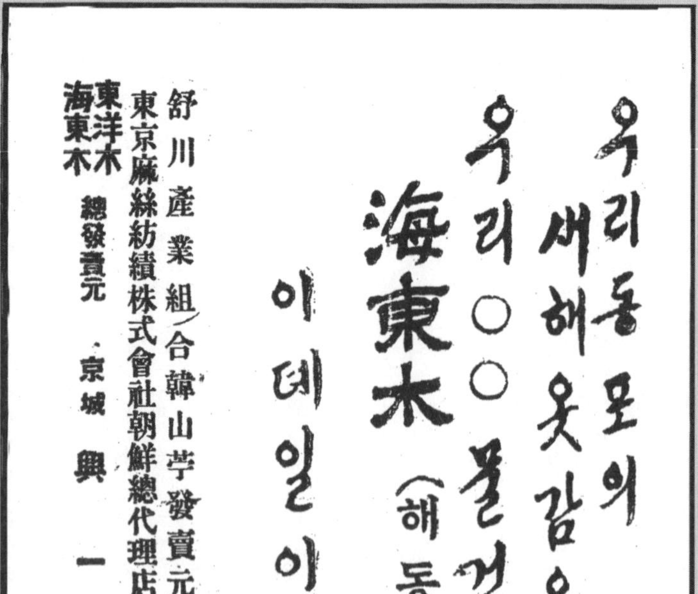

실제로 1927년 2월 5일자 중외일보中外日報에 실린 동양목 광고는 총독부 제재를 받고 게재가 금지됐다. 광고는 "아我 국민들은 누구나 아我 동포의 옷에 이 동양목을 사용"해달라는 문구를 썼는데, 총독부는 '우리 동포의 옷'이라는 표현이 일본을 외국으로 취급하고 조선을 독립국가인 양 인식케 하여 조선통치를 부인하는 것이라며 금지했다.[37]

그래도 전통 옷감을 파는 판매상들의 민족적 광고는 그치지 않았다. 한산모시를 파는 경성 홍일사는 "반다시 입으시오 우리 이천만 동포시여 우리 손으로 맨든 갑싸고 모양 조코 또 튼튼한 녀름 옷감 해동져, 우리 손으로 맨든 옷감을 입어야만 우리도 남과 갓치 빗나게 살 슈 잇슴니다"[38]라고 광고했다. 이듬해 새해 아침 홍일사는 붓글씨로 "우리 동포의 새해 옷감은 / 우리 ○○ 물건인 해동목이 뎨일이요"라고 했다.[39] 또다른 해동목 광고는 구매자에게 사은품으로 특제 조선대지도를 증정했다. "2천만 우리 민족의 가장 적절한 춘추동복감"이라는 표현도 썼다.

일제하에서 충무공 예찬하며 고무신 판촉한 〈거북선가〉

이순신 CM송

1930년 8월 24일자 조선일보에 실린 고무신 광고에는 뜻밖에도 '이순신'과 '거북선'이란 글자가 보인다. 임진왜란 때 왜군의 무리를 수장시켜버린 조선의 장군, 그리고 그 온갖 대첩에서 활약한 무적 군함의 이름이 일제강점기의 신문에 보란듯이 나오다니 놀라울 따름이다. 이는 '거북선표 고무신'이 낸 상품광고다. 광고는 '리슌신 장군'을 끌어들인 〈거북선가〉라는 노래, 즉 CM송을 만들어 3절 가사의 악보를 실었다. 이 노래의 1절은 이렇다.

옛날에 옛날에 임진의 날리에
리슌신 장군이 지으신 거북선
거룩한 거룩한 장군의 거북선

조선의 큰 자랑 세계의 첫 발명

〈거북선가〉의 2, 3절은 상품 선전의 의도를 명확히 드러냈다.

삼백 년 긴 세월 지내인 오날에
그 배의 후신이 고무신 되엿나
이 신을 신고서 행진고 울니니
나도 이순신이 너도 이순신이

처음에 그 배는 넓다란 바다를
륙디와 가치도 다니고 잇더니
지금에 이 신는 륙지와 바다에
어느 곳 물론코 잘 도라다니네

그 옛날 임진왜란 때 바다를 종횡무진 누빈 거북선처럼, 거북선표 고무신도 여기저기 잘 돌아다니는 튼튼하고 좋은 신발이라는 뜻이다. 〈거북선가〉 악보는 여러 가지 면에서 귀중한 자료다. 우선, 우리말 CM송의 원조라고 할 만하다. 당시 라디오에서 이 광고 노래를 방송했는지 확인하기는 어렵지만, 1930년에 이미 완벽한 형식의 우리말 CM송이 존재했음을 알 수 있다.

그동안 우리나라 최초의 CM송으로는 1959년에 만들어져 전파를 탄 '진로소주 CM송'이 꼽혀왔다. "야야야 야야야 차차차 (…) 향기가 코끝에 풍기면 혀끝이 짜르르하네"로 시작하는 노래다. 하지만 신문 지면에

1930년 '거북선표 고무신' 광고는 '리슌신 장군이 지으신 거북선'을 '조선의 큰 자랑'이자 '세계의 첫 발명'으로 예찬하는 노래의 악보를 실었다. 우리나라 CM송의 원조격이다. 일제 치하임에도 임진왜란에서 왜적을 무찌른 영웅을 광고에서 언급했다는 것 자체가 놀랍다.(조선일보, 1930. 8. 24)

서 확인된 〈거북선가〉가 실제로 방송되거나 음반으로 보급된 것이 확인된다면 우리말 CM송 역사의 출발점은 1930년으로 끌어올려져야 할 것으로 보인다.

일제하 고무신 광고의 〈거북선가〉를 통해 읽을 수 있는 중요한 사실이 또 있다. 왜적을 무찌른 이순신 장군을 기리는 우리 민족의 마음이 일제강점기에도 조금도 빛바래지 않고 살아 있었음을 보여준다. 물론 〈거북선가〉의 가사를 잘 읽어보면 언론의 자유를 빼앗긴 시대의 어려움도 읽힌다. 이순신 장군을 칭송하면서도 정작 '어떤 적'을 격퇴했는지는 언급하지 않고 있는 대목이 그렇다. 노래에서는 그저 "옛날에 옛날에 임진의 날리에 / 리순신 장군이 지으신 거북선 / 거룩한 거룩한 장군의 거북선 / 조선의 큰 자랑 세계의 첫 발명"이라고만 하고 있다. '리순신'과 '거북선'이 조선의 큰 자랑이라면서 무슨 공을 세웠는지도 명확히 밝히지 못하고 있다. '임진왜란'도 아니고 그냥 '임진난'이다. '왜倭'를 쏙 빼놓았다. 노래는 엉뚱하게도 '세계의 첫 발명'이라는 말로 끝난다. 이순신의 위대성이 과학적 발명에 있다는 듯 표현한 것이다. 왜적의 후예들이 지배하는 땅에서 왜적 섬멸을 언급할 수 없었기에 차선책으로 택한 표현임이 분명하다.

그러고 보니 일제강점기에 발간된 신문에 이순신을 과학발명가로 칭송한 글이 또 있다. 1931년의 조선일보 기사다. '동·서양의 발명가를 차저서'라는 과학 시리즈의 33회분에 충무공 이순신 장군을 '거북선 발명가'로 소개한 것이다. 기사는 '장군' 대신 '리순신 선생', '임진왜란' 대신 '임진난'이라는 표현을 썼다. "임진난에서 백전백승의 명예스러운 승첩을 하게 된 것"이라고만 했을 뿐 무찌른 대상을 생략하고 있다. 〈거북선가〉와 마찬가지다.

왜적의 간담을 서늘하게 한 조선의 영웅을 '발명가' 시리즈에 끼워넣는 편법으로라도 소개하고자 한 일제하의 신문기사에서 기자들의 고민이 엿보인다.[40] 고무신 광고 속 〈거북선가〉도 비슷한 고민의 산물일 것이다. 이 고무신은 상표를 '거북선표'로 정하는 순간부터 이순신 장군의 용맹함과 애국심을 제품 이미지에 끌어들이려 했다고 볼 수 있다.

발명가로 포장해서라도 이순신을 언급하고 칭송한 기사와 광고를 보면서 동포들은 왜적을 물리쳤던 이순신 장군의 용맹함과 영웅적 역사를 당연히 되새겼을 것이다. 속된 말로 '개떡같이 말해도 찰떡같이 알아들었던' 시대였다.

'거북선 CM송' 광고는 단 한 차례만 실린 뒤 다시는 보이지 않는다. 일제강점기의 이순신 노래란 결코 쉽지 않은 시도였다.

"조선의 짚신 다 죽는다" 전국서 고무신 불매운동

이순신 장군을 언급한 '거북선표 고무신' 광고는 한 가지 궁금증을 일으킨다. 고무신 광고가 왜 민족의 영웅을 브랜드 이미지에 끌어들였을까. 특별한 사정이 있었다. 고무신이 조선의 전통 신발인 짚신을 밀어내고 인기를 얻자, 짚신을 만들어 팔던 농민들의 분노를 샀기 때문이다. 격앙된 농민들이 고무신을 '침입자'처럼 규탄하여 일종의 민족적 반감까지 일어날 조짐이 보이자 고무신 제조업자들은 '고무신도 조선인들이 만들고 있다'는 사실을 부각시키려고 애썼다. 그 과정에서 고무신 광고에 이순신을 끌어들인 것이다.

광복 직후 한때 대한민국 신발 시장의 85퍼센트를 차지했다는 이른바 '국민 신발'인 고무신의 역사는 1916년쯤 시작된 것으로 보인다. 일제강점기 조선일보 기사를 훑어보면 고무신의 생산·소비 통계가 잡힌 첫해가 1916년이다.

고무신은 원래 일본에서 먼저 생산됐지만 우리나라 고무신은 일본과 모양이 달랐다. 일본에서는 구두 모양의 '고무단화'를 만들었지만, 우리는 남성용 고무신의 경우 전통 짚신의 모양을 땄고, 여성용은 전통 '당혜唐鞋'(앞코가 작은 가죽신) 모양으로 만들어냈다. 한국형 고무신인 셈이다.

고무신은 날개 돋친 듯 팔려나갔다. 일 년에 수십 켤레를 갈아 신어야 하고 비만 오면 물이 스며드는 짚신을 신던 서민들에게 질기고 물 안 새고 값싼 고무신은 경이적인 물건이었다. 고무신은 일제강점기 최대 히트상품이 됐다.

고무신 붐이 거세지자 농민들의 한숨은 깊어갔다. 농민들이 농한기에 만들어 팔던 짚신의 시장을 다 빼앗기는 일이었기 때문이다. 마침내 고무신 불매운동이 벌어진다. 함경남도 신흥군 원평면의 전동典洞 농민청년회는 농촌생활 개신改新을 위한 대회에서 '초이草履(짚신) 장려 및 고무화 침입 방지'를 결의했다.[41] 보통학교 생도와 그 부형들은 "조선 사람 손으로 맨드러진 신(초혜)을 벗고 이 고모신을 신는" 것은 "조선 민족의 경제적 파멸 과정을 조장하고 잇는 것"이라며 고무신 배척에 나섰다.[42]

이런 민심을 반영한 듯 1920년대 초의 신문에는 고무신을 헐뜯는 기사들이 보인다. 고무신을 신은 사람 중에 발이 썩거나 고무 중독이 심해져 수술을 받았다는 소문이 있다거나, 일본 사람들도 고무신의 냄새가 고약하여 안 신는다며 경성에서도 얼마 안 가서 고무신이 사라질 것이라는 전문가의 말까지 실었다.[43]

하지만 그런 예상은 완전히 빗나갔다. 1916년에는 고무신 생산·수입액이 1만 2149원으로 짚신 생산액(565만 8957원)의 500분의 1밖에 안 됐으나, 1930년이 되자 고무신 생산액이 1685만 6447원으로 늘어나 짚신 생산액(260만 7505원)의 7배나 됐다. 1930년의 인구가 약 1600만 명이니, 50전(약 1만 원)짜리 고무신을 한 사람이 한 해 평균 2켤레씩 신었던 셈이었다. 1933년 이 땅의 고무신 공장 수는 70곳을 넘어섰다. 고무신 공장 여성 노동자가 많아지자 〈고무공장 큰애기〉라는 유행가까지 나왔다.

고무신의 인기가 하늘을 찌르면서 고무신을 생산하는 업체들도 우후죽순으로 늘어났다. 업체들의 광고전은 1920년대부터 치열했다. "강철은 부서질지언정 별표 고무는 찢어지지 아니한다"는 과장 섞인 광고 카피가 나오자, 또다른 업체도 "지구표 고무신은 강철보다 견고함"이라고 맞받았다.

바로 이 무렵 고무신 광고들이 '고무신도 조선 민족이 만든 것'이란 점을 내세운다. 농민들의 짚신 시장을 빼앗은 것에 대한 사람들의 거부감을 의식했는지 업체들은 "국산 고무신을 구입해주면 그것도 자작자급"이라는 논리를 폈다. 1923년 9월 14일자에 실린 동창사東昌社의 고무신 광고는 "한 가지 두 가지씩이라도 우리 손으로 맨든 것을 장녀하야줍시다"라며 국산 고무신을 신어달라고 호소했다.[44]

'지구표 고무신'의 광고. 고무신이 "강철보다 견고함"이라며 허풍을 떨고 있다.(조선일보, 1924. 11. 4)

1937년 중일전쟁이 터지자 전시체제에서 군수물자가 귀해지면서 고무가 모자라 고무신 생산이 급격히 줄어든다. 이 무렵엔 1켤레에 50전쯤 하던 남자 고무신 값이 1원 65전으로 4배 가까이 폭등했다. 그러자 고물상들만 재미를 봤다. "시내를 돌아다니는 엿장사가 근 천여 명이나 잇다고 한다. (…) 이리하야 삼십칠 년은 엿장사, 고물장사의 세상"[45]이라는 말이 나왔다. 마침내 1937년 총독부는 고무신 제조를 금지키로 했다. 흰 버선과 함께 '조선 여성의 특유한 발맵시를 나타내는' 상징물이던 흰 고무신이 품절되자 개성의 여인들은 '금족령이나 당한 듯 문밖 출입을 자유로 못하는 형편'이 되기도 했다.

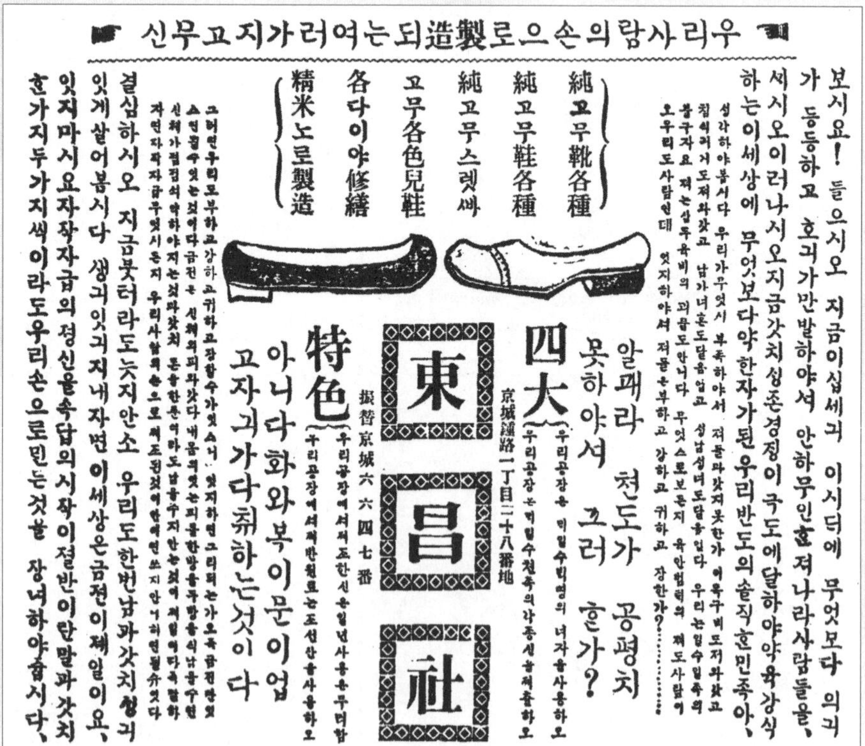

동창사의 고무신 광고는 "무엇보다 약한 자가 된 우리 반도의 솔직한 민족아 생각하야봅시다"라고 운을 띄우고 "한 가지 두 가지씩이라도 우리 손으로 맨든 것을 장녀하야줍시다"라며 국산 고무신을 신어 달라고 호소했다.(조선일보, 1923. 9. 14)

손기정의 별명 '마라손 왕'
일제 말에는 군국주의적 광고에

마라손 왕

1936년 8월 9일 손기정·남승룡 선수가 안겨준 베를린 올림픽 마라톤 금·동메달의 감격은 신문광고에도 넘쳐났다. 가장 먼저 8월 11일자에 동화약방이 '활명수'를 광고하면서 우승을 축하했다.

반도남아의 의기意氣 충천

손기정 남승룡 양 선수 우승 축하

(…) 건강한 조선을 목표하고

다 갓치 위장을 건전케 하기 위하야

(…) 활명수를 복용합시다

1936년 베를린 올림픽 마라톤에서 손기정, 남승룡 선수가 금·동메달을 딴 직후 동화약방이 가장 먼저 활명수를 광고하면서 우승을 축하했다. 동화약방은 "반도남아의 의기 충천/손기정 남승룡 양 선수 우승 축하/건강한 조선을 목표하고/다 갓치 위장을 건전케 하기 위하야/활명수를 복용합시다"라고 외쳤다.(조선일보, 1936. 8. 11)

보약 '백보환'은 손기정 세계 제패를 기념하여 '무료 증정' 행사까지 벌였다. 백보환의 광고는 독일에서 개최된 "만국연합 대운동회에서 손기정이 일등"했다며 "건강 문제로 천지가 진동하는 이때에 동포의 건강을 위하며, 또 이 세계적 명예를 경축하기 위하여 (…) 백보환 10원(약 20만 원)짜리 포장 하나 사는 고객에게 백보환 10원짜리 반 상자를 선착순 1만 인에게 덤으로 준다"고 광고했다.[46]

가장 주목할 것은 조선인의 영광을 축하한 광고들이 넘쳐난 것이다.

이 광고들은 '올림픽 메달 획득'만을 축하한 게 아니었다. "약진躍進 조선!/세계 제1위 마라손 왕/손·남 양군 만세!"라며 '약진 조선'을 외쳤다. 손선수가 비록 일장기를 달고 뛰었으나, 마라톤 세계 제패가 조선인의 영광임을 분명히 한 것이다.

'약진 조선'이라는 구호는 손기정 선수의 우승 이후 이어진 수많은 축하광고마다 들어갔다. 조선요릿집 태서관부터 남대문시장 상인 등 20여 개의 기업 및 단체와, 이름 없는 개인들까지 모두 '약진 조선'을 외쳤다. 심지어 일본 모리나가 제과도 캐러멜 광고에 "축! 약진 조선" "마라손의 왕국 조선의 건아!" "손기정 남승룡 양형은 우리의 무상無上의 영예!"라는 문구를 썼다. 그 아래에는 색동저고리와 치마 차림의 소녀와 한복 입은 소년이 함께 오륜기를 흔들며 마라톤 선수를 응원하는 그림까지 크게 넣었다. 그리고 "우리들도 자양滋養의 과자 모라나가 캬라멜을 먹고 무럭무럭 자라나 선배의 뒤를 이어 오는 날의 올림픽에는 우리들의

1936년 8월 9일 베를린 올림픽 마라톤에서 손기정 선수가 우승한 지 보름 만에 실린 일본 '모리나가 캬라멜' 광고. "마라손 왕국 조선의 건아!"라는 카피를 올리고, 한복 차림의 어린이들이 오륜기를 흔들며 마라톤 선수들을 응원하는 그림을 넣었다.(조선일보, 1936.8.24)

힘으로 이 자랑, 이 영광을 영원히 지킵시다"라고 광고했다. 조선인 소비자들의 마음을 잡아보려는 태도가 역력하다.

축하광고마다 빠지지 않았던 손기정을 일컫는 '마라손 왕'이란 말은 시대의 유행어가 됐다. 또한 조선 민족의 영광을 표현하는 말이 됐다. 마라톤의 당시 표기가 '마라손'이어서 자연스럽게 '손孫' 선수의 이름과 하나가 됐다. 손기정을 배출한 양정養正고보는 '마라孫 우승'이라는 글귀를 축하 도시락에 적기도 했다.[47]

손기정의 우승은 당시 사회 각 분야에 여러 파장을 불러일으켰다. 학생들이 너도나도 장래의 손기정이 되겠다며 마라톤 붐이 일어나 서울 거리마다 밤낮으로 달리는 청년들이 많아졌다. 마라톤 인구가 어찌나 늘었는지 교통이 번잡한 거리에서 달리던 젊은이들이 교통사고를 입는 일이 빈번해졌다. 골치를 썩던 경찰이 체육계 책임자들과 협의한 끝에 서울 종로 네거리와 남대문 부근, 을지로 등의 도심 구간에서 마라톤을 금지하기로 할 정도였다.[48] 나라 잃은 민족의 청년이 올림픽 우승을 이뤄내자 그 동족들의 긍지가 하늘을 찌르는 상황이 이어졌다.

손기정의 쾌거로 조선인의 자긍심이 치솟던 이 땅의 분위기는 식민지 지배자들에겐 달갑지 않은 상황임이 분명했다. 이런 상황을 알아차린 결과일까? 손기정이 우승한 2년 뒤인 1938년 경성에 등장한 '마라손 왕'이라는 과자의 광고는 마라톤과 '약진 조선'의 연결고리를 끊어내기 시작한다. '마라손 왕' 과자는 얼핏 보면 손기정 붐의 연장일 것으로 생각되지만 정반대다. 1937년 일제가 중일전쟁을 일으킨 후 이른바 전시체제를 이 땅에 강요하던 때에 '마라손 왕' 과자는 엉뚱하게도 '군국주의 일본'에 맞장구치는 광고를 선보인 것이다. '마라손 왕'은 과자

1938년 광고에 이르면 '마라손 왕'의 의미가 변질되어 있다. 조선인 마라톤 영웅 손기정에 붙었던 마라손 왕의 의미는 온데간데없이 사라지고, 철모 쓴 어린이 그림을 넣어 군국주의 냄새가 물씬한 과자 광고에 '마라손 왕'이란 카피가 붙었다.(조선일보, 1938. 11. 14)

광고답지 않게 군복 입고 칼을 찬 남자아이가 여자아이에게 과자를 권하는 그림을 넣고는 "한개 한개 먹을수록 이상하게도 기운이 나는 맛난 과자"라고 광고했다.[49] 같은 해 가을의 광고에는 철모를 쓴 어린이가 배낭을 메고 돌진하는 그림까지 넣었다. 군국주의적 색채를 노골적으로 드러낸 것이다. 이런 식의 이상한 '마라손 왕' 광고는 그림을 바꿔가며 1939년까지 꾸준히 이어졌다. 우리 민족에게 힘을 주던 '마라손 왕'이란 말이, 조선 민족을 전쟁터에 동원하려는 세력의 구호로 변질됐다. '마라손 왕'의 안타까운 반전이었다.

"캐러멜도 전투하고 있다" 일본 상품의 군국주의 광고

군국주의

1937년부터 이 땅에는 이른바 '비상시국'이 펼쳐진다. 그해 7월 제국주의 일본이 중일전쟁을 도발한 이후 전시체제를 선포하여 '사회 전 분야가 전쟁 승리를 위해 총력을 기울이자'고 외친 것이다. 그러한 분위기는 광고면에도 밀려왔다. 1939년 겨울에 실린 일본 모리나가 제과의 캐러멜 광고는 탁구공만큼 큰 글씨로 "캐러멜도 전투하고 있다!"는 카피를 올렸다. 탱크와 전투기 그림으로 가득한 이 광고는 캐러멜을 팔겠다는 것인지 전쟁 승리를 고취하겠다는 것인지 알 수 없을 정도다.

침략 전쟁을 일으킨 일제는 당시 시민들에게 '공습을 각오한 긴장된 생활'을 하자고 요구했다. 밤마다 불야성을 이루던 경성 시내는 1937년 8월부터 캄캄한 암흑천지로 바뀌었다. 전쟁조차 장사에 이용하려는 상

"캐러멜도 전투하고 있다!"며 탱크와 전투기를 그려 넣은 '모리나가 캬라멜' 광고. (조선일보, 1939. 12. 3)

술인지, 총독부 지시에 따른 것인지는 몰라도 1938년 초부터 특히 일본 회사의 많은 광고들이 군국주의에 충실히 '복무'하는 쪽으로 방향을 선회했다.

전쟁과 직접 관련없는 일상용품 광고들마저 앞다퉈가며 호전적인 내용으로 광고를 했다. 위장약 이름도 '전승환戰勝丸' 혹은 '전공환戰功丸'으로 지었다. '전공환' 광고에는 대공포를 조준하는 일본군 병사를 그려넣었다. 전쟁의 공功과 밥 먹은 것을 소화시키는 위장이 무슨 관계가 있다는 것인지 헛웃음이 나오게 하는 작명이다.

이름조차 '히노마루日の丸'(일장기)로 지은 어느 비스킷의 광고에서는 한 어린이가 훈련용 목총을 어깨에 메고 '힘차게' 행진한다. 또다른 과자 광고에는 히틀러·무솔리니의 캐리커처와 함께 '일본·독일·이탈리아 친선' 운운하는 문구가 보인다.

전쟁 냄새가 나도록 작명하는 바람은 연극판에도 불었다. 1938년 봄, 단성사에서 공연하려던 연극의 제목은 원래 '온실에서 자란 백합'이었으나 얼마 뒤 슬그머니 '정조비상선貞操非常線'으로 바뀌었다. 전시체제에 호응할 뿐 아니라 '정조'라는 단어를 집어넣어 자극성도 높여보려는 일석이조의 개명처럼 보인다.[50]

광고문 곳곳에 군국주의적·군사적 용어들이 난무했다. 청주 '성학誠鶴'의 광고는 "황군皇軍이 가는 곳 천하에 적 없고, 성학의 우수함 천하에 제일"이라고 읊조렸고, 수험생 특집으로 꾸민 잡지 『소년』은 '입학 전선戰線 돌파호'로 이름 붙여졌다.

1930년대 말 전시체제 아래서 이 땅의 많은 광고들은 제품의 효능이나 용도를 어떻게든 전쟁과 관련있는 것처럼 갖다붙이려고 온갖 잔머리를 굴렸다. 상품별로 추려보면 이렇다.

라디오용 진공관 "방공 지령, 전황戰況 뉴스 완전 청취!"
간유肝油 알사탕 "병사들의 야맹증을 치료"
초콜릿 "전선의 용사들 간에는 초코레토는 전력축적환戰力蓄積丸 (…) 풍부한 영양, 적당한 자극이 활력이 된다"
화학조미료 "전선戰線에서 일하는 분들의 식욕을 지키는 아지노모도, 평시보다 그 임무는 일층 중요"
전구 "조명보국報國 (…) 밝은 램프는 완전한 국책 순응"
잉크 "진중陣中 소식을 기록하는 도구 (…) 전선 장사병將士兵에게 절호의 위문품"

심지어 어린애 배탈약 '기응환奇應丸'은 "황국皇國을 위해 씩씩한 아해를 만드는 약"이라는 웃지 못할 카피까지 지어냈다.[51]

제품의 종류를 불문하고 '전쟁 승리 고취'의 이미지를 집어넣었던 일제 말의 광고들. 기침약 '아사다아메' 광고(위)는 소총을 든 소년병의 모습을 그리고 '백발백중'이라는 카피를 썼다. 위장약은 엉뚱하게도 이름을 '전공환'이라 짓고는 광고(아래)에는 대공포 그림을 넣었다.(조선일보, 1937. 12. 15, 1938. 5. 10)

청주 '성학'의 광고는 아예 제품 그림 대신 총을 든 군인과 전투기 같은 전쟁터의 모습을 그려놓고, "황군이 가는 곳 천하에 적 없고"라며 노골적으로 군국주의의 나팔수가 됐다.(조선일보, 1938.1.8)

화학조미료 '아지노모도' 광고도 군국주의 대열에 끼어들었다. '전선前線' '총후銃後'(후방)라는 글자를 크게 써놓고 "일하는 분의 식욕을 지키는 아지노모도 / 평시平時보다도 그 임무는 일층 중요합니다"라고 했다. 최전선의 일본군들을 격려하자는 광고다.(조선일보, 1939. 6. 16)

모든 제품을 군국주의적 가치와 연관시키던 무렵에 어린이 배탈약 '기응환'은 '황국을 위해 씩씩한 아해를 만드는 약'이라는 웃지 못할 광고 카피까지 만들어냈다.(조선일보, 1938. 5. 21)

이런 광고들은 전쟁과 직접 관련없는 일상용품에 마치 전쟁용품 같은 분위기를 애써 덧칠하려 한 것이 대부분이다. 그런데 이 틈에 실제로 전시에 필요한 용품 하나가 끼어 있어 눈길을 붙든다. 치명적인 화학공격을 당했을 때 독가스로부터 생명을 지켜준다는 '방독 모기장'의 광고문에는 전쟁 분위기가 물씬하다.

> 조선에도 적기가 왔었다. 안심 못할 내일을 주의하라. 또 언제 어느 곳을 습격할지 모른다. 일반 가정은 독가스 방독 모기장을 꼭 준비하라. 독가스의 피해는 참혹하다.[52]

당시에는 전선에서 싸우는 일본군을 위해 자신들의 제품을 '위문품'으로 보내라고 권하는 일상용품 광고들도 줄을 이었다. 파리 잡는 약인 '이마즈 승취분' 광고는 '해충에게 독가스'가 되는 약이므로 '위문대에 반드시 한 깡통을' 넣자고 했다.[53] 어느 약 광고에선 철모를 쓴 군인이 약이 가득 든 '황군 위문 약대皇軍慰問藥袋'를 받아들고 히죽 웃고 있다.[54]

이런 시대이다보니 일상생활도 전시 분위기에 맞춰 살자는 광고까지 나왔다. 모리나가 제과는 일반 과자 광고를 중단한 대신 '군용형 건

빵'을 발매하여 집중 광고했다. 노동하는 어린이를 그려놓고는 "근로 작업의 식량은 건빵!"이라고 했다. 샴푸 광고는 '전쟁과 두발'이라는 카피 아래 "억지로 모냥 내지 않는 자연미야말로 전시 일본이 구하는 참된 여성미"라고 주장했다. 군국주의의 광풍은 그렇게 1930년대 말의 한반도를 휩쓸었다.

주

1부 놀나지 마시라, 모던한 이 맛!

1 〈아이들에게 과자와 껌을 삼가서 사주십시요〉, 조선일보, 1931. 8. 15.
2 임정혁任貞爀, 〈가정요리 / 찬밥 치다꺼리에 손쉬운 양요리(1)〉, 조선일보, 1934. 3. 9.
3 〈집안에서 맨들 수 잇는 청요리 몃 가지〉, 조선일보, 1934. 5. 17.
4 〈경성 간상배奸商輩, 개성 와서 조미료를 전부 매점買占〉, 조선일보, 1939. 11. 16.
5 아이치 토마토 제조주식회사 '가고메 게짭푸' 광고, 조선일보, 1938. 3. 20.
6 〈양요리에 필요한 소스 사용법〉, 조선일보, 1939. 8. 19.
7 이규태李圭泰, 〈가뎡에서 알아둘 간이한 서양 료리(1)〉, 조선일보, 1928. 10. 3.
8 추계생秋溪生, 〈가뎡평론 / 경성 여고보女高普의 요리 실습회를 보고〉, 조선일보, 1927. 11. 30.
9 〈백화점 식당 녀급과 메뉴에 드러나는 인간 백태 / 양식 못 먹는 양장녀 / 애기 울리는 구식 부인〉, 조선일보, 1937. 2. 4.
10 〈모르면 망신하기 쉬운 / 양식 먹는 절차〉, 조선일보, 1937. 11. 19.
11 호시 제약주식회사 '호시 인삼人蔘 규나規那 포도주' 광고, 조선일보, 1923. 3. 27.
12 '적옥赤玉 포도와인' 광고, 조선일보, 1934. 1. 27.
13 '미쓰와 규나철規那鐵 포도주' 광고, 조선일보, 1928. 5. 4.
14 호시 제약주식회사 '호시 포도와인' 광고, 조선일보, 1925. 6. 20.
15 〈금주동맹 창립 / 영흥군永興郡 연동蓮洞 청년들이〉, 조선일보, 1926. 1. 2.
16 〈평양 금주회 / 작부酌婦 폐지 운동〉, 조선일보, 1929. 1. 11.
17 〈술도 포도주면 약 된다 / 호흡기병과 복막염에 먹고 효험 본 서양 사람들〉, 조선일보, 1935. 7. 25.
18 〈음주 조선의 취태醉態 / 1년에 1인 평균 1두斗의 음주〉, 조선일보, 1935. 9. 21.
19 호시 제약주식회사 '새로히 출생한 호시 포도와인의 사명' 광고, 조선일보, 1925. 4. 20.
20 〈해로운 맥주 / 살찐 사람 심장 약한 사람 / 가을 겨울 주의하시오〉, 조선일보, 1931. 10. 8.
21 〈분수分數 없는 과음이오 / 서울서는 맥주가 동이 낫소!〉, 조선일보, 1939. 9. 3.
22 오사카 고지마兒島 제작소 '돈버리 대왕大王 리도식式 곡물팽창기' 광고, 조선일보, 1934. 11. 24.
23 〈공업질의工業質疑 / 곡물팽창기〉, 조선일보, 1938. 10. 4.
24 〈팽창기 폭발 / 평남 덕천군德川郡의 대참사〉, 조선일보, 1933. 2. 10.
25 〈휘발유에 인화 / 소녀 3명 사상 / 위험한 곡물팽창기〉, 조선일보, 1938. 2. 15.
26 〈작동昨冬 괴후乖候 관계로 천연빙天然氷 대공황大恐慌〉, 조선일보, 1935. 7. 19.
27 〈세월 맛난 빙과상氷菓商과 / 엄중한 위생 취체取締〉, 조선일보, 1937. 8. 21.
28 〈청게천 물보다 더 더러운 빙과〉, 조선일보, 1939. 7. 27.

29 〈40만 부민府民 여름 양식 / 한강 채빙량採氷量 격감〉, 조선일보, 1935. 2. 1.
30 모리나가 제과 '미루꾸 찌요코렛트' 광고, 조선일보, 1926. 2. 7.
31 〈극단의 효성曉星(1) 아홉 살에 첫 무대 / 카추샤가 적역適役의 이애리수李愛利秀〉, 조선일보, 1930. 1. 1.
32 〈된장찌개, 저고리 동정에도 / 남의 것을 배우고 생각하자〉, 조선일보, 1935. 1. 15.
33 모리나가 제과 '밀크 쵸코레트' 광고, 조선일보, 1930. 8. 27.
34 모리나가 제과 '현상懸賞 동요 모집' 광고, 조선일보, 1927. 7. 22.
35 '모리나가 초코레트 현상모집' 광고, 조선일보, 1931. 2. 28.
36 '분말 미루쿠 구라기소' 광고, 조선일보, 1924. 5. 26.
37 〈염병染病 환자 수遂 700 돌파〉, 조선일보, 1928. 3. 7.
38 '이후부터의 기후와 우유 보존 문제 / 주부의 상식' 기사식 광고, 조선일보, 1932. 5. 15.
39 〈한국 지원 분유, 북 장마당서 유통〉, 열린북한방송, 2013. 8. 13.

2부 환락의 경성 근대의 에로티시즘

1 동흥사東興社 '절세絶世의 미인!! 나체진사진裸體珍寫眞' 광고, 조선일보, 1924. 7. 13.
2 『별건곤別乾坤』, 1927. 12. 20.
3 〈대규모적大規模的의 춘화春畵 밀매 / 1명이 검거되야 내용이 폭로〉, 조선일보, 1923. 10. 20.
4 〈박람회 구경군에 나체화裸體畵 팔다가 / 경찰서 구경〉, 조선일보, 1926. 5. 18.
5 정문사正文社 '남녀 성욕 급及 성교의 신연구' 광고, 조선일보, 1924. 11. 3.
6 정문사 '도입圖入 처녀 급及 처의 성적 생활 / 여女의 육체의 구조 급及 성욕 작용의 신연구' 광고, 조선일보, 1924. 11. 5.
7 정문사 『취체取締 읍는 매소부賣笑婦 연구』 광고, 조선일보, 1924. 11. 11.
8 소문당昭文堂 '백 퍼센트 첨단적 음탕사淫蕩史 / 강호江戶 대오大奧의 규방정사閨房情史' 광고, 조선일보, 1930. 10. 9.
9 남승당南勝堂 진서부珍書部 '남에게 말 못할 낙樂 / 썩 조흔 것만 10책冊 대금 1만 원이면 삼니다' 광고, 조선일보, 1928. 2. 3.
10 일본 후지타 병기연구소藤田兵器硏究所 웹사이트(http://www.horae.dti.ne.jp/~fuwe1a/newpage51.htm).
11 재생당再生堂약방 '위장벽을 강건하는 양약良藥은 / 전기電氣 재생再生 활명액' 광고, 조선일보, 1927. 11. 21.
12 하합양행河合洋行 '장년 급及 노년의 질병 동맥경화증은 / 뇌일혈과 중풍의 원인 / 예방과 치료에는 안전한 해초海草 정제精製 해귀래海歸來가 잇소' 광고, 조선일보, 1926. 7. 26.
13 안석영, '몽파리 나녀裸女', 〈녀름 풍정風情(2)〉, 조선일보, 1929. 7. 27.
14 사진 '미인을 사용하는 광고법', 조선일보, 1928. 1. 25.
15 〈얼골의 미美보다 톄격의 미를 발휘하라(1)(2)〉, 조선일보, 1926. 8. 29, 8. 30.
16 〈1930년의 조선 여성은 장차 어떠케 변할 것인가(5)〉, 조선일보, 1930. 1. 8.
17 〈근대 미인은 몸이 말너야 돼 / 위생적 경향은 엇던가 / 미국 의학협회의 발표〉, 조선일보, 1932. 12. 16.
18 〈새로 류행하는 양식 화장 / 눈에 거슬리는 몃 가지〉, 조선일보, 1925. 3. 29.
19 사진 '미국 미인 공진회의 대표 미인', 조선일보, 1925. 10. 25.
20 안석영, 〈일요만화〉, 조선일보, 1929. 9. 22.

21 〈마네킹의 유래由來〉, 조선일보, 1929. 9. 29.
22 〈불란서 파리의 마네킹 이야기 / 점점 비현실적으로 되여간다〉, 조선일보, 1932. 3. 30.
23 〈마네킹 학교〉, 조선일보, 1934. 4. 6.
24 김기림, 〈도시풍경1·2 상上—촉수觸手 가진 떼파트멘트〉, 조선일보, 1931. 2. 21.
25 〈약간 명에 6백 명 / 정자옥丁子屋 백화점의 여점원 모집에 / 실업失業 낭자군娘子軍 폭발적 응모〉, 조선일보, 1933. 8. 19.
26 〈래일을 바라고(3) / 여점원〉, 조선일보, 1928. 12. 2.
27 〈남 알기와 달라요 / 백화점 로맨스 / 경계선 하나에 지척도 천리 / 훈련부장과의 일문일답〉, 조선일보, 1936. 3. 5.
28 〈공인 도박의 마작麻雀집 / 시내에 백20처處〉, 조선일보, 1931. 9. 14.
29 안석영, '키쓰 껄의 출현', 〈일요만화〉, 조선일보, 1929. 9. 22.
30 〈'쓰틱 걸'은 여도女盜〉, 조선일보, 1935. 5. 28.
31 〈카페 취체取締를 / 경찰 엄중 시달示達 / 날마다 늘어가는 서울의 카페 / 명쾌히 장비裝備하라고〉, 조선일보, 1931. 9. 25.
32 〈카페집 전문 / 풍기를 취체取締〉, 조선일보, 1927. 5. 19.
33 안석영, '33년식 가정 쟁의爭議(1) 카페-성곽 점거', 〈만문만화〉, 조선일보, 1933. 1. 15.
34 〈환락가에 군림君臨 / 카페 대진출大進出〉, 조선일보, 1932. 1. 1.
35 빠 하와이 '근계謹啓' 광고, 조선일보, 1937. 2. 8.
36 빠 하와이 '근계 축복 데이' 광고, 조선일보, 1937. 2. 12.
37 빠 하와이 '근고謹告' 광고, 조선일보, 1937. 6. 9.
38 금일관錦一館 '개업 광고', 조선일보, 1925. 9. 3.
39 〈요정料亭측 무성의로 / 주민 등 대책 재강再講〉, 조선일보, 1936. 9. 4.
40 '명월관' 광고, 조선일보, 1928. 1. 1.
41 〈본사 주최 독자 위안 척사擲柶 대회 / 각 권번 기생 일류들이 총출하며 상품이 제일 우슈하다〉, 조선일보, 1921. 2. 15.
42 유민영, 『한국근대연극사』, 단국대학교출판부, 2000, 173쪽.
43 '기생 권번의 연합 연주회', 조선일보, 1920. 6. 20.
44 〈휴수携手 도주햇든 / 기생과 변사 / 결국 잡혀서 / 또다시 농 속에 든 새〉, 조선일보, 1926. 5. 9.
45 〈조선 녀성이 가진 여러 직업(6) 녀배우—직업부인으로 그들의 속임 업는 설음과 깃븜 / 영화배우 김정숙 담談〉, 조선일보, 1926. 5. 14.
46 〈기생妓生을 식혓지 배우는 못 식히겟소! / 소녀 쓰타-를 둘러싸고 도는 / 가정과 극단 쟁탈극〉, 조선일보, 1936. 3. 29.
47 남림南林, 〈거리의 수첩 / 배우학교의 설립〉, 조선일보, 1940. 5. 16.
48 남림, 〈메가폰 / 여배우 기근〉, 조선일보, 1939. 9. 6.
49 〈녀배우의 시장〉, 조선일보, 1929. 6. 27.
50 좌담 〈엇지 해결할까? 여배우난難〉, 조선일보, 1937. 1. 5.
51 〈문問 / 녀배우가 되고 십허 / 답答 / 생활비부터 각오하시요〉, 조선일보, 1932. 12. 21.
52 신구서림新舊書林 『20세기 연애 독본』 광고, 조선일보, 1928. 9. 25.
53 김을한金乙漢, 〈인생잡기人生雜記(4)〉, 조선일보, 1926. 8. 12.
54 한성漢城도서주식회사 '연애의 서간집 사랑의 불꽃' 광고, 조선일보, 1923. 10. 16.

3부 명랑하다! 오리지나루 팻숀과 발명품

1 〈여름과 머리 / 더리워지기 쉬운 머리에 / 자조 손질하라 / 일주일에 두세 번은 / 비누로 감는 게 조타〉, 조선일보, 1925. 8. 2.
2 이규태, 『개화는 싫어 개국은 더욱 싫어』, 조선일보사, 2001.
3 호시 제약주식회사 '호시미 비누' 광고, 조선일보, 1925. 6. 27.
4 〈부인상식 / 때와 비누, 얼굴과 비누 8〉, 조선일보, 1925. 1. 7.
5 〈우리가 늘 쓰는 왜비누에 주의 / 어떠한 비누가 뎨일 조흘가, 그 성분과 감별법〉, 조선일보, 1929. 11. 13.
6 〈향수 이약이(1) 귀를 위하야 음악이 잇고 / 눈을 위하야 미술이 잇다 / 코를 위하야는 무엇?〉, 조선일보, 1925. 8. 22.
7 〈여름에 화장은 / 되도록 청초하게〉, 조선일보, 1929. 7. 9.
8 〈봄철의 살결을 빗낼 / 향수의 산듯한 맛〉, 조선일보, 1934. 4. 10.
9 〈향수 이약이(3) 겻땀내를 업시랴는 향수를 / 문으로 연구한 일본 의사 / 남자 취각 퇴화는 담배가 원인〉, 조선일보, 1925. 8. 25.
10 오숙근吳淑根, 〈미용실 한화閒話 / 향수의 매력〉, 조선일보, 1936. 6. 16.
11 〈신학기 임박(3) 학생 일기장 조사 / 여학생 회계會計〉, 조선일보, 1926. 3. 16.
12 〈하이칼라 수난기受難期 / 대구의전생大邱醫專生 일제 삭발〉, 조선일보, 1937. 11. 10.
13 〈종로서鍾路署 사법실司法室이 / 일시一時 양복점화洋服店化〉, 조선일보, 1929. 3. 7.
14 〈못된 유행(2) 취직도 못한 졸업생의 양복 대금 1백 원〉, 조선일보, 1929. 4. 8.
15 안석영, '고물상古物商 양복', 〈만문만화—만추풍경晩秋風景(1)〉, 조선일보, 1933. 10. 20.
16 광흥光興 미싱상점 '씽거 중고 재봉틀' 광고, 조선일보, 1934. 2. 11.
17 우공사友恭舍 '양말洋襪 급及 편리화便利靴 대할인' 광고, 조선일보, 1920. 7. 4.
18 『별건곤』, 1927년 7월호.
19 〈자동차 촉상觸傷〉, 조선일보, 1920. 8. 16.
20 일본포드자동차주식회사 '자동차계의 경이' 광고, 조선일보, 1927. 1. 12.
21 '포드 V-8' 광고, 조선일보, 1936. 4. 14.
22 일본제네럴모터스주식회사 '시보레 독특의 환기창' 광고, 조선일보, 1935. 2. 5.
23 포드 자동차 '전람주간展覽週間' 광고, 조선일보, 1927. 5. 28.
24 〈전차와 자동차 속력 취체取締〉, 조선일보, 1921. 4. 23.
25 〈기생妓生 실흔 자동차 / 전차와 정면 충돌〉, 조선일보, 1928. 4. 27.
26 〈그들의 봄 타령(8) 만화경萬華鏡 빽밀라 / 봄 자동차 사고는 남녀가 탄 차 / 운전수 제군諸君의 봄 고민〉, 조선일보, 1934. 4. 20.
27 〈대경성 생활기大京城生活記(4) 하이칼라 직업에도 / 고통은 따러다니는 것이 법측인가 / 삼백팔십 명 자동차 운뎐수의 생활〉, 조선일보, 1924. 11. 8.
28 〈자동차계界의 태두泰斗〉, 조선일보, 1920. 6. 23.
29 〈자동차 운전수 / 지원자가 격증激增〉, 조선일보, 1929. 12. 4.
30 〈세상을 원망怨望하는 / 한강교상漢江橋上의 미인 / 바라는 운뎐수는 아니 되고 / 세상의 박해는 심하여저서 / 청춘의 몸으로 자살을 결심〉, 조선일보, 1925. 10. 31.
31 〈운運조흔 운전수運轉手 / 머리 못 든 학사學士들〉, 조선일보, 1936. 5. 14.
32 〈금전金錢 제공하면 / 생명 보장 고관高官 임명 / 회중전등을 신화라고 속여 / 멀정한 사기 수단〉, 조선일보, 1931. 4. 5.
33 〈싸구려가 웰빙 제품으로 둔갑 / 55억 챙긴 다단계 조직 적발〉, 조선일보, 2012. 1. 19.

34 ‘빅타 신新포타블’ 축음기 광고, 조선일보, 1935. 3. 3.
35 야마구치山口 악기점 종로지점 ‘포리도루 축음기’ 광고, 조선일보, 1935. 6. 7.
36 〈무참히 깨여진 룸펜군君의 봄꿈! / 춘양春陽 마즌 한강의 백사장 우에 / 절도한 축음기를 틀고서 즐기다 / 사바娑婆극지極地 유치장에〉, 조선일보, 1935. 2. 27.
37 안석영, 〈일요만화〉, 조선일보, 1929. 9. 1.
38 〈그들의 봄 타령(5) 유행가 범람 시대 / 유명무명의 ‘노랑목’ 장사들 / 전속가수양孃들 황금기〉, 조선일보, 1934. 4. 18.
39 장백산인長白山人, 〈일사일언 / 유행가〉, 조선일보, 1934. 4. 19.
40 〈축음기 소지所持로써 / 방탕자放蕩者임은 불문가지不問可知〉, 조선일보, 1934. 12. 23.
41 〈악기점의 방송은 / 일반 교통의 방해〉, 조선일보, 1932. 2. 13.
42 〈유행은 역시 유행가 / 안 팔릴 듯 팔리는 축음기 소리판〉, 조선일보, 1938. 10. 9.
43 사설 〈축음기제蓄音機祭의 의의意義〉, 조선일보, 1938. 6. 30.
44 안응진安應鎭, 〈던등 켜는 집에서 알아둘 여러 가지 주의(1)〉, 조선일보, 1927. 3. 5.
45 〈캄캄한 세상에서 던등을 켜기까지(1)〉, 조선일보, 1926. 8. 5.
46 동경전기東京電氣 주식회사 ‘마쓰다 란푸’ 광고, 조선일보, 1935. 4. 6.
47 〈새로 발견된 / 전등 미안술〉, 조선일보, 1936. 5. 13.
48 〈공포恐怖로 전등 폐지 / 오래 그것을 켜다가는 / 무슨 일이 잇슬지 몰나〉, 조선일보, 1923. 10. 21.
49 〈던등 켜시는 가뎡에 / 던등에 대한 상식을 소개합니다〉, 조선일보, 1925. 1. 17.
50 〈시민의 고혈膏血을 흡진吸盡하는 전등료電燈料〉, 조선일보, 1921. 11. 20.
51 〈불야성不夜城의 전등 빗도 빈민貧民과는 무관계無關係!〉, 조선일보, 1928. 4. 4.
52 삼창상회三昌商會 ‘화학 응용 최신 발명’ 광고, 조선일보, 1920. 8. 18.
53 〈발명계 / 발흥勃興하는 과학 사상과 / 속출續出하는 숨은 천재天才〉, 조선일보, 1928. 1. 1.
54 〈세계를 좌관坐觀하는 기계 / 활동사진을 무선으로 보내는 법을 새로 발명해〉, 조선일보, 1923. 4. 24.
55 〈생각하는 영화 / 떵키가 발명되어 / 스크린과 문답을 한다 / 진기한 내용은 절대 비밀〉, 조선일보, 1929. 4. 16.

4부 고통의 세상 만병통치약의 꿈

1 〈돈 안 든 반찬에도 영양분 잇다 / 고량 진미에 살찌는 것이 아니다 / 우거지국, 두부찌개에도〉, 조선일보, 1937. 11. 5.
2 대일본맥주주식회사 ‘추秋에 비備하라! 에비오스’ 광고, 조선일보, 1934. 9. 21.
3 〈무더운 날이지만 살찌는 법 이야기〉, 조선일보, 1934. 7. 17.
4 〈살찌고 여위는 것도 노력에 따라 마음대로 / 미국 여성들은 철저히 실행한다〉, 조선일보, 1939. 12. 2.
5 〈녀자들이 부러워하는 / 날씬한 몸맵시〉, 조선일보, 1936. 9. 20.
6 〈아들 업서 70옹翁 자살〉, 조선일보, 1932. 6. 29. 〈첩이 나은 여아를 / 본부부本夫婦 압살壓殺 암장〉, 조선일보, 1936. 1. 26.
7 〈아들과 딸을 낫는 법(2) / 태아의 성별과 영양 관계 / 세계 학자의 학설〉, 조선일보, 1932. 2. 24. 〈자식을 낫는데도 / 아들딸을 마음대로 / 세 번에 두 번은 꼭 맛는다는 / 독일 쉐넬 박사의 새 학설〉, 조선일보, 1934. 2. 28.

8 〈엇지하리까 / 문 / 아들을 못 나니 리혼해도 무관? / 답 / 리혼 절대불가 / 생각을 고치시오〉, 조선일보, 1933. 12. 20.
9 화평당약방 '태양됴경환' 광고, 조선일보, 1924. 11. 3.
10 화평당약방 '태양조경환' 광고, 조선일보, 1938. 5. 5.
11 동경약원東京藥院 '독두禿頭 박모薄毛 탈모脫毛 기타 총總히 털 부족에 고뇌하는 제형자매諸兄姉妹의게' 광고, 조선일보, 1929. 3. 4.
12 〈오산五山의 모던 풍경 / 탈모脫帽와 장발長髮〉, 조선일보, 1931. 4. 16.
13 〈모자는 무용의 것 / 맨머리로 나다니자 / 모자 장사들은 대공황이겟지만 / 대머리 치료엔 가장 유효〉, 조선일보, 1936. 8. 15.
14 〈지는 나무입보다 구슬픈 탈모〉, 조선일보, 1938. 9. 10.
15 신기신성당약품주식회사 '빈대 즉사 전멸' 광고, 조선일보, 1937. 6. 25.
16 이상득李相得, 동요 〈파리〉, 조선일보, 1938. 6. 5.
17 〈승매인蠅賣人의 쇄도殺到〉, 조선일보, 1921. 4. 27.
18 〈파리 장사도 다 해먹었다 / 금년부터는 사지 안는다〉, 조선일보, 1924. 4. 26.
19 〈마약에 금압적禁壓的 취체取締 / 위법자엔 5년 징역〉, 조선일보, 1935. 4. 26.
20 임병윤, 「아편과 식민지경영(하)」, 『민족지성』 32, 민족지성사, 1988.
21 〈순사巡查를 뇌賂하고 아편 밀재배한 자 / 연루자連累者가 3백 명〉, 조선일보, 1920. 8. 23.
22 〈모루히네 주사자 / 일가一家에 40, 50명〉, 조선일보, 1921. 9. 30.
23 민우저, 〈중독中毒 사망자에게〉, 조선일보, 1923. 2. 27.
24 〈미증유未曾有의 아편 밀수단 / 공범 경관 속속 수감收監〉, 조선일보, 1928. 3. 14.
25 〈3세 여아 설사에 / 아편 과용過用 치사致死〉, 조선일보, 1929. 7. 31.
26 〈이제 만나러 갑니다〉 29회, 채널A, 2012. 6. 17.
27 〈전 조선 예창기藝娼妓 7천 / 해마다 느는 무서운 화류병〉, 조선일보, 1925. 8. 29.
28 사설 〈화류병자花柳病者 격증激增〉, 조선일보, 1930. 12. 3. 〈화류병 격증激增 / 6천여 명 / 강원도에서만〉, 조선일보, 1931. 2. 17.
29 신성당神聖堂 '긴급고緊急告' 광고, 조선일보, 1929. 5. 20.
30 대륙제약공사 '삼용보익환蔘茸補益丸' 광고, 조선일보, 1924. 11. 8.
31 대양大洋 무역사 '화태청樺太廳 관영官營 해구신海狗腎 신품 도착' 광고, 조선일보, 1937. 4. 9, 1937. 4. 21.
32 정자당丁子堂약방 '도쓰가빈' 광고, 조선일보, 1926. 4. 25.
33 박전홍, 『수의학의 역사』, 마야, 2002.
34 이용선, 『조선의 큰부자 2』, 하늘출판사, 1997.
35 〈인단仁丹 특매特賣 선전대〉, 조선일보, 1936. 11. 14.
36 권보드래, 「인단仁丹: 동아시아의 상징 제국」, 『사회와 역사』 제81집, 한국사회사학회, 2009.
37 〈색연필 / 육군서 담배 끊기 운동〉, 조선일보, 1992. 3. 30.
38 〈대한민국 제1호 / 치과의사 / 일日 의사 개업 21년 뒤 탄생한 한국인 의사 함석태〉, 조선일보, 2011. 2. 1.
39 같은 기사.
40 〈봄이 되면 치통이 나기 쉽다〉, 조선일보, 1927. 3. 17.
41 〈충치虫齒 예방일 / 시내 각 치과의원에서 / 무료 치료를 일제 시행〉, 조선일보, 1936. 6. 3.
42 〈병원 디자이너로 변신한 전직 장관〉, 조선일보, 2009. 6. 23.

5부 흰옷 입은 민족의 슬프고 기발한 시, 모던 광고 파노라마

1 야노失野 동물연예부 '창덕궁 양 전하兩殿下께압셔 천람天覽을 사賜하압신' 광고, 조선일보, 1923. 6. 21.
2 이규태, 〈고무신 공장〉, 조선일보, 1996. 2. 22.
3 이규태, 〈이규태 역사에세이(29) 의친왕 이강 이야기〉, 조선일보, 1999. 10. 1.
4 〈입 큰 녀자가 미인이다〉, 조선일보, 1934. 12. 20.
5 〈밋키 마우스 작자 / 영英 대예술가들이 표창表彰〉, 조선일보, 1934. 6. 26.
6 〈색色다른 영화인 소개 / 미키 마우스 창조주 오올트 디스니 군君〉, 조선일보, 1936. 12. 1.
7 〈놀나운 기업주 / 믹키-마우스〉, 조선일보, 1937. 8. 3.
8 레이 모이니헌 외, 『질병 판매학』, 알마, 2006.
9 '백골난망白骨難忘이기 사례장謝禮狀' 광고, 조선일보, 1921. 4. 26.
10 평화당주식회사 약품부 '신인도사神人道師 갈현진인葛玄眞人의 비방약秘方藥 백보환百補丸' 광고, 조선일보, 1936. 4. 26.
11 신성당대약방 '임질淋疾 근치根治 절대 보증 / 만일 무효면 절대 반금返金' 광고, 조선일보, 1929. 12. 11.
12 '성병환자의 희소식' 광고, 조선일보, 1947. 5. 29.
13 '사례謝禮광고', 조선일보, 1929. 2. 1.
14 경혜京鞋 상점주 등 '사죄광고', 조선일보, 1929. 12. 11.
15 『동광』, 1932. 1. 25.
16 〈장작 절도한 자를 협력 구타 치사致死〉, 조선일보, 1933. 1. 20.
17 〈화신 백화점 증축, 낙성落成 기념 대계획 / 주식회사 조직도 완성 / 삼중三重 현상 대매출〉, 조선일보, 1932. 5. 11.
18 〈박람회 기간에 대매출 / 일 원어치 사면 경품권 두 장씩 / 일등은 백미白米, 자동차〉, 조선일보, 1929. 9. 4.
19 〈총성에 놀라는 비금주수飛禽走獸 / 산야山野로 분주奔走하는 엽군獵軍〉, 조선일보, 1925. 1. 11.
20 〈사랑스러운 자녀의 기육肌肉이 / 스물씩이나 늑대의 밥이 되어 / 큰 산양(사냥) 준비〉, 조선일보, 1920. 6. 17.
21 〈늑대 피해 최다 / 사망자 68 / 함남북도가 피해 수위首位〉, 조선일보, 1931. 8. 13.
22 〈시평 / 늑대와 레일〉, 조선일보, 1927. 7. 29.
23 〈황금광 시대 / 온천물을 푸다가 / 금괴 습득〉, 조선일보, 1931. 3. 5.
24 〈황금광 시대 / 하천과 전야田野를 채굴採掘만 하면 금金, 금金〉, 조선일보, 1931. 5. 17.
25 〈"황금광" 정리기整理期 / 만연漫然 출원出願은 퇴조退潮 / 견실堅實한 경영기經營期 래來〉, 조선일보, 1936. 1. 24.
26 안석영, '시대상 / 황금광 시대', 〈만문만화〉, 조선일보, 1932. 11. 29.
27 청람사晴嵐社 『광산경영법』 광고, 조선일보, 1938. 4. 25, 1938. 5. 18.
28 박태원, 『소설가 구보씨의 일일』, 문학과지성사, 2005.
29 '대일광무소大一鑛務所' 광고, 조선일보, 1935. 4. 27.
30 조선도서주식회사 '김억金億씨 작作 시집 『해파리의 노래』' 광고, 조선일보, 1923. 10. 15.
31 조선출판협회 '연기광고延期廣告', 조선일보, 1921. 7. 3.
32 유성사流星社서점 『조선최근세사朝鮮最近世史』 광고, 조선일보, 1931. 5. 2.
33 유성사서점, 『조선최근세사』 광고, 조선일보, 1932. 4. 21.

34 홍일사興一社 '여름 물건 / 우리 손으로 맨든 / 해동저海東苧' 광고, 조선일보, 1927. 5. 22.
35 〈보교문미普校門楣에 독립만세와 태극기를 사출寫出〉, 조선일보, 1921. 2. 20.
36 〈태극기 형상이 끼엇다고 / 학예회學藝會를 경찰 금지 / 어린 학생에게 악형까지〉, 조선일보, 1927. 2. 27.
37 한국광고단체연합회, 『한국광고 100년』, 1996.
38 홍일사, '해동저海東苧' 광고, 조선일보, 1929. 5. 10.
39. 홍일사, '해동목海東木' 광고, 조선일보, 1930. 1. 30.
40 〈동서양의 발명가를 차저서(33) / 맨 처음으로 갑감甲鑑 거북선 발명 / 조선편(15) 이순신씨李舜臣氏〉, 조선일보, 1931. 4. 26.
41 〈금주禁酒를 실행하고 / 백의白衣를 폐지하며 / 고무신의 침입侵入들 방지 / 전동典洞 농청農青의 갱생更生 운동〉, 조선일보, 1929. 9. 7.
42 〈고모신을 벗고 / 조선의 집신을 신자〉, 조선일보, 1931. 3. 9.
43 〈고무화靴의 중독설中毒說 / 고무신에 즁독 들닌다는 쇼문이 자자해〉, 조선일보, 1921. 8. 28.
44 동창사東昌社 '우리 사람의 손으로 제조되는 여러 가지 고무신' 광고, 조선일보, 1923. 9. 14.
45 〈엿장수도 한목 보는 판 / 군수軍需 경기景氣에 춤추며 / 큰 수 보는 고물상古物商들〉, 조선일보, 1937. 1. 16.
46 평화당주식회사 약품부 '신인도사神人道師 갈현진인葛玄眞人의 비방약秘方藥 백보환百補丸' 광고, 조선일보, 1936. 9. 13.
47 〈축하 변또에 / 마라손孫 우승 / 전승戰勝 기분의 양정고보養正高普〉, 조선일보, 1936. 8. 10, 호외.
48 〈금족禁足의 구역 제한 / 시내 공인 코스를 개정 실시〉, 조선일보, 1936. 10. 17.
49 풍국豊國제과주식회사 '마라손 왕王' 과자 광고, 조선일보, 1938. 5. 21.
50 단성사團成社 연극 〈정조비상선貞操非常線〉 광고, 조선일보, 1938. 3. 14.
51 히야樋屋 합자회사 '히야 기응환奇應丸' 광고, 조선일보, 1938. 5. 21.
52 조선방호防護연구소 '급고急告 / 전시戰時 독와사毒瓦斯 방독防毒 기구' 광고, 조선일보, 1937. 11. 14.
53 '이마즈 승취분蠅取粉' 광고, 조선일보, 1938. 4. 15.
54 안택상점安澤商店 약품부 '황군皇軍 위문慰問 약대藥袋' 광고, 조선일보, 1938. 8. 28.

모던 씨크 명랑

근대 광고로 읽는 조선인의 꿈과 욕망

1판 1쇄 2016년 4월 13일
1판 2쇄 2016년 12월 19일

지은이 김명환 | 펴낸이 염현숙
기획 이연실 | 책임편집 고선향 | 편집 이연실
디자인 엄자영 | 마케팅 방미연 우영희 김은지 강하린
홍보 김희숙 김상만 이천희
제작 강신은 김동욱 임현식 | 제작처 한영문화사

펴낸곳 (주)문학동네
출판등록 1993년 10월 22일 제406-2003-000045호
주소 10881 경기도 파주시 회동길 210
전자우편 editor@munhak.com | 대표전화 031)955-8888 | 팩스 031)955-8855
문의전화 031)955-8889(마케팅) 031)955-2651(편집)
문학동네카페 http://cafe.naver.com/mhdn | 트위터 @munhakdongne

ISBN 978-89-546-4022-0 03900

* 이 도서의 국립중앙도서관 출판예정도서목록(CIP)은 서지정보유통지원시스템 홈페이지(http://seoji.nl.go.kr)와 국가자료공동목록시스템(http://www.nl.go.kr/kolisnet)에서 이용하실 수 있습니다.
(CIP제어번호: CIP2016008432)

www.munhak.com